字源 한자 자원 입문

일러두기

* 갑골 : 상대(商代)에 사용된 최초의 한자로, 거북의 복갑(腹甲)이나 소 어깨뼈에 새겨진 문자.
* 금문 : 청동기에 새겨진 문자로, 상대(商代)에서 서주(西周) 초기까지 사용됨.
* 고문 : 대나무, 돌, 도자기 등에 새겨진 문자로 춘추전국시대에 사용됨
* 전문 : 통일 전 진(秦)나라에서 사용된 문자는 대전(大篆), 통일 후 진(秦)나라에서 사용된 문자는 소전(小篆)이라 하며, 이 둘을 합하여 전문이라고 함.
* 참고 : 표제자를 편방으로 삼은 글자 자형을 참고로 제시함.

《汉字字源入门》
作者：王宏源
copyright ⓒ 1994 华语教学出版社
ALL rights reserved.
Korean Translation Copyright ⓒ 2013 by A mun hak sa.
Korean edition is published by arrangement with 华语教学出版社
through EntersKorea Co.,Ltd, Seoul.

이 책의 한국어판 저작권은 (주)엔터스코리아를 통한
중국의 华语教学出版社와의 계약으로
도서출판 어문학사가 소유합니다.
신 저작권법에 의하여 한국 내에서 보호를 받는 저작물이므로
무단전재와 무단복제를 금합니다.

한자 자원 입문

그림으로 배우는 한자의 기원

왕훙위안(王宏源) 지음
윤창준 편역

어문학사

들어가는 말

　이 책은 한자의 기원과 역사를 소개하기 위하여 기획되었다. 비록 중국어의 어원적인 사전으로 사용된다 하더라도, 이 책은 자모 체계의 언어를 쓰는 사람에게 실제적인 중국어의 표의문자학을 가르치는 새로운 방법을 시도하고 있다.
　문자는 눈으로 볼 수 있는 기호라는 틀로 짜여진 상징적 의미로 생각을 전하는 체계이다. 이런 상징들은 베껴졌고, 새겨졌고, 그려졌다. 즉, 귀갑·뼈·돌·금속·대나무·파피루스·양피지 또는 종이 위에 쓰여졌다. 문자는 인간의 지식에 영속성을 주었고 먼 거리에서도 소통할 수 있도록 했다.
　문자는 그림에서 나왔다. 이는 시각적으로 소통하는 가장 자연스러운 방법이 그림이었기 때문이다. 오래된 초기구석기시대, 대략 B.C. 2만 년쯤의 프랑스 남부와 스페인 북동부 초기 인류는 그들의 먹이인 말·물소·사슴과 다른 동물을 동굴 벽에 그렸고, 거기에 흙과 식물 염료로 색을 칠했다. 그 중 몇몇 요소는 원시적 드로잉(스케치)의 창작물로, 다소 미적이거나 영적이며 주술적이다. 그러나 이는 미술의 시작일 수는 있어도 문자의 시작이라고 보기는 어렵다. 원시 그림은 틀로 짜인 기호적 체계를 갖지 않고, 오직 그것을 그린 사람이나 있었던 일에 대해 들은 가족이나 가까운 친구들만이 그 의미를 이해할 수 있기 때문이다. 어쨌거나, 진정한 문자는 그림의 형태를 유지하든 아니든 간에, 순전히 소통을 위해 쓰인다.
　사물이나 존재를 동일시하고 상기하기 위해 그림을 사용하는 과정에서 완벽한 일치가 일어나고, 어떤 문자 기호와 어떤 사물과의 존재 사이에서는 그것이 점차 양식화된다. 이러한 간단한 그림들은 의미의 소통을 위한 중요한 요소만 담고 있으며 꾸밈이 없다. 이런 사물과 존재가 구어(口語)로 된 이름을 가지면서, 문자 기호와 구어(소리)와의 관계는 굳어진다. 각각의 기호가 개별적인 단어와 음절로 표현되는 것에 익숙해지면서 단어 기호의 완벽한 체계 발전이라는 결과를 가져왔을 것이다. 이는 단어문자(word writing) 또는 소위 상형성문자(logography)이다. 표어문자에서 하나의 기호 또는 기호들의 조합은 하나의 단어나 단어들의 조합을 나타낸다. 어쨌든, 순수한 표어문자는 이미 알려진 어떠한 문자 체계에서도 발견되지 않는다. 그것은 일반적으로 음절(syllabography)과 관련해 존재할 뿐이며, 표어음절문자(logo-syllabic writing)에서 가장 잘 드러난다.

단어와 음절로 어느 쪽으로도 표기되는 문자인 표어음절문자(logosyllabic writing)는 동양에서 발견됐는데, 아시아의 광대한 지역은 지중해 동쪽 해안에서 태평양 서쪽 해안까지 뻗어 있다. 이집트와 에게해 지역은 적어도 헬레니즘 전기에는 동양문명권에 속해 있었다.

이 방대한 지역에서는 일곱 개의 원문(original)과 문자의 아주 고도로 발달한 표어음절체계가 발견되었다. 메소포타미아의 수메르어 B.C. 3100~A.D. 75, 엘람의 원시 엘람어 B.C. 3000~2200, 인더스 계곡의 원시 인도어 B.C. 2200년경, 이집트의 이집트어 B.C. 3000~A.D. 400, 크레타와 그리스의 크레타어 B.C. 2000~1200, 아나톨리아와 시리아의 히타이트어 B.C. 1500~700, 중국의 중국어 B.C. 1300~현재. 다른 표어음절 체계가 언젠가 나타날 수 있겠지만,

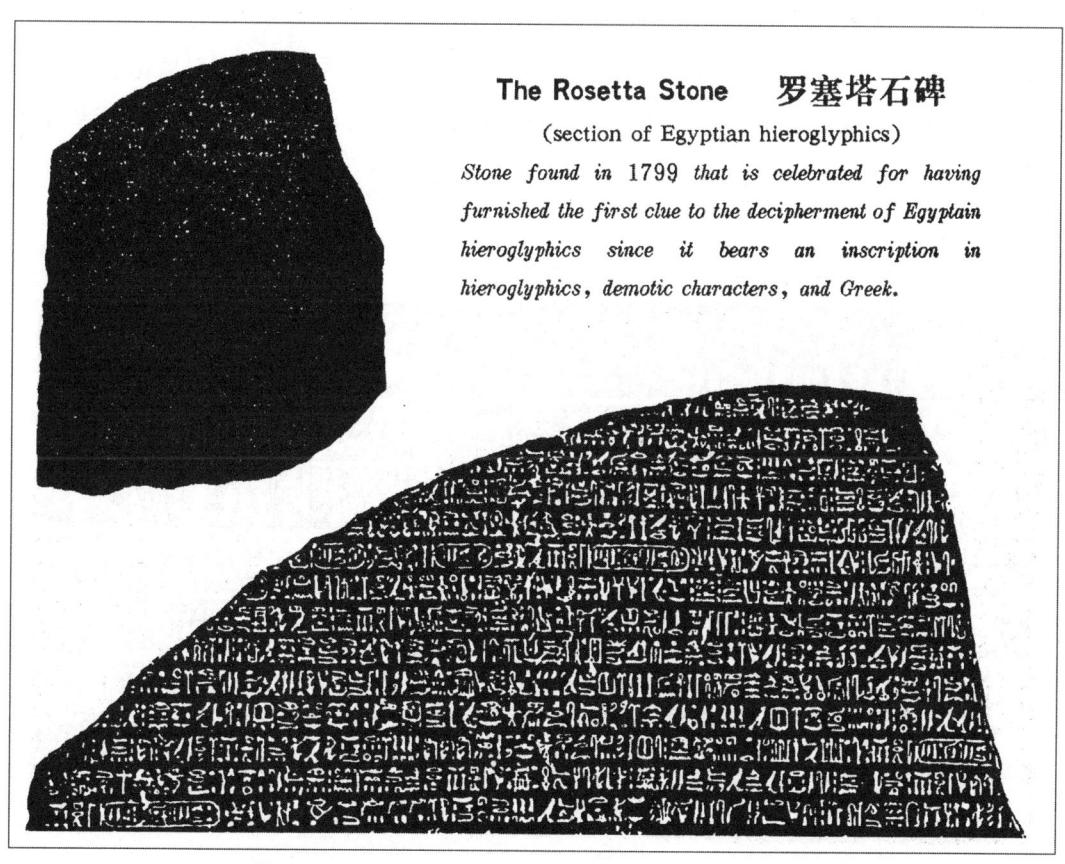

The Rosetta Stone 罗塞塔石碑

(section of Egyptian hieroglyphics)

Stone found in 1799 that is celebrated for having furnished the first clue to the decipherment of Egyptain hieroglyphics since it bears an inscription in hieroglyphics, demotic characters, and Greek.

▼ 로제타 화석은 1799년에 발견되었으며, 고대 이집트 사람들이 상형문자를 사용했다는 첫 번째 증거이다.

현재로서는 위 7개의 목록에 추가할 만한 후보는 없다. 원시 아메리카어 비문은 최근 몇십 년간 발견되었지만, 너무 짧고 알려진 것이 너무나 적어 어떤 확실한 결론을 내릴 수가 없다. 신비로운 이스터 섬의 비문은 단어의 가장 넓은 의미에서조차도 문자가 아니라, 단지 주술적 목적을 위한 그림의 혼합일 가능성이 있다. 마지막으로, 마야와 아즈텍 체계는 완전한 표어음절문자가 나타나지 않는다. 그들의 가장 진보했던 단계에서조차 동양 체계에서 가장 초기 단계인 표음식 철자(phonographic) 단계까지 도달한 적이 없다.

7개의 체계 중 3개, 즉, 원시 엘람어·원시 인도어·크레타어는 아직도 해독되지 않았다. 따라서, 표어음절체계의 현대적 이해는 남겨진 수메르어·이집트어·히타이트어·중국어 이 4개의 체계에 한정되어 있다. 한자는 오늘날에도 쓰이고 있는 유일한 표어음절문자 체계이며 대단한 지적 수준으로 발전되었다.

역사는 한자의 기원을 잘 설명해주지 못한다. 중국 신화에서는 문자는 창힐이 발명했다고 한다. 신화에 따르면, 창힐은 모래 위의 동물 발자국과 새 발자국은 물론 다른 자연현상을 관찰한 것에서 아이디어를 얻었다고 한다. 한자의 발생단계를 세부적으로 정하고자 할 때, 모든 한자를 상형, 가차, 형성의 세 단계로 나누는 간단한 방법이 있는데, 종종 연대적으로 겹친다.

상형은 초기 단계로 문자의 전 단계이다. 이는 일이나 행동을 나타내기 위한 그림 또는 그것들의 조합으로 되어있다. 이 그림들은 간략해졌고, 기억의 보조 장치로써 명확한 인상을 준다.

카르케미시에 나타난 상형문자

이런 장치들의 견본은 전 세계적으로 발견되었는데, 다음의 중국 상형자들(ideographic characters)이 그 좋은 예이다. 木은 나무를, 魚는 물고기를, 虫은 뱀을 나타내고 射는 사실상 '쏘다'인데, 이는 손과 활과 화살의 조합이다. 한자 체계에서 상형자의 숫자는 얼마 되지 않는다. 그렇다 해도, 남아있는 상형자는 간단하면서도 특유의 필법으로 고정적이고 명확한 뜻을 가진다. 그들은 기초적이고 이해하기 쉬우며, 한 사물의 상형자는 한자에서 대부분 '부수'로 쓰인다.

상형은 자연적인 방법이다. 그러나 상형의 완전한 체계는 아마도 고대나 지금이나 존재하지 않을 것이다. 새로이 습득한 말과 이름을 위해 몇천 개의 기호를 만들어 내고 기억하는 것은 불가능하고, 그런 상형자는 아주 제한적인 체계로만 쓰이거나 실용적인 체계로 개발하기 위해 새로운 방법에 적용되었을 것이다.

가차는 두 번째 단계이다. 기능어와 추상명사는 아주 드물지만 자주 사용되었고 그리거나 보여주기가 어려웠다. 그때까지는 기능어와 추상명사의 기호는 발음이 비슷한 상형자에서 빌려 왔다. 그런 기호들은 또 간단해지고 별개의 것이 되었을 것이다. 빌려 온 글자들은 획수가 많지 않았을 것이고, 빌려 온 상형자가 계속 쓰였다면, 새로운 글자가 빌려 온 원래의 글자 형태와 구별되도록 보조적 요소를 추가함으로써 원래의 뜻으로 '돌아가야만' 했다. 이러한 빌려 온 상형자들을 이 책에서는 가차자(음성차용글자, PLC)라 부른다. 가차자는 상징(기호)으로 볼 수 있다. 어쨌거나, 많은 경우에서 본래 글자와 가차자 사이는 의미적인 연관이 있다. 몇 가지 예를 보자.

北은 문자적으로 '북쪽'이라는 뜻이며, 두 사람이 등을 맞대고 있는 상형자에서 따왔다. 북쪽은 아마 초기의 사람이 남쪽으로 태양을 마주하고 등을 북쪽으로 한 것에서 나왔을 것이다. 그러므로 北은 PLC이다. '등'이라는 원래 단어는 육달월 부수를 아래에 더한 背로 쓰인다.

自는 '자신', '~로부터'의 뜻으로, 코의 상형자에서 빌려 왔다. '자신'과 '~로부터'는 둘 다 그림으로 나타내기에는 어렵다. 여기서 '자신'은 아마 사람이 자기 자신을 표현하기 위해 코를 가리키는 것에서 나왔을 것이고, 이 글자는 또 '~로부터'라는 추상적인 개념을 나타내는 데 적용되었을 것이다. 따라서 현대 중국어에서 사용되는 自는 PLC이다. 鼻(코)는 상형적 요소(형부)인 自와 음성적 요소(성부)인 畀를 그 아래에 포함하며 본래 의미로 돌아갔다.

마지막으로, 얇다는 뜻의 枼(엽)은 잎이 달린 나무의 상형자에서 나왔으며, 나뭇잎을 뜻하는 葉은 초두를 위에 달고 있다. 고대 이래로 많은 발음이 변했기 때문에 원래의 빌려간 글자와 후기자가 더는 같은 소리를 갖지 않는다.

중국의 문자체계에서 채택한 차용방법은 기억보조용의 그림문자와 실제적인 표어음절문자

```
Word-Signs On Potsherds    陶器上的刻划符号
```

上：西安半坡　下：临潼姜寨

仰韶文化 (5000—3000 BC)　　马家窑文化 (3300—2500 BC)

도기 위에 새겨진 각획부호로 왼쪽이 앙소문화, 오른쪽이 마가요문화이다.

사이의 분기점이었다. 사회가 발전하고 관례와 인식이 깊어짐에 따라, 점점 더 많은 사물과 존재에 정확하게 이름을 붙여야 했다. 이에 따라 형성자가 나타났다.

형성자는 적어도 두 부분으로 이루어진다. 하나는 글자의 의미와 관련되고, 보통 '부수'로 불린다. 다른 하나는 음성적 요소로 소리를 전달한다. 대부분의 경우에, 음성적 요소는 '상형음성적' 요소로써 의미를 가지기도 한다. 다음 예들은 글자 맞추기와 비슷하다. 蝶과 鰈은 각각 '나비'와 '가자미'란 뜻으로, 각자 '벌레'와 '물고기' 부수를 가지고, 음성적 요소인 얇다는 뜻의 '枼'을 가진다. 이 단계가 발전의 가장 마지막 단계이다. 형성자는 모든 한자의 약 90%를 이루고 있다. 오늘날 글자 수는 고정되어 있다. 따라서 중국 사람들은 서양에서 온 단어를 중국어로 나타내야 할 때 jeep을 吉普[jípǔ], romance를 浪漫[làngmàn], hysteria를 歇斯底里[xiēsīdǐlǐ], laser를 激光[jīguāng]이나 镭射[léishè] (타이완) 등처럼 발음이 비슷한 글자를 이용하여 새로운 글자 조합을 만든다.

빌려 오든 만들든 간에, 하나의 문자는 일반적으로 하나의 뜻과 그것의 고대 발음으로 된 중국어에서 비롯되었다. 그럼에도 살아있는 언어는 고정되어 있지 않으며, 때가 되면 단어는 새로운 발음이나 뜻으로 발전되며 옛것을 잃는다. 어쨌든 상형자의 모습은 다소 고정되어있고 특히 일반 사물이나 존재에서 비롯된 중국 글자인 상형자는 더 그러하다. 이 책은 여러분에게 매

혹적인 문자의 파노라마를 보여줄 것이다.

중국 문자체계를 구성하는 문자의 기원을 살펴보려면 중국 문명의 기원 또한 살펴볼 필요가 있다. 신석기시대(약 B.C. 5000)에서 중국 한대(漢代, B.C. 206~A.D.220)까지 이르는 중국과 중국인의 초기 역사는 상나라(1523~1028 B.C.)와 주나라(1027~221 B.C.)를 포함하고 있다. 한대에 이르러 일반 한자의 수와 모양이 고정되었다. 몇몇 고대 중국 문화의 해설과 요약들은 먼 옛날의 문명만큼이나 오래되었지만 실제적인 상형자들을 이해하는 데 도움이 될 것이다.

어원학은 정확한 과학은 아니다. 많은 경우 우리는 문자의 기원을 밝혀낼 수는 없지만, 하나의 글자에 대개 열 개의 근원적 이야기가 있음을 알 수 있다. 증명되지는 않았지만 독창적인 어원 이론들은 종종 존재하며 어떤 것은 그럴듯하고 매력적이며, 어떤 것은 황당무계하다. 나는 이 책에 가장 그럴듯한 설명들을 실었다. 왜냐하면, 이 책의 목적이 학문적인 논쟁을 소개하는 것이 아니라 한자를 배우는 새로운 길을 제시하는 데 있기 때문이다.

하나의 그림은 100개의 단어와 맞먹는다. 한자의 기원과 역사는 중국어라는 퍼즐에서 비어 있는 조각이 아닌 퍼즐을 맞추는 열쇠이다.

어떤 한자는 간체자로 간소화되었고, 이런 간소화된 모양은 중국에서 쓰고 있다. 그러나 이 책에서는 한자의 옛 모양을 수록하고자 한다.

표기를 위해 이 책에서는 중국식 한어병음과 4성을 사용하였다.

이 책에서는 각 글자의 끝 부분에 어원과 상호 참조가 되는 글자를 병음과 함께 표기해 괄호로 묶었고, 그 글자의 간략한 역사를 실었다.

차례

- 들어가는 말　　　　　　　　　　　　　　　　　　　4

Chapter 1. 인류　　　　　　　　　　　　　　　　　12

　　1 신체 Man's Body　　　　　　　　　　　　　　15
　　2 얼굴 Face　　　　　　　　　　　　　　　　　　25
　　3 손과 발 Hands and Feet　　　　　　　　　　　35
　　4 요람에서 무덤까지[사람의 인생] From the Womb to the Tomb　　45

Chapter 2. 자연　　　　　　　　　　　　　　　　　54

　　1 대자연 Mother Nature　　　　　　　　　　　　57
　　2 식물 Flora　　　　　　　　　　　　　　　　　67
　　3 동물 Fauna　　　　　　　　　　　　　　　　　77

Chapter 3. 수렵과 농경　　　　　　　　　　　　　92

　　1 수렵 Hunting　　　　　　　　　　　　　　　　95
　　2 농업 Agriculture　　　　　　　　　　　　　　107
　　3. 동물 길들이기 Domestication of Animals　　　119

Chapter 4. 수공업　　　　　　　　　　　　　　　128

　　1 실크와 방직 Silk and Weaving　　　　　　　　131
　　2 건축 Architecture　　　　　　　　　　　　　139
　　3 도기 Pottery Making and Metallurgy　　　　　151
　　4 목공과 칠기 예술 Woodworking and Lacquer　　161
　　5 양조 Making Wine　　　　　　　　　　　　　169

Chapter 5. 일상생활 — 174

1 불의 사용 The Use of Fire — 177
2 요리와 음식 Cooking and Eating — 185
3 옷과 장식품 Clothes and Ornament — 195
4 주거, 거주지 Habitation — 203
5 왕래 Interrelationship — 211

Chapter 6. 전쟁의 출현 — 218

1 무기와 군사력 Weaponry and the Military — 221
2 국가와 전쟁 Nation and Warfare — 235
3 포획과 포로 To the Victor Go the Spoils — 245

Chapter 7. 신화에서 문화로 — 254

1 원시 예술 Primitive Art — 257
2 점(占)과 제사 Divination and Sacrificial Offerings — 273
3 문명의 요람 The Cradle of Civilization — 283

- 저자 후기 — 296
- 역자 후기 — 298
- 참고 문헌 — 300
- 색인 — 306

Chapter 1

인류

중국에는 고인류화석과 구석기시대 유물이 매우 풍부하게 매장되어 있다. 초기, 중기, 말기 시기별로 발견된 지점은 직립인·초기 호모사피엔스·말기 호모사피엔스 각 단계의 인류화석을 포함하여 지금까지 이미 총 200여 곳이 넘는다. 이 중에서 가장 이르다고 여겨지는 것은 지금으로부터 180만 년 전의 서후도문화(西侯度: 山西省)와 170만 년 전의 원모원인(元謀: 雲南省)이다. 1927년 페이원중(裵文中) 교수가 북경 주구점에서 발견한 북경원인이 가장 일찍 발견된 것이었으며, 가장 큰 영향을 끼친 중국의 직립인이다. 그러나 불행히도 두개골 5구, 기타 뼈와 이빨 표본을 포함한 매우 진귀한 대량의 북경원인 유물은 태평양전쟁 발발 전에 모두 미국인 손에 넘어가 행방불명되었다. 중국 문자에서 서 있는 사람 형태는 '위대하다'는 뜻인데, 이것은 서 있는 사람이 인간의 진화에 큰 공훈을 세웠기 때문인 것 같다.

▌암각에 보이는 사람의 형상

1. 신체 Man's Body

#rén - 사람

사람의 옆모습을 그렸다. 人의 최초 형태는 유인원에서 사람으로 진화한 것을 나타냈을 것이다. [부수로 쓰일 땐 亻로 쓴다]

tǐng - 좋다, 똑바로 선(고대어)

땅 위에 서 있는 사람을 그렸다. 동사를 나타내는 손을 부수로 가졌다. [壬, 人, 土]

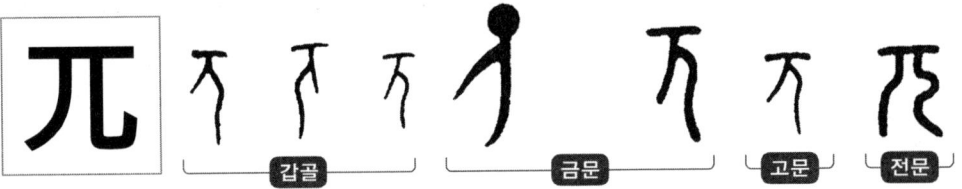

wù - 자랑스러워하는, (자세가) 똑바른, 머리가 벗겨진

사람의 머리에 짧은 선을 그은 人의 파생어이다.

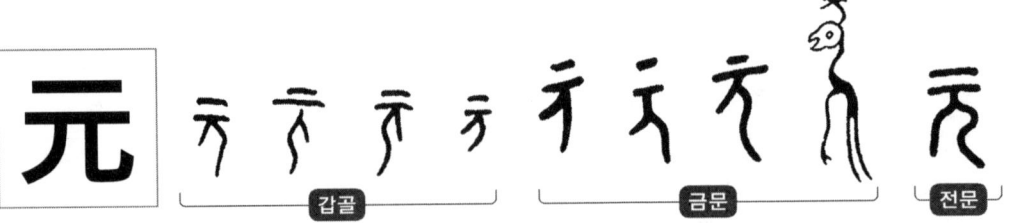

yuán - 근본적인, 처음, 기본적인

사람의 머리에 두 획을 그어 '사람'과 '위'라는 문자를 합성했다. 元 자의 윗부분은 사람의 머리 형태를 따랐기 때문에 元은 首(头)의 의미를 지닌다.

大

갑골 금문 고문 전문

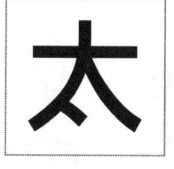

#dà – 크다, 위대하다

다리를 벌리고 팔을 편 채로 서 있는 사람을 상형했다.

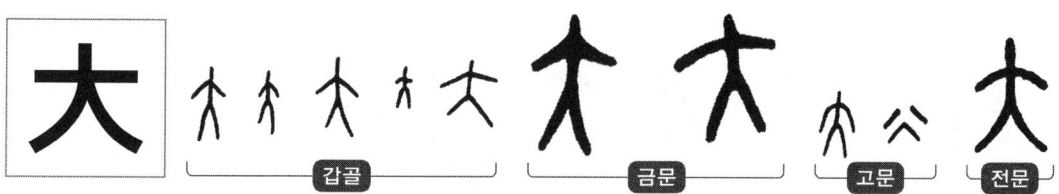

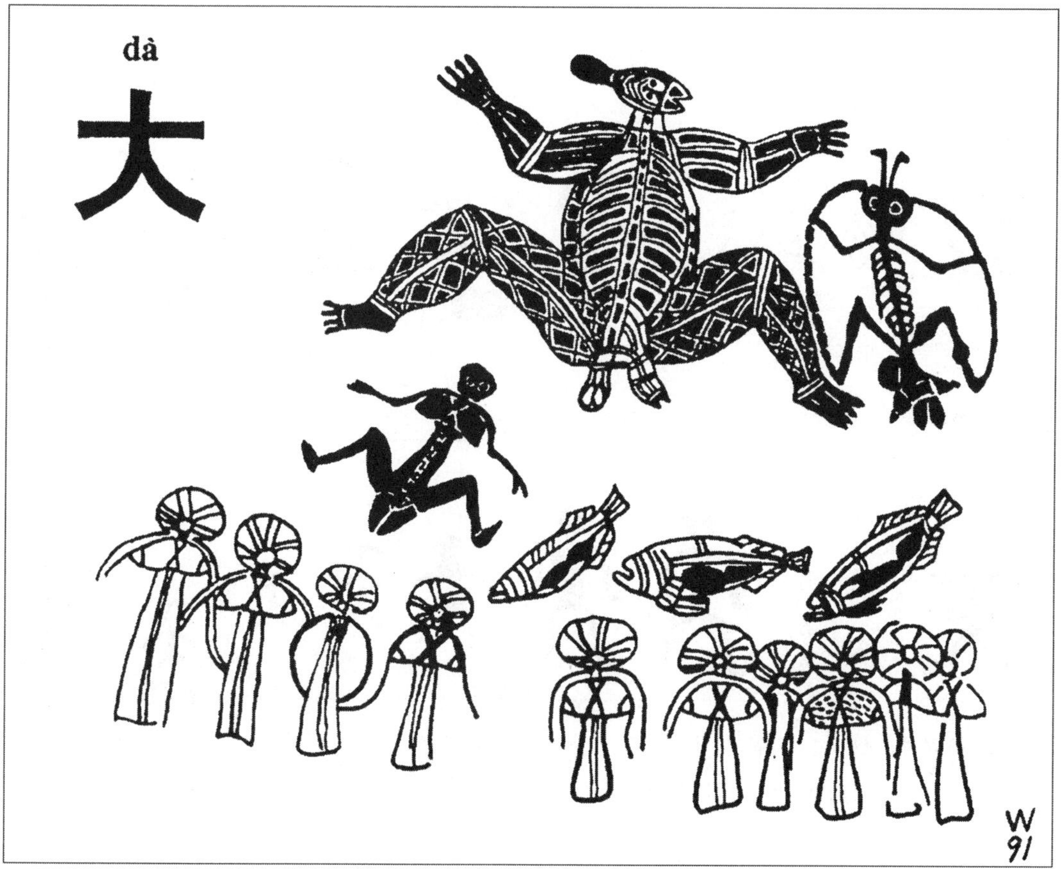

오스트레일리아에서 발견된 바위에 새겨진 그림.

太

갑골 금문 고문 전문

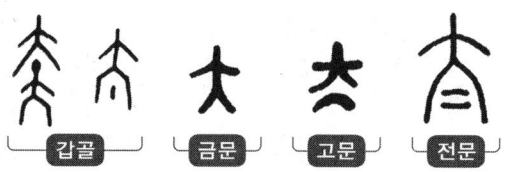

#tài – 최대의, 너무, 지나치게

다른 사람 위에 위치하고 있는 사람을 나타낸다. 후에 아래에 있는 사람은 점으로 간소화되었다. 고대 문자에서 大와 太는 같은 글자로 쓰였다.

\# kàng – 높다, 거만한, 지나친, 극도의

大에서 비롯되었다. 사람의 다리 사이에 한 획을 그어 서 있는 사람을 나타냈다. 즉 尢은 大에 획을 더한 파생자이다.

\# lì – 서 있다, 건립하다, 존재(실재)하다, 즉시

땅 위에 서 있는 사람을 그렸다.

\# tiān – 머리 위로, 하늘, 하느님, 날, 날씨

서 있는 사람의 머리를 강조한 것을 상형하였다. 天은 원래 정수리라는 의미로 쓰였으며, 大(人)의 머리 부분을 강조하여 만든 것이다.

 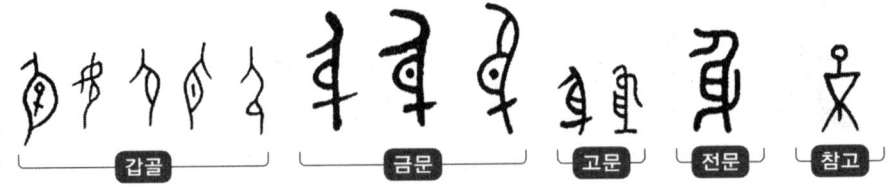

\# shēn – 몸, 생활, 개인적으로

배가 불룩한 사람의 측면을 상형하였다. 身은 몸 또는 몸의 움직임을 나타내는 부수로 쓰인다.

 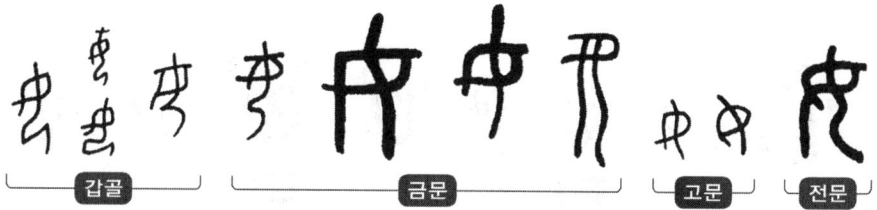

#nǚ－여자

몸 앞에 손을 교차하여 내밀고 웅크리고 앉아 있는 여성의 형상을 본떠 만들었다.

#jī－척추, 등뼈, 산등성이

脊의 윗부분은 사람의 척추뼈와 늑골 형태를 본떴으며, 아랫부분은 사람의 몸을 나타낸다.

반파유적지에서 발견된 도기에 새겨진 사람의 형상으로 마치 X레이로 사람의 형상을 투시한 것과 같다. 「중국 신석기시대 도기장식 예술」 23쪽, 문물출판사, 1982년.

#wèi－위

윗부분은 위장을 그린 그림에서 유래되었고, 아랫부분은 사람의 몸을 나타낸다.

인류 19

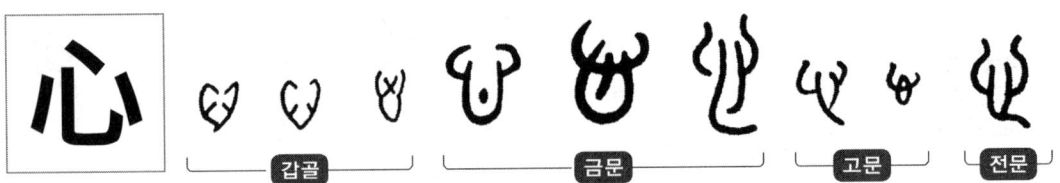

xīn – 마음, 느낌, 중심, 핵심

심장의 형상을 본떠 만든 상형자이다. 부수로 쓰일 때는 忄나 㣺으로 쓰인다.

yào – 중요하다, 원하다, 해야 한다.

要는 腰의 초기 문자로, 양손을 양쪽 허리에 대는 형상을 본떠 허리 부분을 가리켰다. '허리는 몸의 중요한 부분'이므로 '중요하다'는 의미로 쓰이게 되었다.

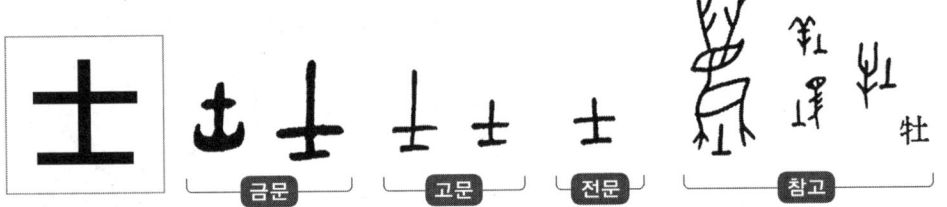

shì – 학자, 상류층, 군인, 사람

음경의 형태를 본떠 상형하였다. 일설에는 고대 병기의 형태를 본떴다고 한다.

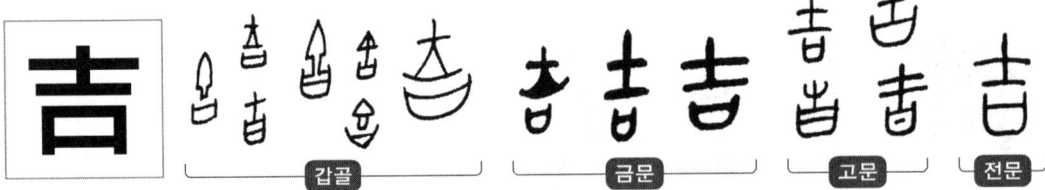

jí – 좋은 징조, 좋은 행운, 길조의, 경사스러운, 좋은, 성씨

口는 집을 뜻하며 士는 청동 화살촉을 나타낸다. 집 안에 귀한 청동 화살촉이 있으니 '좋다'는 의미를 나타낸다.

#bǐ-비교하다, ~에 비유되다, 비율, 바로 옆의

두 사람이 나란히 한 방향을 향하여 나아가는 것을 나타낸다.

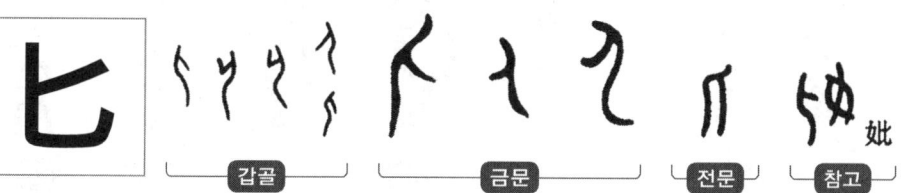

#bǐ-숟가락의 고대 형태

比에서 유래되어 간소화되었다. 比는 여자에 대한 상징이기도 했다.

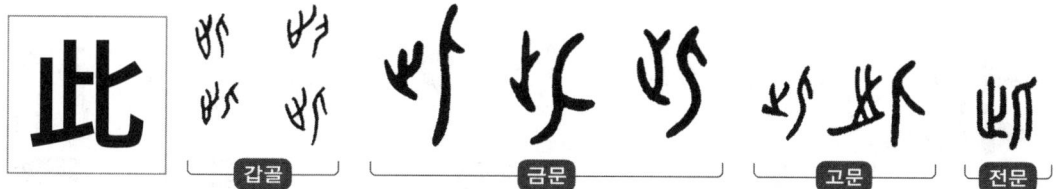

#cǐ-이(것)

여자에 대한 상징 匕와 형부 止의 결합으로, 여성이란 의미로 쓰이다가 현대에는 '이'라는 의미로 가차 되어 주로 쓰인다. 예를 들어 雌는 새를 나타내는 隹와 여성이란 의미가 있는 此로 구성되었고 반대로 雄은 수컷이란 의미를 나타낸다.

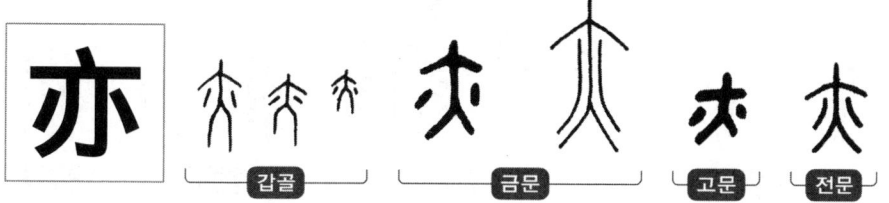

#yì-또한(문학 형식)

亦은 腋의 초기 문자로, 사람의 정면을 나타내는 글자에 두 개의 점으로 사람의 양쪽 겨드랑이를 표시하여 만들어진 글자이다.

인류 21

#yè – 밤, 저녁

夕은 밤이란 의미로 글자의 의미 요소(형부)이며, 亦은 성부이다. 주로 가차되어 사용된다.

#jiāo – 교차하다, 만나다, 이양하다, 친분, 상호 간의

사람의 양다리가 교차된 형상을 상형하였다.

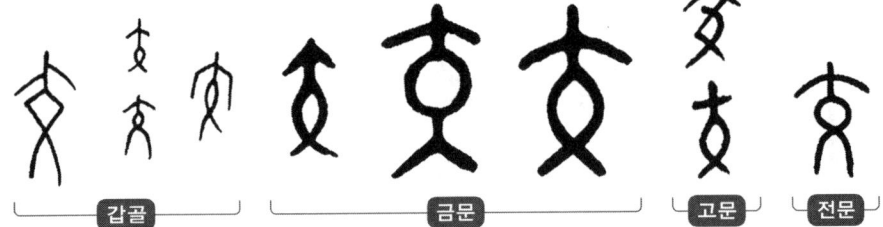

#běi – 북쪽

등을 맞대고 있는 두 사람을 나타낸다. 가차되어 '북쪽'이란 의미로 주로 사용되자, 신체를 나타내는 肉을 부수로 추가하여 背를 만들었다. 중국의 황제는 전통적으로 등을 북쪽으로 하여 남쪽 태양을 향하여 앉았다고 한다.

#yǒng – 영구히, 영속적으로

사람이 물속에서 헤엄치는 형상을 본떠 만들었다. 주로 가차되어 '영원'이란 의미로 쓰이자 물을 나타내는 水를 더하여 泳을 만들었다.

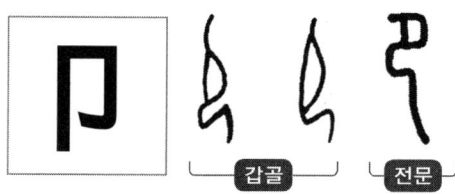

#jié—고대 문자   무릎을 꿇거나 앉아있는 사람을 그렸다.

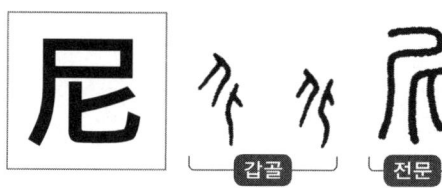

#ní—비구니   두 사람이 가까이 있는 모습을 그렸다.

▶청동기에 새겨진 족휘(부족의 상징)

2. 얼굴 Face

서주 시대 사람의 얼굴 모양을 본뜬 옥장식(섬서성 풍서[陝西省 灃西]에서 출토)

\# xìn – 囟门(신문:갓
난아이의 정수리가
굳지 않아서 숨 쉴 때
마다 발딱발딱 뛰는
곳), 아기의 머리에
뼈 없이 열린 부분

인간의 머리를 그렸다.

\# miàn – 얼굴, 표면,
양상, 측면

사람의 얼굴 형상을 상형하였다.

#yè – 페이지, (책의) 낱장

머리를 강조한 사람의 형상으로 요즘은 주로 가차되어 책의 쪽수를 나타낸다.

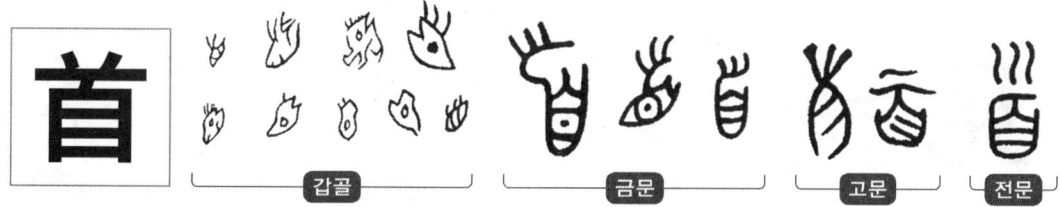

#shǒu – 머리, 지도자, 처음, 양사(노래 또는 시)

눈과 머리카락이 있는 사람의 머리 부분을 상형한 것이다.

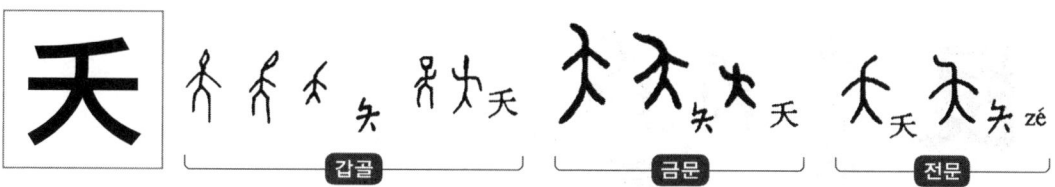

#yāo – 어린, 미숙한

머리의 움직임을 나타냄으로써 얼굴 표정을 강조했다.

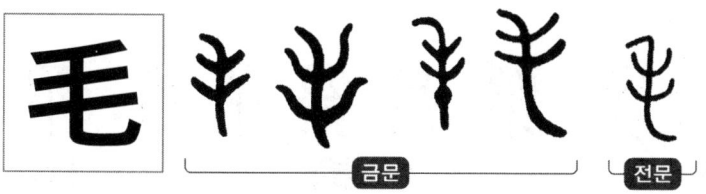

#máo – 머리카락, 깃털, 솜털, 털실, 성씨

사람의 머리카락을 그렸다.

目

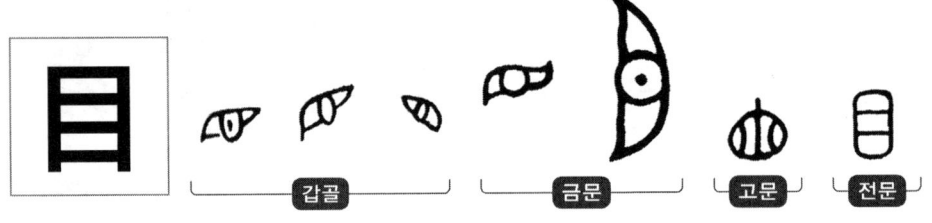

#mù - 눈

사람의 눈을 그렸다.

見 =见

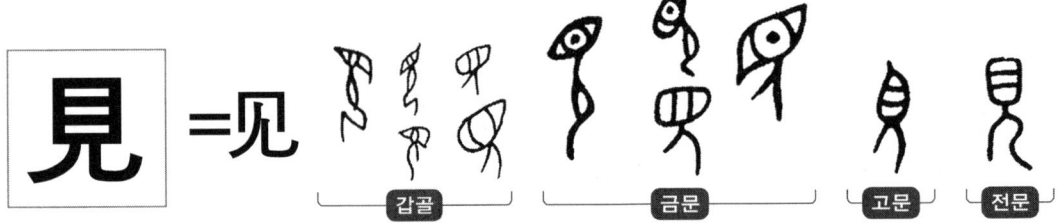

#jiàn - 보다, 만나다, 견해

무언가를 보기 위해 눈을 뜬 사람을 그렸다.

艮

限

#gěn - 『역경』에 사용된 8괘의 하나

사람이 돌아보는 형상을 본떴다.

眔

#tà - 고대 문자

눈물 흘리는 눈의 형상을 상형하였다.

zì – 본모습, 자기 자신, ~로부터, 개인적인

정면에서 본 코의 형상을 본떠 자기 자신이란 의미로 사용되었으나, 이후 1인칭 대명사로 가차되자 편방을 추가하여 鼻를 만들고 '코'라는 의미의 전용자로 삼았다.

sì – 4

四는 콧구멍과 공기의 흐름을 나타내는 것이었으나 숫자 4로 가차되어 사용된다. 水를 더하여 泗를 만들었는데, 이는 '콧물'이라는 의미이다.

kǒu – 입, 여는, 베다, 구멍, 인구

벌린 입의 모양을 본떴다. 口는 매우 중요한 한자요소로, 상형으로는 표현하기 어려운 개념인 언어와 소리를 표시하는 데 주로 사용되었다. 간체자에서 나오는 비율은 약 20%이다. 편리하게 쓸 수 있어 고문자 중에서 원형에 가까운 일부 물건도 口로 표시하였다. 그러나 현대 중국어에서는 口의 과도한 사용을 피하고자 日 혹은 삼각형으로 대신 표시한 글자도 많이 있다.

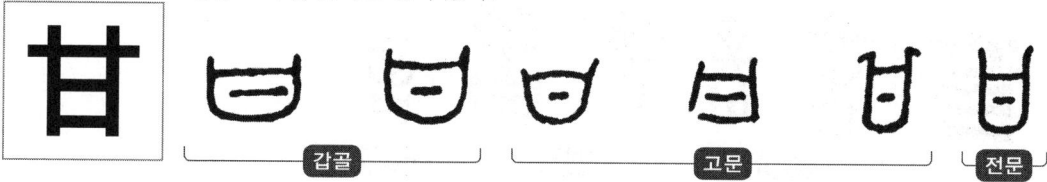

gān – 달콤하다, 기꺼이

입(口)안에 달콤한 무언가를 머금은 것을 묘사하였다.

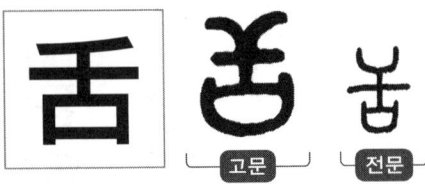

shé – 혀

입 밖으로 내민 갈라진 혀의 형태를 본떴다.

qiàn – 하품하다, 빚지다, 부족한

사람이 입을 벌려 하품하는 것을 본떴다.

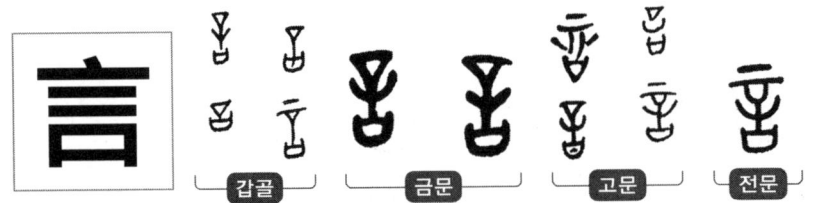

#yán – 말, 말하다

문자 言의 밑부분은 口(입)이다. 윗부분은 고대 성부에서 유래되었다.

yīn – 소리, 소식, 뉴스, 어조

音과 言은 같은 어원의 문자이다.

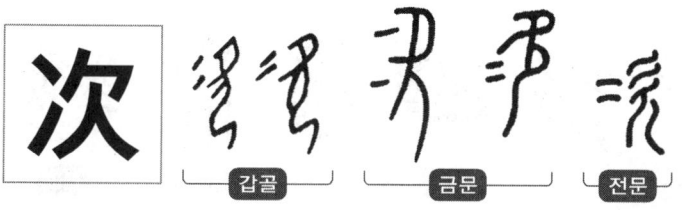

#cì – 순서, 다음, 아래쪽의, 2류의

사람이 입을 벌려 하품이나 재채기하는 모습을 본떴다.

#duì – 『역경』 중 8괘의 하나

사람이 입을 벌려 말하는 것을 나타낸다.

섬서성 부풍(陝西省 扶風)에서 출토된 양소 문화의 유물로 항아리 입구에 사람 얼굴 형상을 새겨 넣었다.

#ěr – 귀

사람의 귀 형상을 본떴다.

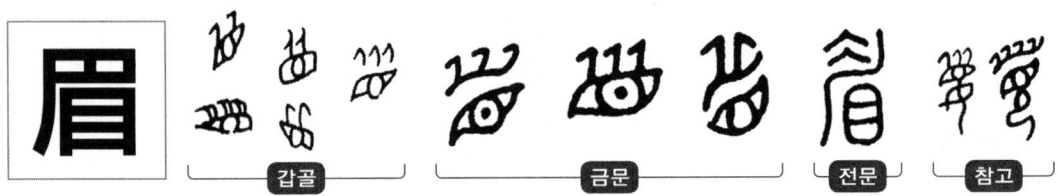

#méi-눈썹   눈(目) 위에 눈썹이 있는 모양을 본떴다.

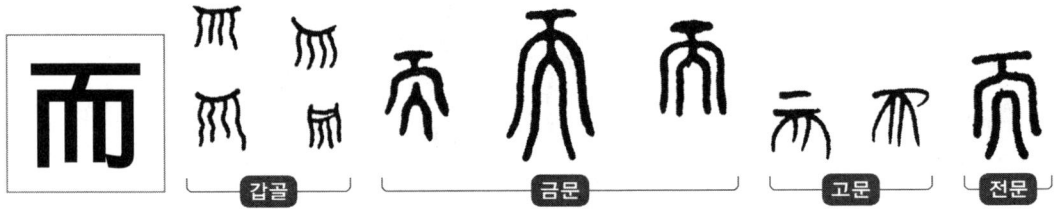

#ér-더욱이, 그리고   전통적인 해석은 而가 턱수염의 형상에서 파생되었다고 한다. 가차자이다.

#yá-치아   어금니 한 쌍을 상형했다.

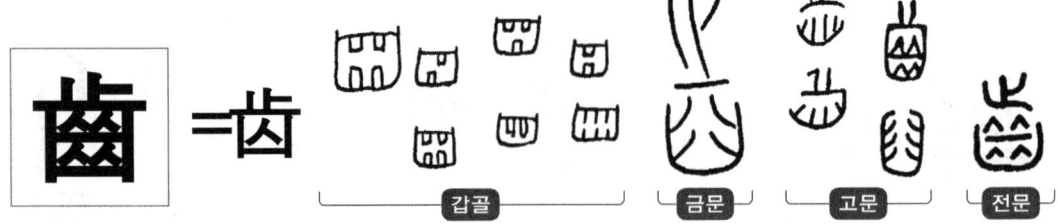

#chǐ-이, 톱니바퀴   정면에 있는 앞니를 그렸다. 윗부분은 止로 후에 발음을 나타내기 위하여 추가되었다. 후에 4개의 치아가 간소화되어 하나가 되었다.

3. 손과 발 Hands and Feet

손 Hands

#shǒu – 손

다섯 손가락이 있는 왼손을 그렸다. 선사시대 동굴이나 바위그림에서 그려진 손은 대부분 왼손이다. 왜냐하면, 초기의 예술가는 보통 그림을 그리는 데 오른손을 사용하고 모사를 하는 데는 남겨진 왼손을 사용하였기 때문이다. 부수로 쓰일때는 扌 혹은 毛로 쓰인다.

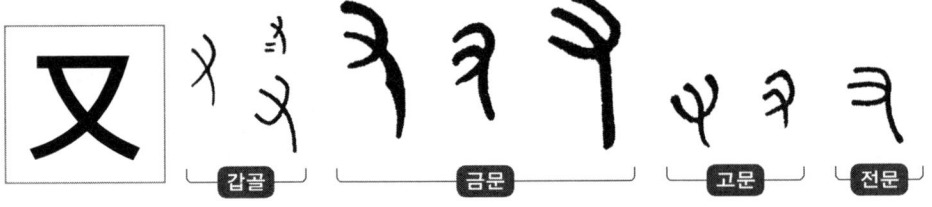

#yòu – 또한, ~도

오른손 및 그 동작을 나타내며 이후 '또한' 이란 의미로 가차되었다.

cùn – 촌, 길이의 단위, 매우 작은, 매우 짧은

又에서 유래되었다. 짧은 획 혹은 점은 손가락의 폭을 나타내며, 고대의 길이 단위이다. 열 손가락의 폭은 고대 尺과 같다. 오늘날 촌의 길이인 尺과 長은 대략 고대 단위의 두 배에 해당한다.

▶ 바위에 새겨진 손바닥 형상의 조각.

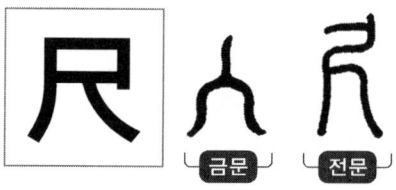

chǐ – 길이의 단위 (=10촌)

한 뼘을 가리킨다. 측량을 위해 다리를 사용하는 영국인과 비슷한데 초기 중국인은 측량을 위해 손과 팔을 사용했다. 尺은 한 뼘으로 길이의 기초 단위이다.

zhàng – 장, 길이의 단위(=10尺), 측정하다, 사람

10과 又의 결합으로 이루어졌으며, 丈은 열 뼘을 뜻한다.

ba – 진심으로 원하다, 가까이에 있다

손바닥을 그렸다. 보아뱀을 그린 것에서 유래하였다는 것이 전통적인 해석이다. 가차자이다.

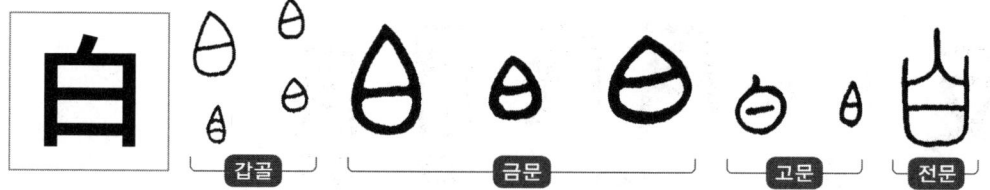

bái – 희다

엄지손가락의 형상을 본떴다. 일설에는 사람의 용모를 본떴다고도 한다. 후에 '희다'는 의미로 가차되어 사용되었다.

#dù – 한계, 보내다, 지나가다, 사려, 각도, 온도 등에 대한 측정단위

度의 중요한 부분은 又로, 손의 움직임이다. 손은 중국에서 중요한 측량 단위이다. 아랫부분에 점이 없는 庶(즉 글자의 윗부분)는 度의 발음을 나타내는 성부이다.

#sì – 사원

又에서 파생된 글자이다. 윗부분인 之는 발음과 뜻 요소를 모두 가지고 있다. 후에 之는 土로 잘못 대체되었고, '사원', '절'이란 의미로 가차되어 사용되었다.

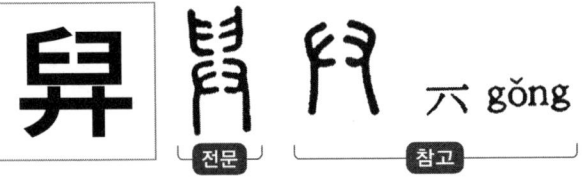

#yù – (둘 혹은 더 많은 사람이) 옮기다

두 사람, 즉 네 개의 손이 같이 무언가를 옮기는 것을 나타낸다.

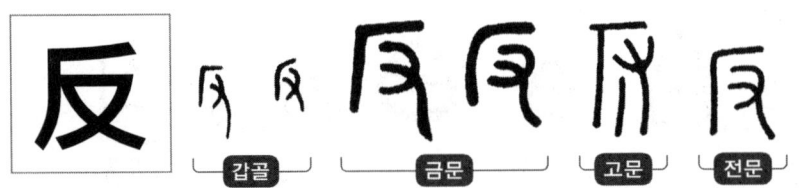

#fǎn – 뒤집다, 반대 방향

절벽을 오르는 손을 나타낸다. 요즘은 가차되어 사용된다.

爪
zhǎo — (동물의) 발톱, (맹금류의) 발톱, (동물의 발톱이 달린) 발

무언가를 움켜잡고 있는 손을 나타낸다. 주로 합체자의 윗부분에 부수로 쓰이며, 이때는 爫의 형태로 쓴다.

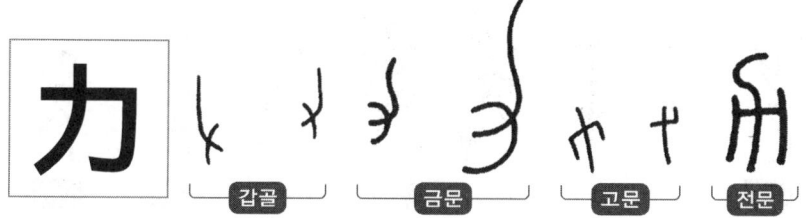

力
#lì — 힘, 능력, 폭력

팔을 그렸다. 또한, 고대 쟁기이기도 한다. 〔又〕
전통적인 해석은 사람의 손과 팔을 본떴다고 하며, 일설에는 농기구인 쟁기의 형상을 본뜬 것이라고도 한다.

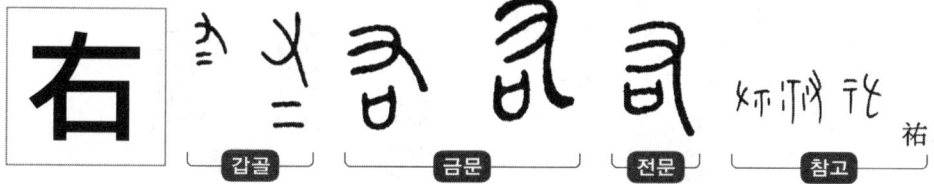

右
#yòu — 오른쪽

又와 구분하기 위해 상징적으로 口를 더하였다. 고대 문자에서 又와 右는 같은 글자이다.

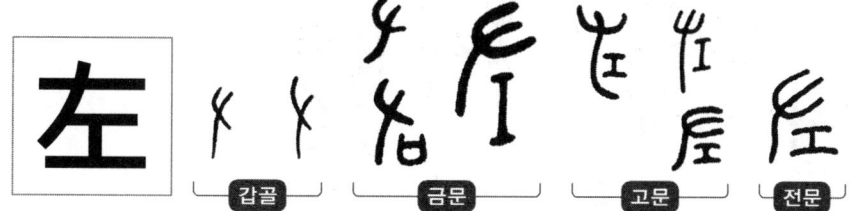

左
#zuǒ — 왼쪽

왼손의 움직임을 보여준다. 左의 밑부분인 工은 도구의 상징이다.

zhēng – 다투다, 분투하다, 분쟁

무언가를 위해 다투는 두 손을 보여준다.

yuán – 그리고 나서, 그러므로(문학적)

다른 사람을 구하기 위해 막대기를 잡고 있는 사람을 나타낸다.

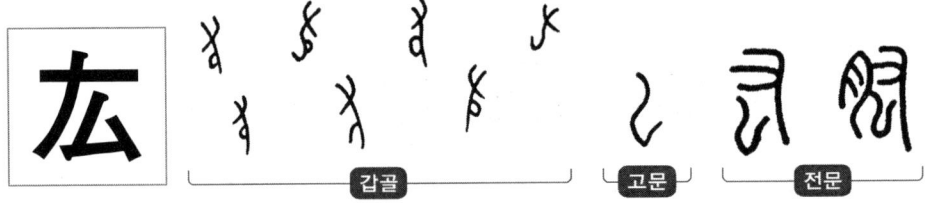

gōng – (고대 문자)

글자를 구성하는 부분 중 厶는 사람의 이두박근을 보여준다. 가차자로 쓰인다. 肉을 부수로 추가하여 肱로 쓰면, 사람의 팔뚝이란 뜻이 된다.

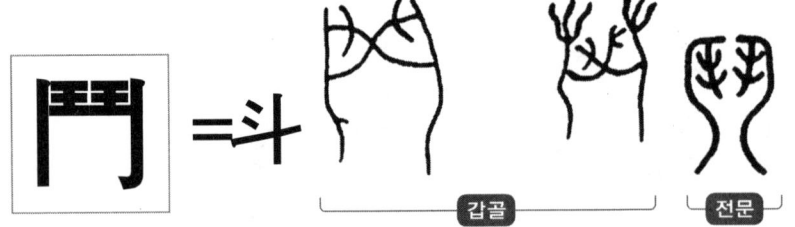

dòu – 싸우다

두 사람이 서로 다투는 형상이다.

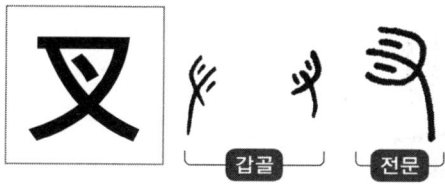

#chā — 포크, 교차   손의 형상에 손톱을 나타내는 점을 추가하여 만든 글자이다.

#chǒu — 10간 십이지 주기의 두 번째, 광대   날카로운 발톱의 형상을 상형한 것으로 가차되어 시간 주기의 단위 혹은 광대라는 의미로 쓰인다.

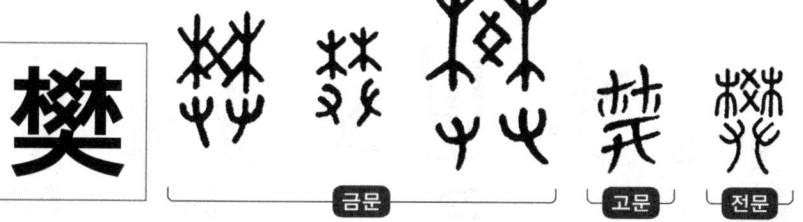

#fán — 성씨, 새장   두 손을 사용해 나무를 오르는 사람을 나타낸다. 글자의 윗부분 중 가운데 부분은 고대의 성부이다. 글자의 아랫부분인 大는 두 손을 묘사한 것에서 유래한다.

발 Feet

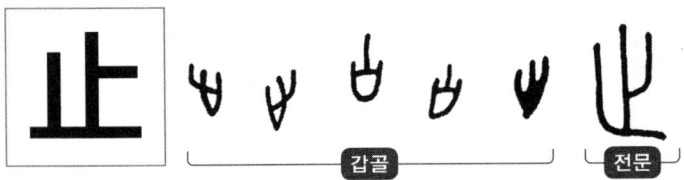

#zhǐ-멈추다, 오직 사람의 발 혹은 발가락의 형상을 본떴다.

상대(商代)의 것으로 도문에 새겨진 '止'자이다.

#zhī-~의 之는 止의 아랫부분에 가로획을 하나 더 추가하여 만들어진 파생자이다.

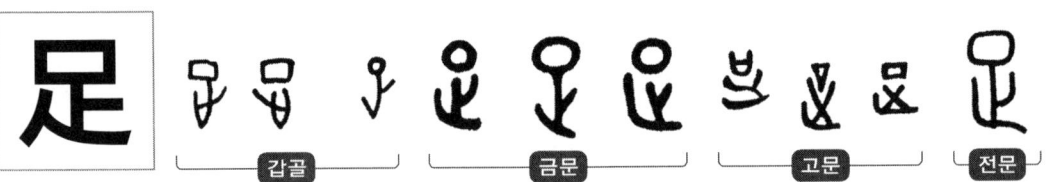

#zú-발, 충분한 足자의 아랫부분은 발의 형상 혹은 발가락의 형상으로 되어 있으며, 윗부분의 口는 성읍을 나타낸다. 正과 足은 초기 한자에서 같은 글자였다.

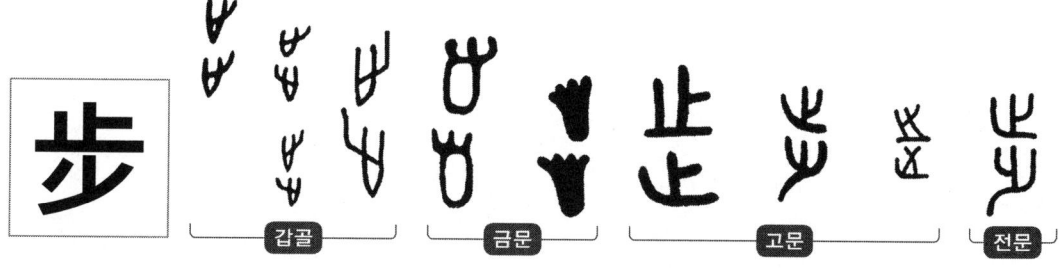

갑골 / 금문 / 고문 / 전문

#bù — 걸음, 속도, 단계, 도보로 이동하다

한 쌍의 발자국 형상을 상형하여 '걷는다'는 의미를 나타냈다.

금문 / 고문 / 전문 / 참고

#zǒu — 걷다, 가다

사람의 걸음걸이와 팔을 앞뒤로 흔드는 모습을 그렸다. 윗부분의 土는 걷고 있는 사람을 그린 것에서 유래되었다. 걷고 있는 사람 밑에 발자국 표시가 있는데, 달린다는 의미의 奔과 비교된다. 奔는 달리는 사람 밑에 세 개의 발자국 표시를 함으로써 빨리 달리는 것을 나타낸다.

4. 요람에서 무덤까지
[사람의 인생]
From the Womb to the Tomb

#bāo - (천, 종이 등) 싸다, 포함하다, 상자, 만두

엄마 자궁 안에 있는 태아를 나타낸다.

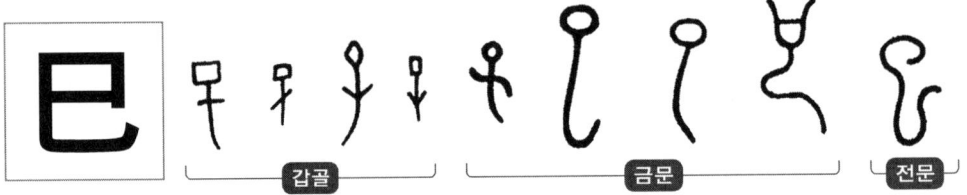

#sì - 12간지의 여섯 번째

태아의 형상을 본떴다.

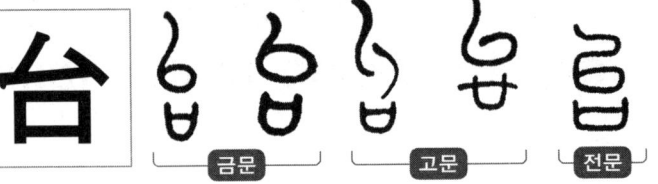

#yí - 나, 행복하다 (고대어)

台는 厶를 형부로 삼고 口를 성부로 삼았다.

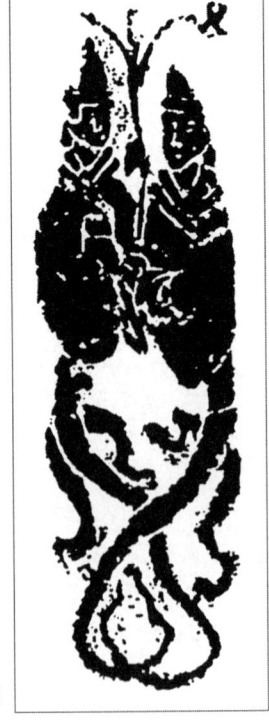

벽돌에 새긴 복희와 여와의 그림으로, 한(漢)나라 때의 것이다.

 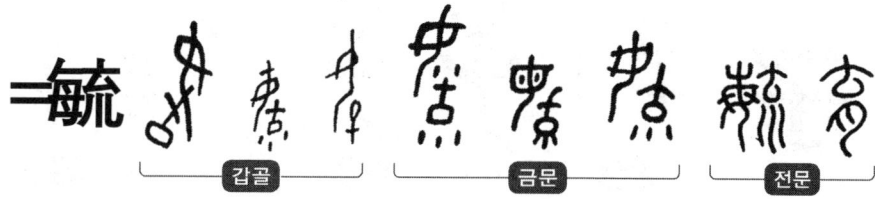

#yù – 태어나다, (아이, 동식물을) 기르다, 키우다, 가르치다

출산을 묘사했다. 아기가 거꾸로 있고 점들은 양수를 나타낸다. 毓는 育의 고대 어이다. 育은 부녀자가 아이를 낳는 형상을 본떴다. 아이가 태어날 때 머리가 먼저 나오기 때문에 育(毓)에서 아이의 머리가 아래를 향하고 있다. 글자의 우측 아래에 있는 점들은 분만 시 흘러나오는 양수를 나타낸 것이다.

#hòu – 여왕

고대 문자에서 后와 毓은 같은 글자였다.

 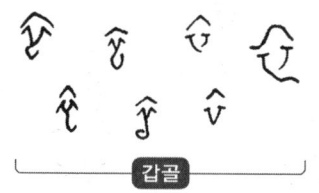 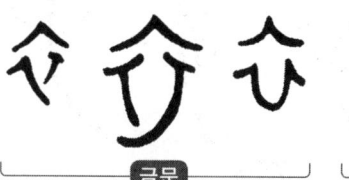 

#yī – 옷, 코팅, 후산

衣자 아랫부분은 태아를 싸고 있는 막(膜)과 태반을 나타내는 것으로 보인다. 전통적인 해석으로는 좌우로 덮는 옷깃의 형상을 본뜬 것이라고 한다.

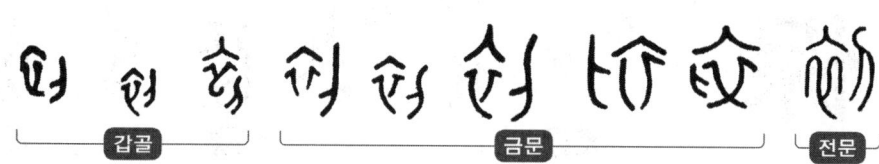

chū – 초기에, 처음, 기원의, 성씨

탯줄을 자르는 칼을 나타낸다. 전통적인 해석으로는 칼을 가지고 옷을 재단하는 것을 나타낸다고 한다.

인류 47

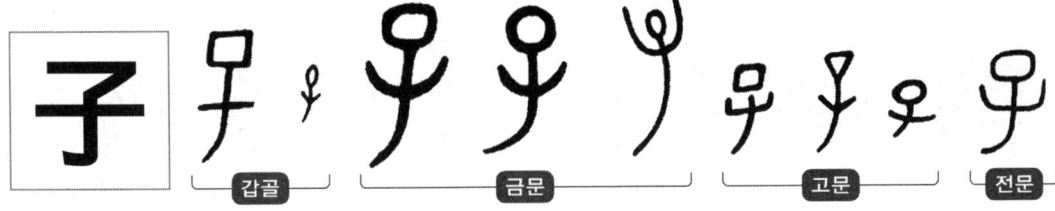

#zǐ-아들, 아이

포대기 속 아이를 본뜬 글자이다.

#ér-아들

어린아이의 머리가 크며 숨골이 아직 닫히지 않은 형상을 본뜬 글자이다.

#kǒng-구멍, 성씨

孔은 아기가 젖을 빠는 형상에서 기원한 것으로 보인다.

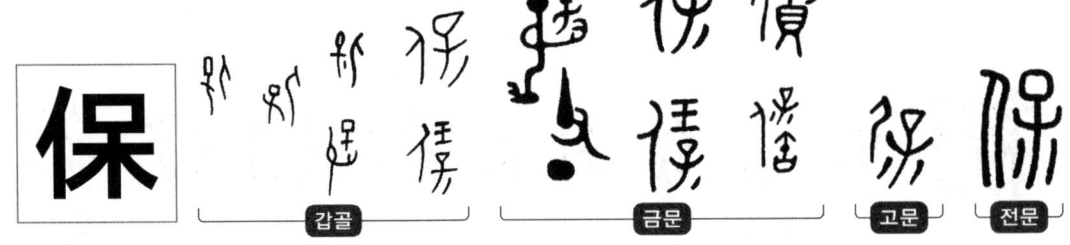

#bǎo-보호하다, 방어하다, 유지하다, 지키다, 보장하다

등에 아이를 업은 사람을 나타낸다.

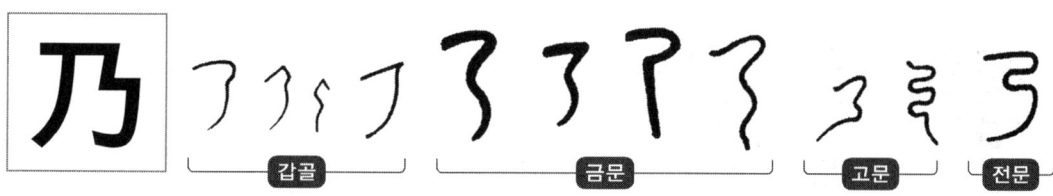

#nǎi - ~이다(문어) 부녀자의 가슴 측면 형상을 본떴다.

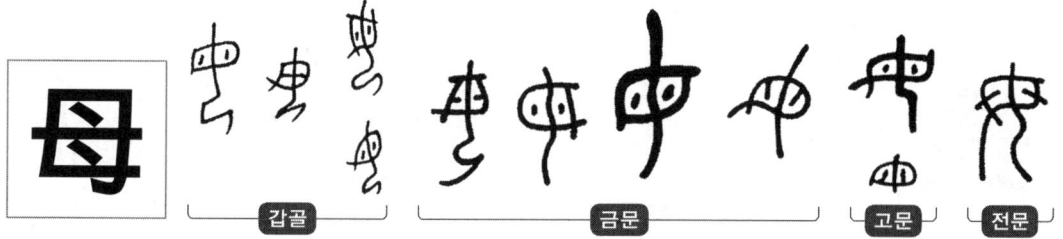

#mǔ - 어머니, 여자의 女의 흉부에 유방을 표시하는 두 점을 더하여 母자를 만들었다.

#fū - 남자, 남편 남자가 비녀를 꽂은 형상으로 비녀는 성인식을 이미 치렀음을 나타낸다.

바위에 그려진 교구도(交媾圖, 남녀가 성교하는 모습)이다.

 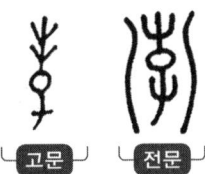

#bó - 혜성

子와 丰으로 이루어져 아이가 힘 있게 위로 향하고 있음을 나타내는 형성 겸 회의자이다.

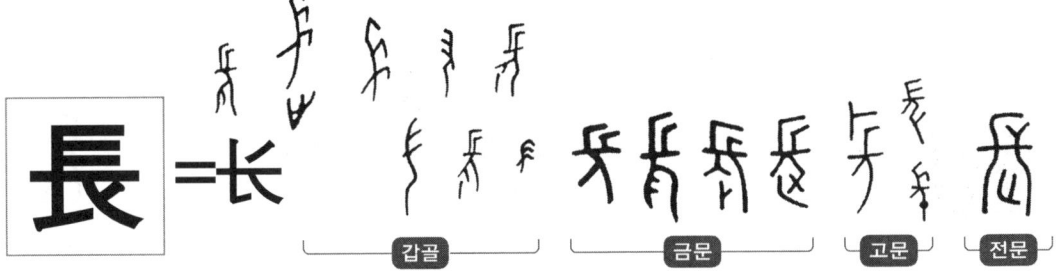

#cháng - 길다

사람의 긴 머리카락 모양을 본뜬 것이다. 이후 자형에 지팡이를 더하여 나이가 많은 사람을 나타냈다.

#lǎo - 늙다(나이), 낡은

노인이 지팡이에 의지한 모습을 본뜬 것이다.

#kǎo - 죽은 아버지 혹은 할아버지, 시험하다, 검토하다, 조사하다

노인이 손으로 지팡이를 짚은 모양으로 초기 한자에서는 老와 考 두 글자의 기원이 같았다.

#xiào — 효, 애도

아들이 노인을 부축하여 모시는 모습을 본뜬 것이다.

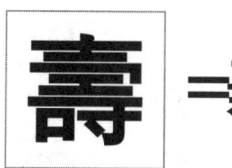 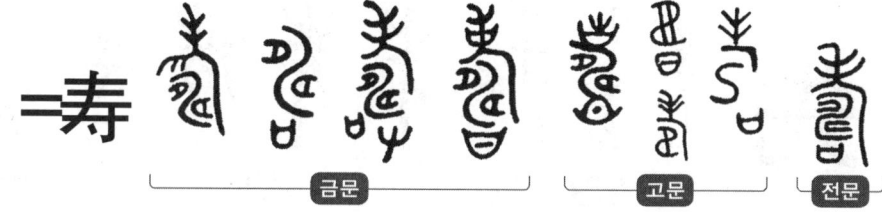

shòu — 사람의 나이, 생일 축하, 매장하는 것

壽의 윗부분은 노인을 나타낸 것이고 아랫부분은 술잔을 잡고 있는 손을 나타낸다. 글자의 중간 부분은 고대의 성부로 쓰였다.

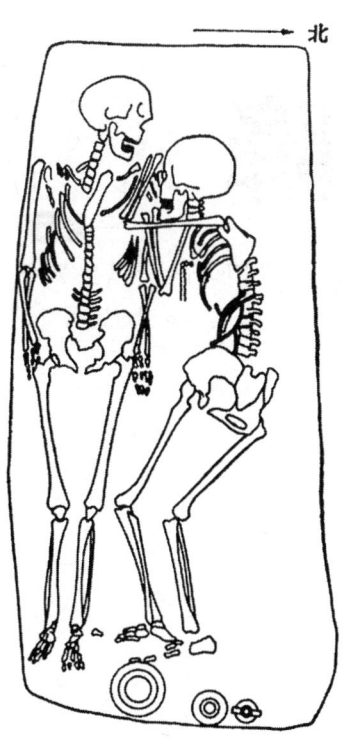

감숙성(甘肅省)에서 발굴된 남녀를 합장한 묘지이다. 신석기시대 제가(齊家)문화에 속한다.

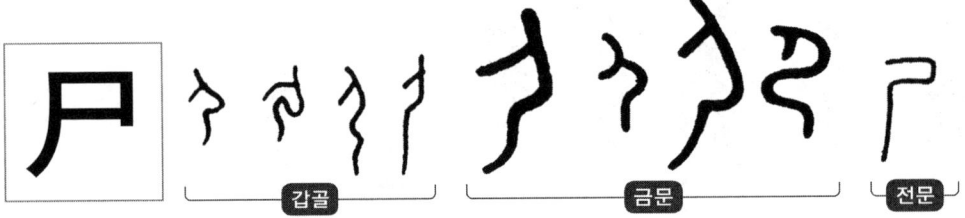

\# shī — 시체, 죽은 몸   무릎을 굽힌 사람 모습을 본뜬 것이다.

\# xiān — 일찍, 이전, 처음   先은 사람 위에 止가 있는 것으로, 돌아가신 선조를 나타낸다.

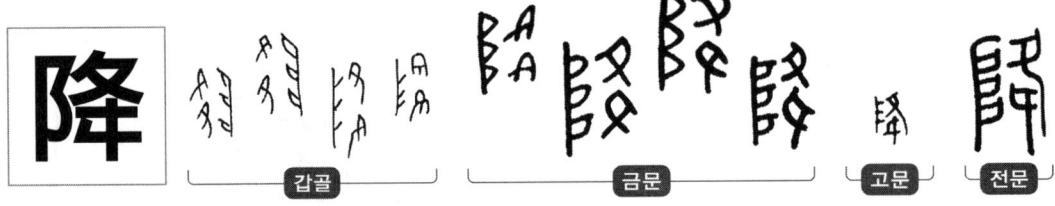

\# jiàng — 떨어지다, 낮은 장소로 이동   언덕 혹은 돌계단 옆에 쓰여진 두 개의 발은 아래로 향한 발자국을 가리키는데 이는 하강하는 동작을 나타낸다.

Chapter 2

자연

역주

고대 중국인이 바라본 세상은 어떤 모양이었을까? 오늘날처럼 과학과 문명이 발달하지 못했던 그 당시, 고대 중국인은 대자연의 여러 모습과 현상, 들판을 덮고 있는 갖가지 식물, 식량과 때론 공포의 대상이었던 각종 동물에 대해 어떤 해석을 하였을까.

그들은 동쪽에 긴 머리카락을 가진 한 노파가 화가 나서 머리를 흔들면 거센 바람이 부는 것이라 믿었고, 들판을 뛰어다니던 각종 동물 중 일부를 양육하면서 가축으로 삼기도 하였다.

본 장에서는 대자연과 식물, 동물 등과 관련된 고대 문자를 통해서 고대 중국인의 자연에 대한 관념을 유추해 보고자 한다.

1. 대자연 Mother Nature

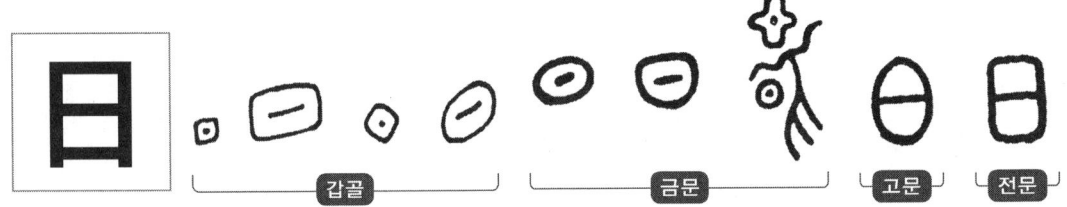

#rì—태양, 낮(날) 태양의 형상이다. 중간에 있는 점에 대해서 이견이 많은데 흑점을 나타낸다는 의견이 많았다. 필자는 햇빛을 나타내는 것으로 본다.

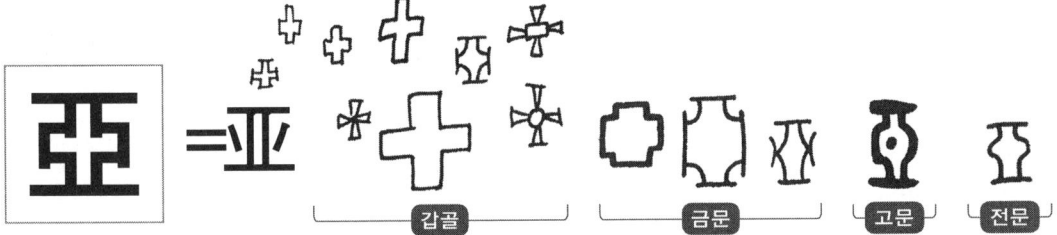

#yà—두번째, 아시아 고대 중국인은 지구가 네모나고 하늘이 둥글다고 믿었다. 亞는 네모난 지구의 네 모퉁이가 기둥으로 받쳐있는 것을 나타낸다. 이 기둥들은 하늘을 받쳐 넘어지지 않게 하는 것이라고 여겨졌다.

동한때의 화상전(畫像磚). 삼족오(三足烏) 한 마리가 태양 가운데 있다. 하남성 남양(河南省 南陽)에서 출토

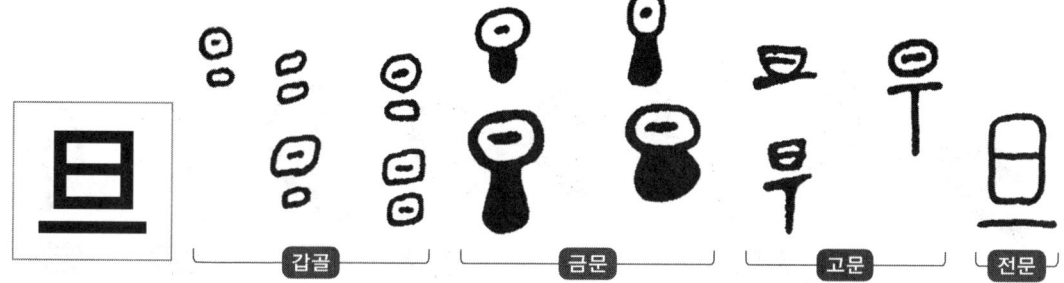

#dàn-새벽, 아침

태양이 떠오르는 것을 묘사하고 있다.

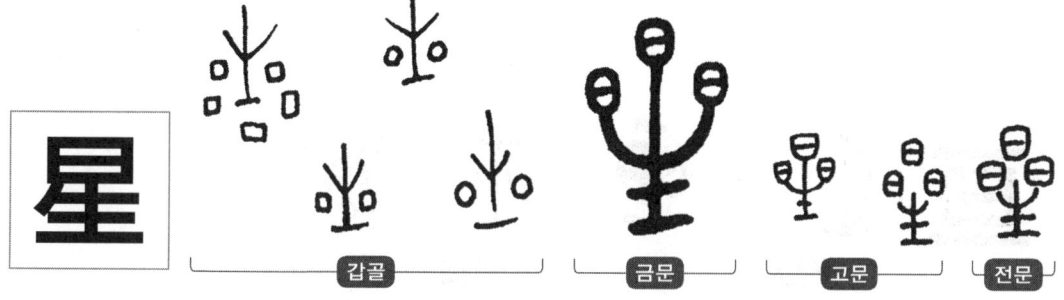

#xīng-별

고대의 星자는 生을 성부로 삼고 여러 개의 별을 더한 모양이었다.

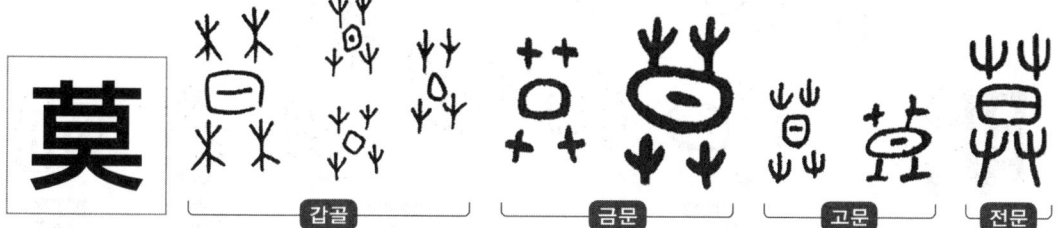

#mò-~않다

고대의 莫은 태양이 나무 사이에 있는 것을 나타낸다. 후에 '숲'의 부호는 풀을 나타내는 ++ 부수로 대체되었다. 가차자이다.

#yuè-달, 월

반달의 형상을 본떴다.

자연 59

夕

#xī – 일몰, 저녁

夕은 본래 月의 자형이다. 이후에 점이 생략되면서 月과 서로 구분되었다.

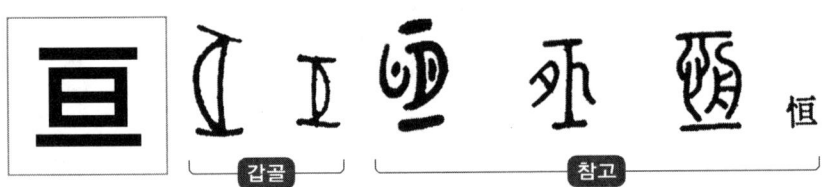

亙

#gèn – 뻗치다, 내밀다

亙는 달의 차는 것과 기우는 것의 변화를 나타낸다.

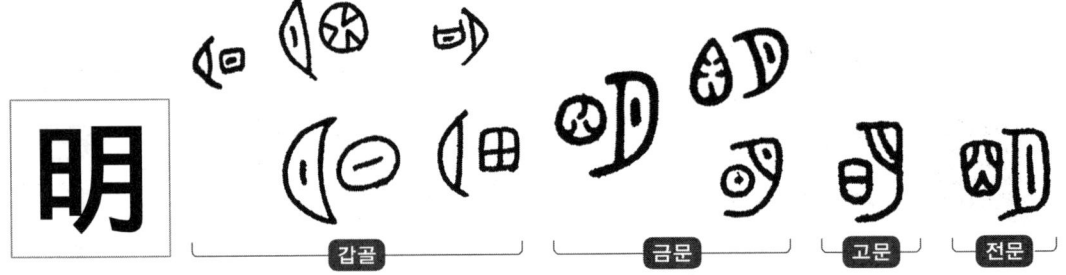

明

#míng – 밝게, 깨끗한

전형적인 明의 해석은 태양과 달의 조합이다. 아마도 明은 선사시대에 초승달 근처에서 초신성이 발견된 것을 기록한 것일 수도 있다. 明의 고문 및 갑골문 중의 서법은 日과 月의 회의자인 것이 대부분이다. 일설로는 窗과 月로 구성된 회의자라고도 하는데 이는 달빛이 창문으로 비치면서 '밝다'의 뜻이 된 것으로 본다.

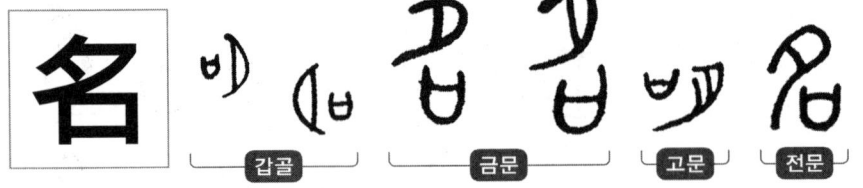

名

#míng – 이름, 명성, 명망, 유명세

名자는 口와 夕이 결합한 회의자이다. 야간에 상대방의 얼굴을 제대로 볼 수 없게 되었을 때, 이름을 묻거나 스스로 알린다는 뜻을 나타낸다.

| 갑골 | 금문 | 고문 | 전문 |

#yún - 구름   회전하는 구름의 형상이다. 위쪽의 두 획은 상공을 나타낸다.

▎소의 어깨뼈에 새겨진 복사(卜辭)이다. 점 친 내용은 '계묘(癸卯)일에 점쳐 묻습니다. 오늘 비가 올까요? 서쪽에서 비가 올까요? 동쪽에서 비가 올까요? 북쪽에서 비가 올까요? 남쪽에서 비가 올까요?'이다.

자연 61

\# yǔ – 비

빗방울이 하늘에서 떨어지는 형상이다.

 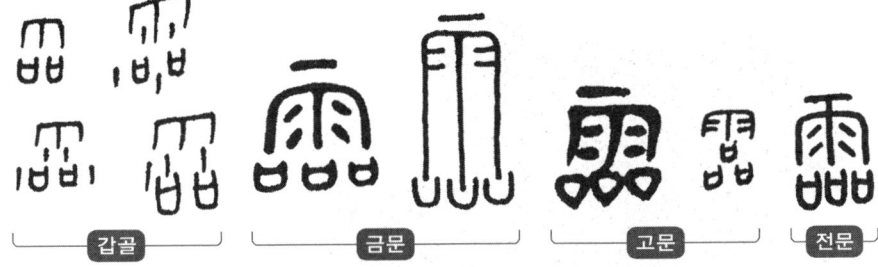

\# líng – (비가) 떨어지다, 숫자 0

비를 나타내는 雨와 비 내리는 소리를 나타내는 口로 이루어졌다. 아래쪽의 令자는 성부로 후에 더해졌다.

\# shēn – 진술하다, 표현하다, 12간지의 제9번째, 성씨

번개의 형상을 본뜬 것으로 새로운 의미가 파생되어 신령(神靈)이란 뜻이 되었다.

 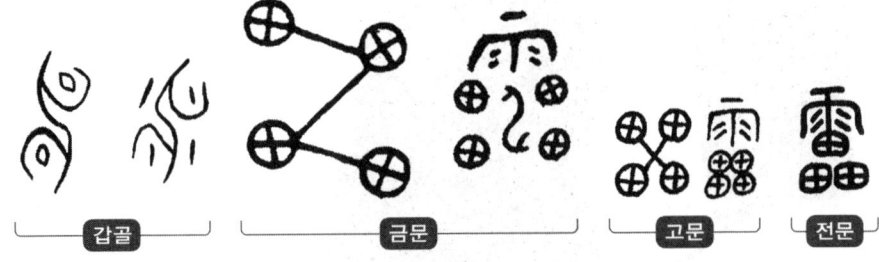

\# léi – 우레, 천둥, 벼락

雷의 고대 형상은 번개와 천둥의 큰소리가 같이 오는 것을 묘사했다. 후에 천둥의 형상은 비를 부수로 갖는 세 개의 田으로 간화되었다. 현대의 雷자는 하나의 田자를 가지는 것으로 간소화되었다.

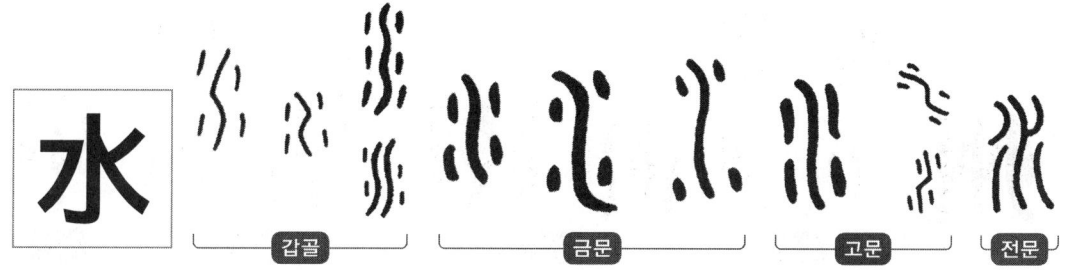

\#shuǐ-물, 강 시냇물의 형상을 본뜬 것으로, 네 개의 점은 물이 떨어지는 것을 나타낸다.

\#qì-가스, 공기, 숨, 냄새 구름층 또는 증기의 형상을 나타낸다.

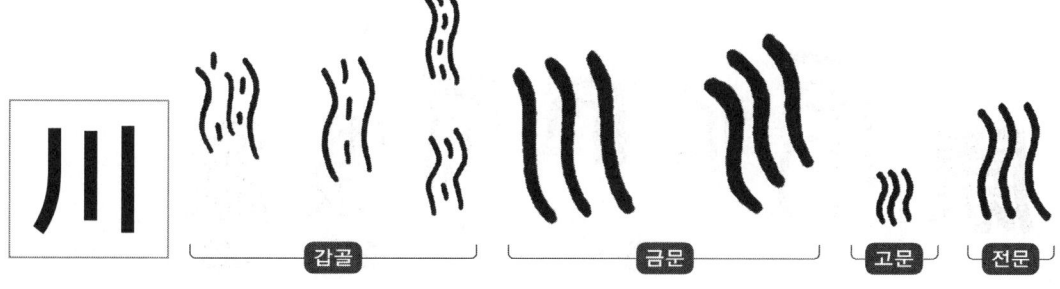

\#chuān-강 하천의 형상을 본뜬 글자이다.

\#huí-원, 되돌아오다, 되돌아가다 물이 빙빙 돌면서 흐르는 형상을 나타낸다.

자연 63

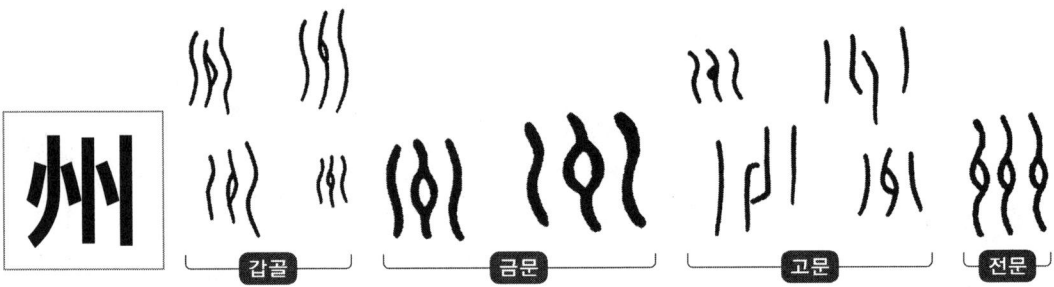

zhōu – 행정상 구역(고대)

강 복판에 있는 작은 섬의 형상을 나타낸다.

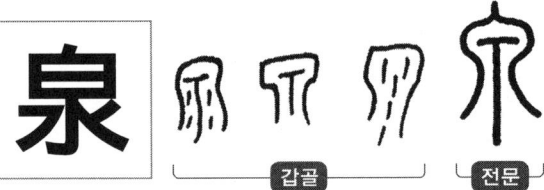

quán – 샘, 원천

동굴 또는 샘 입구에서 흘러나오는 샘물을 나타낸다.

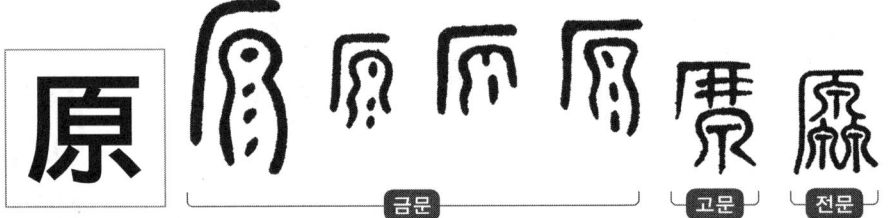

yuán – 본래의, 가공되지 않은, 용서하다, 용서, 명백한, 성씨

절벽에서 샘물이 흘러나오는 것을 나타낸다.

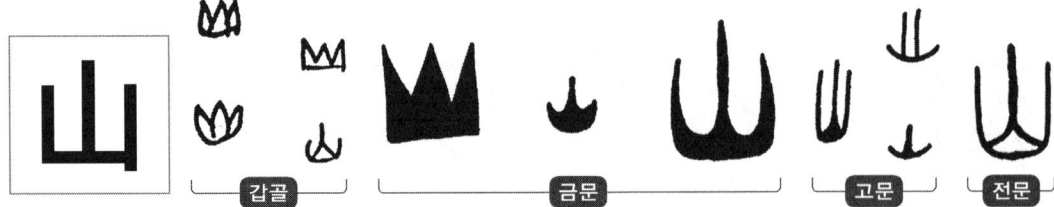

shān – 산, 고개, 성씨

세 개의 산봉우리가 있는 산의 형상을 본뜬 글자이다.

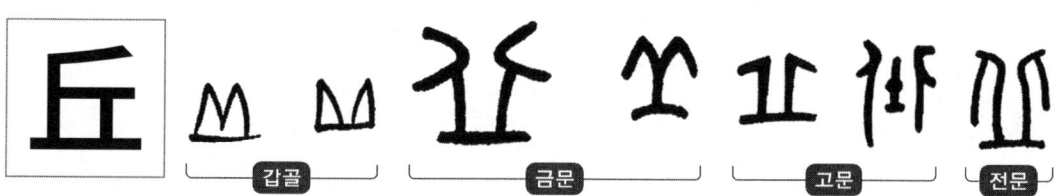

qiū — 흙더미, 작은
언덕, 모래언덕, 성씨

두 개의 작은 언덕이 돌출되어 있는 형상을 본뜬 글자이다.

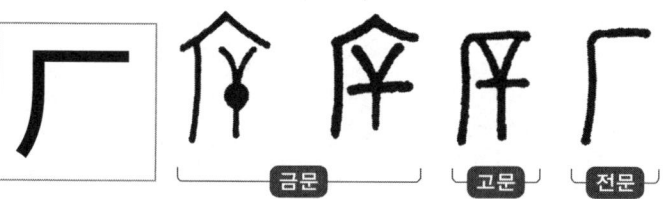

hàn — 강독, 강기
슭, 암굴주거(고대어)

강기슭의 형상을 나타낸다. 전통적인 해석은 산과 바위의 높고 깎아지르는 듯한 절벽의 형상이라고 한다.

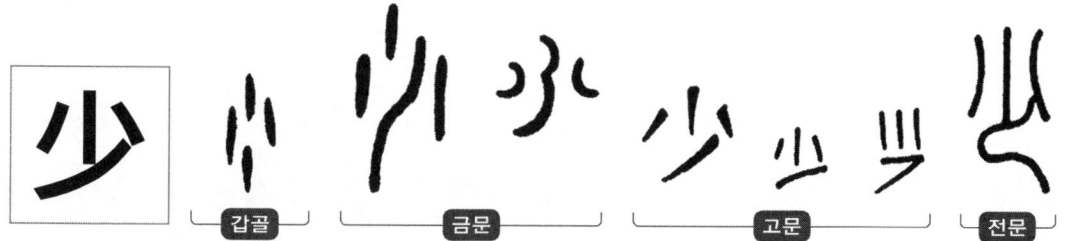

shǎo — 다소, 약간, 적은

네 개의 점은 아마도 모래나 작은 물건을 나타낸다.

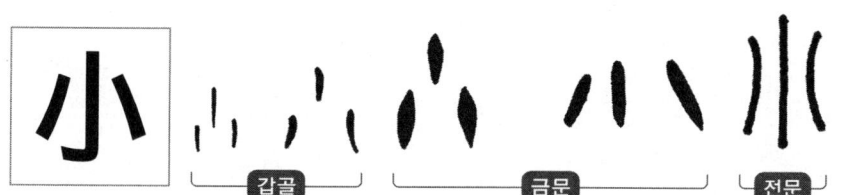

xiǎo — 작은

小는 세 개의 점에서 나온 것으로 少에서 한 개의 점이 생략되었다.

2. 식물 Flora

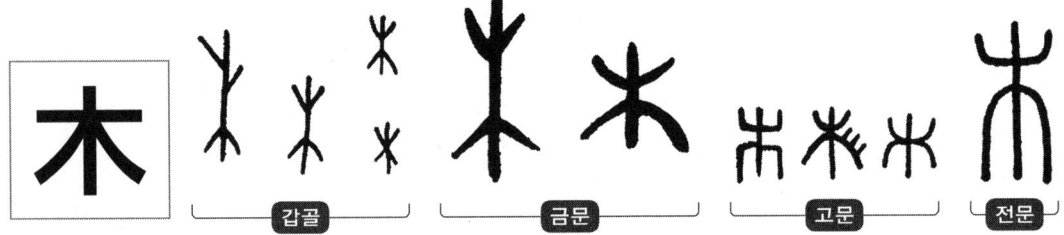

#mù – 나무, 숲   가지와 뿌리가 보이는 나무의 상형문자이다.

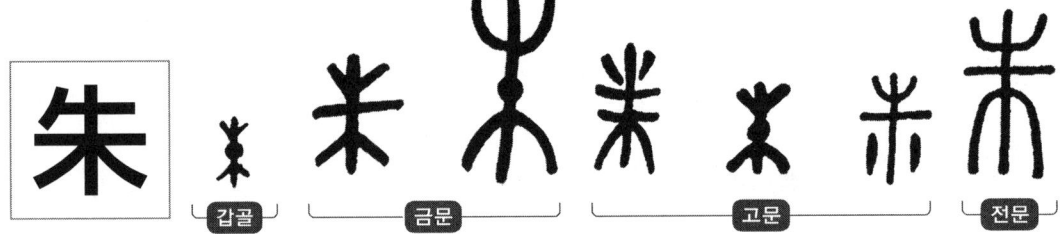

#zhū – 주색의, 선홍색, 성씨   후에 수평선으로 변한 점은 나무의 몸통을 나타낸다.

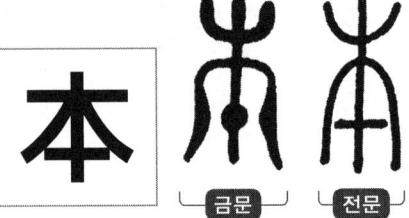

běn – 나무의 뿌리, 토대, 기초, 근원   글자 밑부분에 짧은 획을 추가함으로써 나무의 뿌리를 나타냈다.

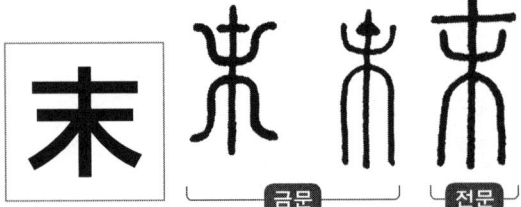

mò – 끝, 자질구레한 점   짧은 획을 이용하여 나뭇가지의 끝 부분을 나타낸다.

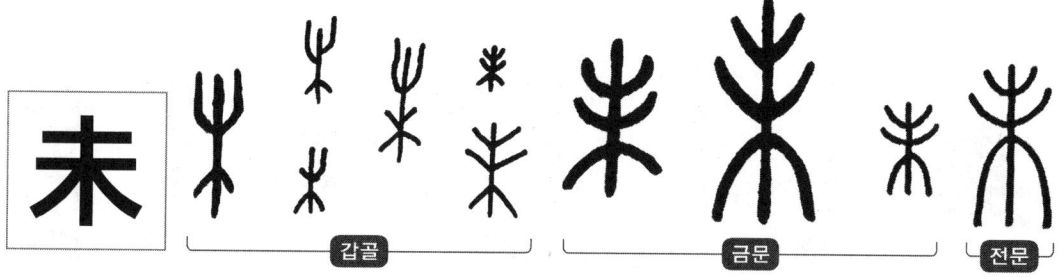

\# wèi — 12간지의 8번째, ~않다

未는 나무에 겹쳐진 나뭇잎의 형상을 나타낸다. 이후 시간 단위로 가차되어 쓰였다.

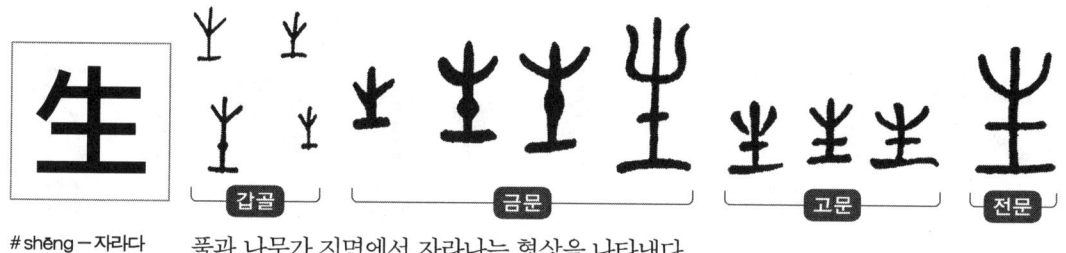

\# shēng — 자라다

풀과 나무가 지면에서 자라나는 형상을 나타낸다.

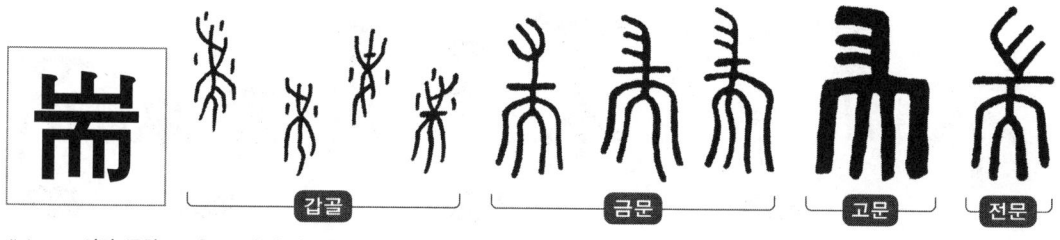

\# duān — 시작, 극한, 한도

작은 새싹이 땅을 뚫고 나오는 형상이다.

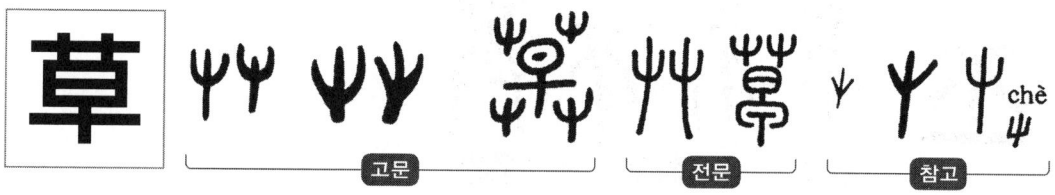

\# cǎo — 풀

풀을 나타낸 글자로, 글자 아랫부분인 早는 성부이다.

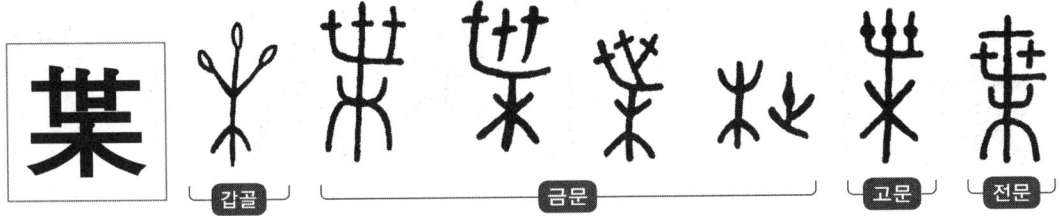

\#dié – 얇은(고대어) 나뭇잎이 있는 나무의 형상을 나타낸다.

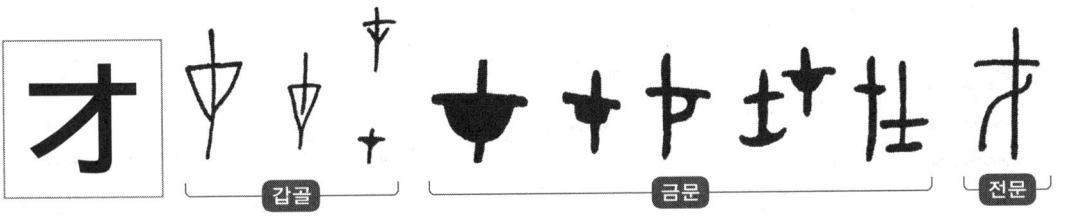

\# cái – 능력, 재능, 어떠한 확실한 유형을 가지는 사람, 오직, 다만 才는 전통적으로 발아된 씨앗이 땅을 뚫고 나오는 것을 묘사한 것이라고 본다.

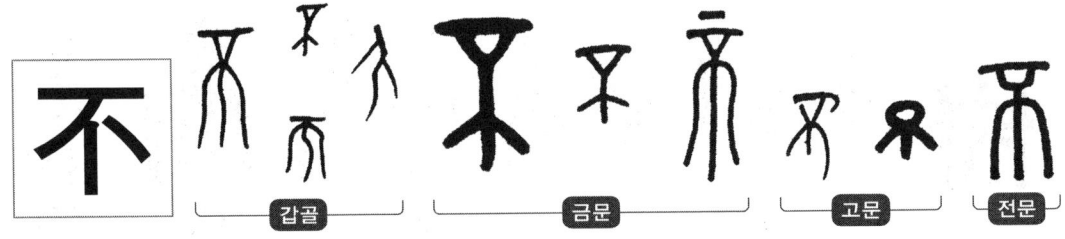

\#bù – 아니다 종자가 움틀 시기의 어린 뿌리 형상을 본뜬 글자이다.

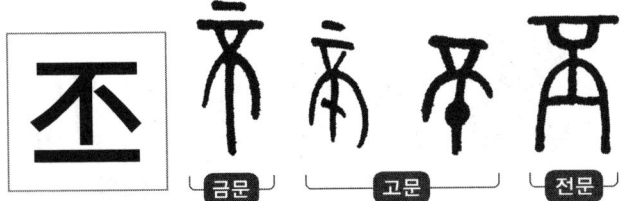

\#pī – 큰, 거대한(문어) 丕자는 不자의 아래에 가로획이 더해져 파생된 글자이다.

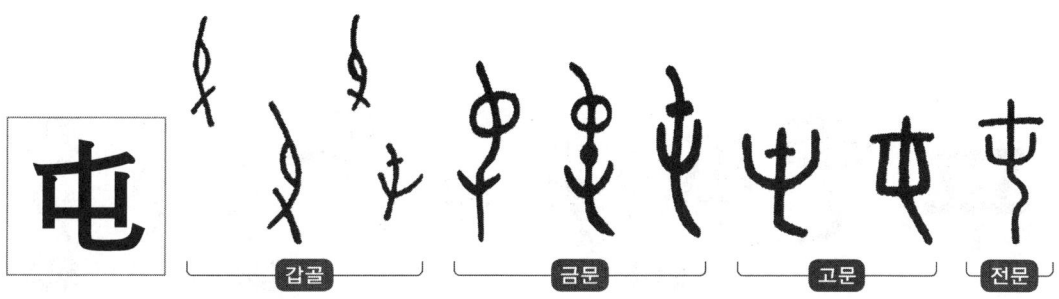

tún – 축적하다, 마을, 부락

피어나기를 기다리는 꽃 봉우리와 잎의 형상을 나타낸다.

 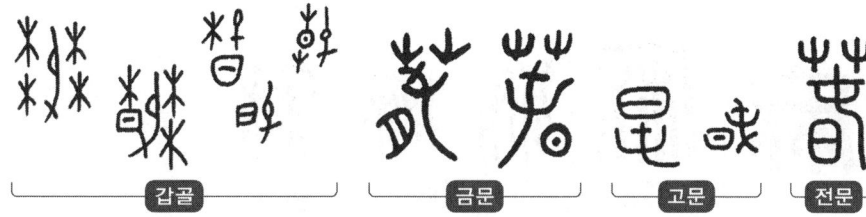

chūn – 봄, 삶의 활력, 사랑, 갈망, 사랑의 시작

林, 草, 屯, 日의 조합. 屯은 또한 성부였다. 후에 屯과 林은 서로 합쳐졌다. 春자는 林(草), 日, 屯자의 조합이다. 屯은 또한 성부이다.

 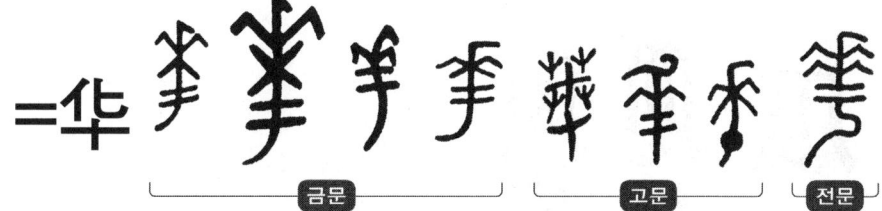

huá – 번창, 번영한, 번창한, 훌륭한, 멋진

꽃의 형상을 나타낸다.

róng – 무성하게 자라다, 번창하다, 영광, 성씨

꽃과 나무의 형상을 나타낸다.

자연 71

\# píng – 평평한, 단계, 조용한, 공정한   물 위를 떠다니는 개구리밥의 형상을 나타냈다.

 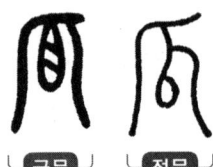

\# má – 대마, 아마, 아맛자국, 감각을 잃은, 따끔거리는 느낌의, 성씨   헛간에서 삼마를 벗기는 형상이다.

瓜   金文 篆文

\#guā – 멜론   덩굴 줄기에 매달려 있는 박 또는 멜론을 나타냈다.

 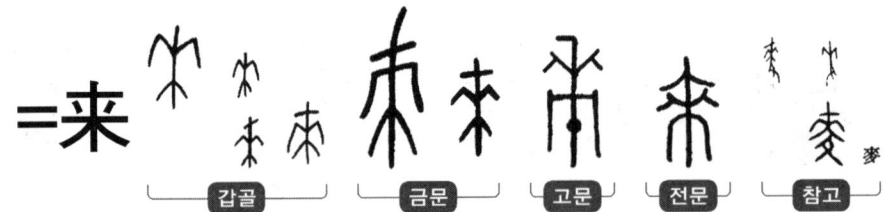

\#lái – 오다   한 포기의 익은 밀 형상을 나타낸다. 상고시대부터 來와 麥이 서로 통용된 이유는 그 시대 발음 중 –l과 –m이 구분되어 쓰이지 않았기 때문이다. 이후 來는 '오다'라는 의미로 가차되었다.

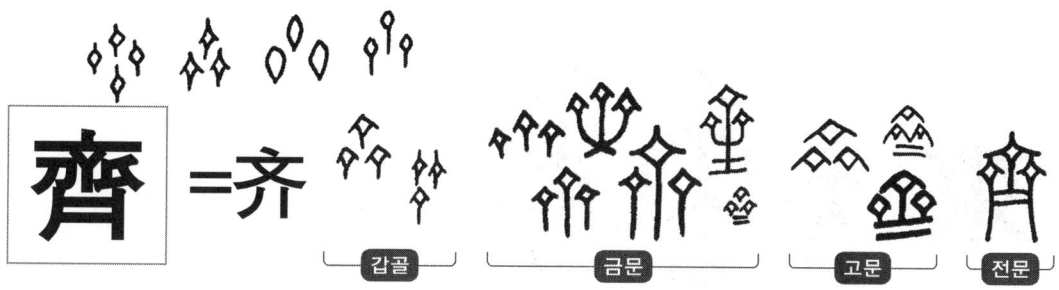

齊

qí — 깔끔한, 획일적인, 균일한, ~와 같은 높이에서, 동시에, 일제히, 모두 준비된, 비슷한, 성씨

밀의 이삭이 가지런히 나온 형상이다.

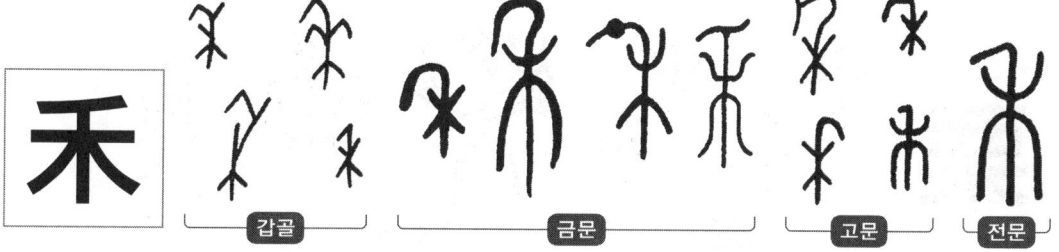

禾

hé — 쌀, 땅에 서 있는 곡식, 곡류.

익은 벼의 형상을 나타낸다.

米

mǐ — 쌀, 껍질이 벗겨진 또는 탈곡된 씨앗, 미터

쌀알의 형상을 나타냈다.

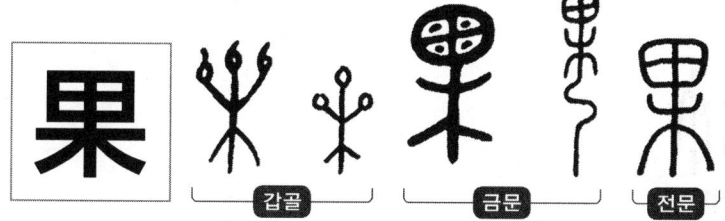

果

guǒ — 과일, 결과, 만약 정말이라면

나무에 열매가 맺힌 형상이다.

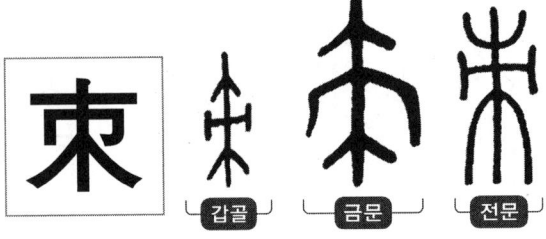

#cì - 가시, 뾰족한 끝   가시가 있는 식물을 나타낸다.

#lì - 밤나무   밤나무의 형상을 본뜬 글자이다.

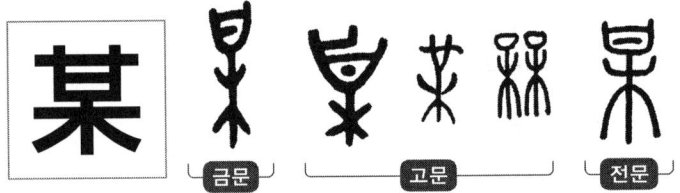

#mǒu - 어떠한, 무슨, 약간의   某는 甘과 木이 결합한 회의자이다. 시큼한 과일을 나타낸다.

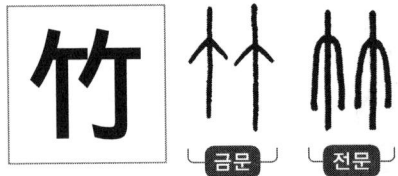

#zhú - 대나무   나뭇잎이 달린 두 개의 대나무 가지를 나타낸다.

3. 동물 Fauna

수중동물, 파충류와 곤충
Aquatic Animals, Reptiles and Insects

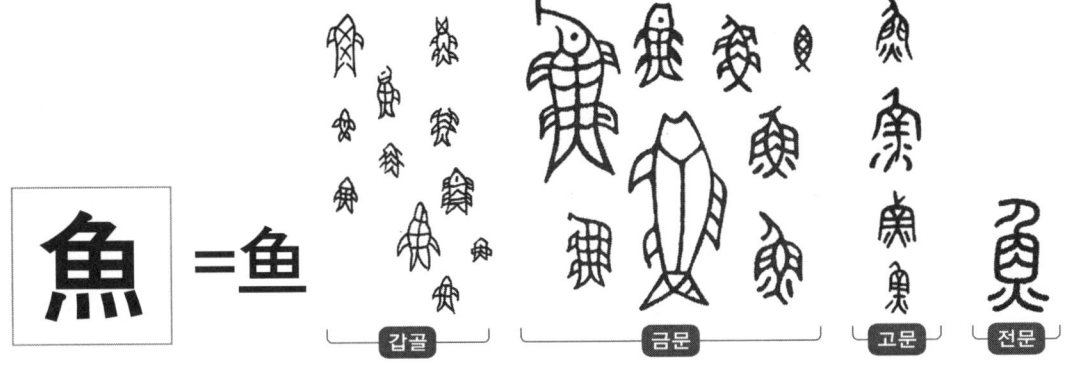

#yú – 물고기

물고기를 옆에서 본 모양을 상형한 글자이다.

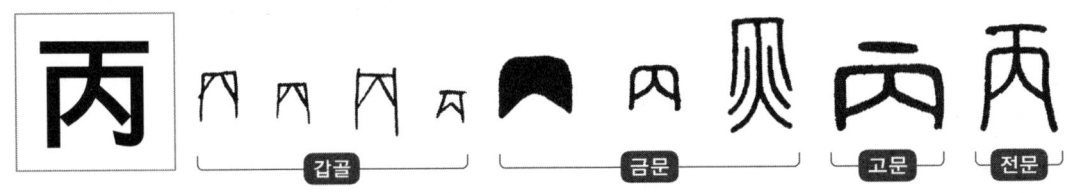

bǐng – 10간의 세 번째, 세 번째

물고기 꼬리의 형상을 나타낸다. 주로 가차되어 사용된다.

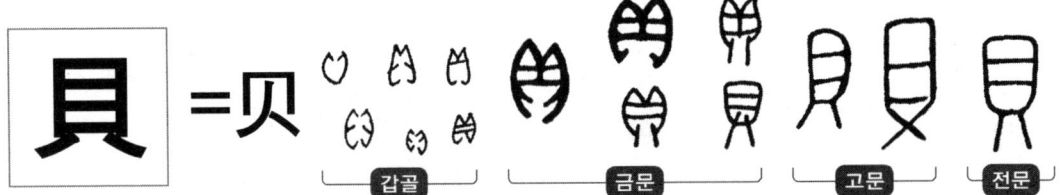

bèi – 조개, 고둥, 성씨

조개껍데기를 상형한 글자이다. 조개껍데기는 고대에 화폐 대용으로 사용되었으므로, 이 글자는 돈과 부, 보물이란 의미를 나타내는 부수로 많이 사용된다.

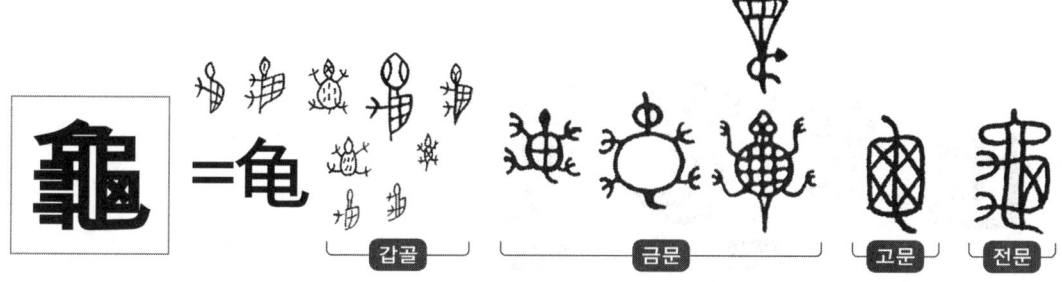

guī – 거북, 바다거북

거북이의 형상을 상형한 글자이다.

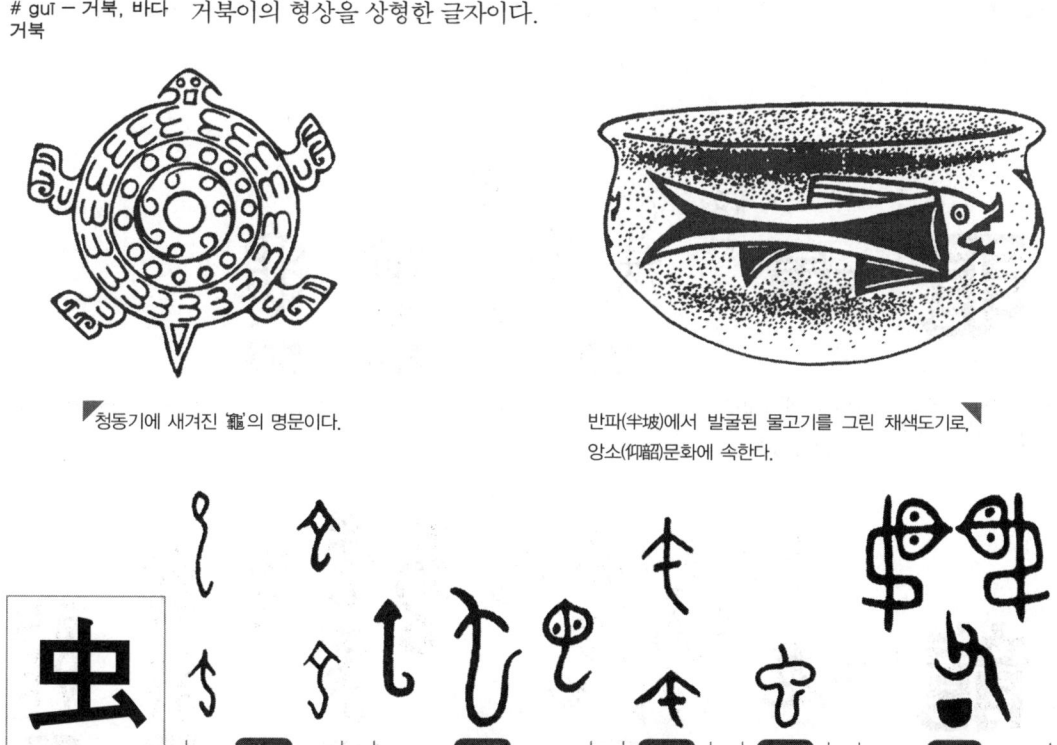

▎청동기에 새겨진 '龜'의 명문이다.

▎반파(半坡)에서 발굴된 물고기를 그린 채색도기로, 앙소(仰韶)문화에 속한다.

chóng – 곤충, 벌레

곤충의 형상을 나타낸다. 벌레 또는 곤충을 뜻하는 많은 글자에서 부수로 쓰인다.

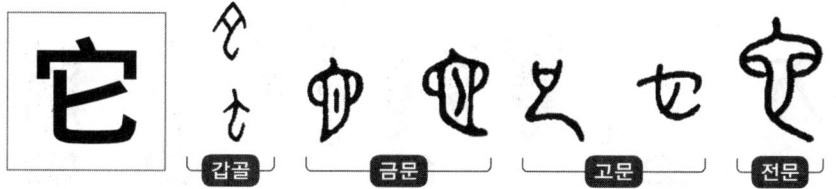

ta – 그것

它자는 한 마리 뱀의 윤곽을 상형한 글자로, 후에 3인칭 대명사로 가차되어 사용되자 虫을 더한 蛇자를 만들어 전용자로 삼았다.

\#yě – 또한, ~도

它자에서 파생되었으며, 초기에는 뱀이라는 뜻으로 쓰이다가 이후 가차되었다.

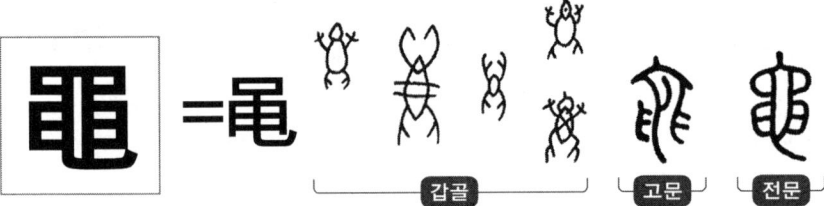

\#měng – 개구리(고대의 책에서 언급되었다.)

아마도 개구리의 그림을 그린 것 같다. 黽자는 주로 파충류를 지칭하는 글자들의 부수로 사용된다.

\#lóng – 용

용은 중국에서 흔히 쓰이는 상징으로, 고대 부족 토템의 잔존물이다. 용의 본래 모습은 아마도 힘이 강한 씨족 집단에 의해 뱀이 토템으로 쓰인 것에서 기인할 것이다. 이 집단은 토템이 사슴, 호랑이 또는 물고기인 힘이 약한 씨족 집단을 지배했을 것이다. 다른 동물의 많은 형태를 가져온 용은, 결국 새로운 큰 씨족 집단 또는 국가에 대한 새로운 통일의 상징으로 등장했다. 용은 중국에서 황제를 가리킨다.

\#wàn – 숫자 10000, 무수히 많은, 틀림없이, 성씨

집게발, 분절된 몸통, 독침이 있는 뾰족하게 휜 꼬리를 가지고 있는 전갈의 형상이다. 후에 집게발은 풀초머리(艹) 부수로 간화되었다.

포유동물 Mammals

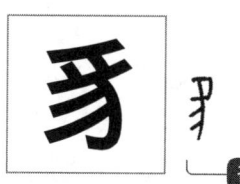 

zhì – 다리가 없는 곤충(고대의 책에 언급됨)

열린 입과 송곳니, 다리와 꼬리를 가진 야생 짐승의 형상이다. 짐승을 나타내는 몇몇 글자에 부수로 쓰인다.

 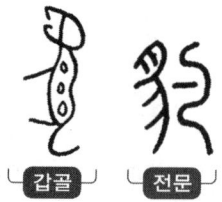

bào – 표범, 검은 표범

반점이 보이는 표범의 형상이다. 오른쪽 부분의 勻자는 표범 등의 윤곽과 점으로부터 파생되었다. 표범이 하늘을 쳐다보고 있다.

néng – 할 수 있다, 능력

입을 벌리고 걷는 곰의 형태를 나타낸다.

 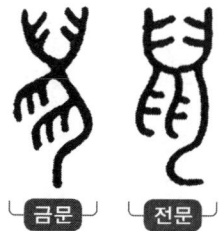

shǔ – 쥐

위로 향한 입과 날카롭게 발달한 이빨, 그리고 긴 꼬리를 가진 쥐의 형상이다.

#hǔ – 호랑이

갑골문에서는 호랑이의 형상을 본뜬 글자였다. 이후 머리에 호랑이 탈을 쓴 사람의 형상으로 虎를 만들었다.

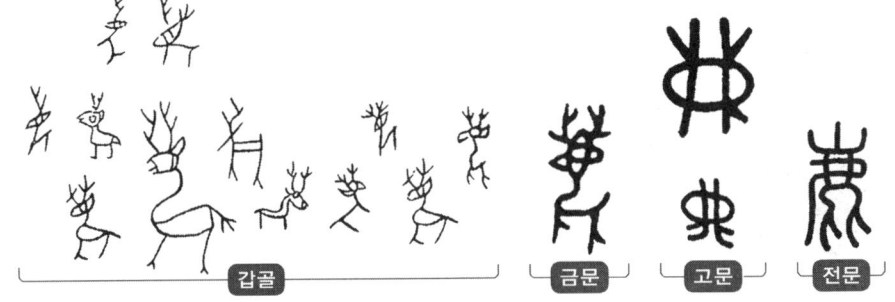

#lù – 사슴

글자의 윗부분은 사슴의 눈과 뿔이고, 아랫부분의 比는 사슴의 다리를 나타낸다.

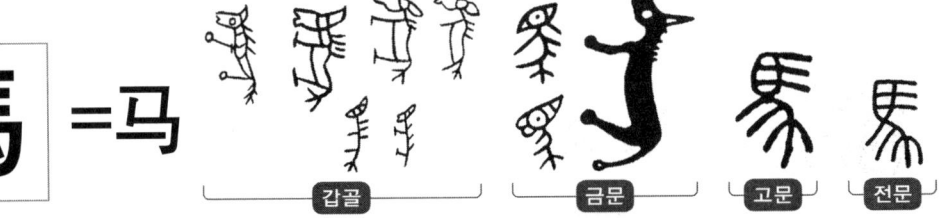

#mǎ – 말, 성씨

글자의 윗부분은 말의 눈과 갈기를 나타내고, 아랫부분은 말의 다리와 꼬리를 나타낸다.

#tù – 토끼

긴 귀를 가진 토끼의 형상을 본뜬 글자이다.

象

[갑골] [금문] [전문]

#xiàng — 코끼리, 형상, 닮다, ~같아 보인다

상아와 코, 큰 귀를 가진 코끼리의 형상이다.

牛

[갑골] [금문] [고문] [전문]

#niú — 황소, 성씨

뿔이 달린 황소의 머리를 앞에서 본 모습이다.

羊

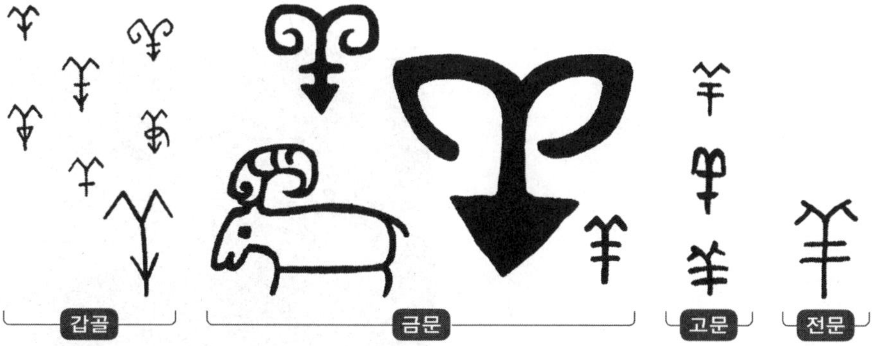

[갑골] [금문] [고문] [전문]

#yáng — 양

양의 뿔 한쌍과 긴 얼굴을 상형한 글자이다.

豕

[갑골] [금문] [고문] [전문]

#shī — 돼지(문어)

돼지의 형상을 본뜬 글자이다.

자연 83

▸돼지의 형상을 본뜬 도기로, 대문구(大汶口)에서 출토되었다.

亥

갑골 / 금문 / 고문 / 전문

#hài – 12간지 중 마지막

어원이 같은 豕를 12간지 중 하나를 나타내기 위해 빌려왔다고 한다. 亥는 豕의 변화형이다.

돼지 문양이 새겨진 도기의 타본으로 하모도(河姆渡) 문화에 속한다.

갑골 / 금문 / 고문 / 전문

#quǎn – 개

긴 허리와 꼬리를 가진 개의 형상을 본뜬 글자이다.

xiān - 맛있는, 신선한

물고기와 양의 조합으로, 매우 맛있음을 뜻한다.

nüè - 잔혹한, 학대하다.

호랑이가 발톱으로 할퀴고 있는 모습을 나타냈다. 아랫부분이 호랑이의 발톱이며, 잔혹한 짓을 한다는 것을 뜻한다.

jiǎo - 뿔, 각도, 코너, 곳

소의 뿔을 본뜬 글자이다. 角자는 또한 부수로도 많이 쓰인다.

lì - 아름다운

한 쌍의 아름다운 뿔을 가진 사슴의 형상으로, 아름다움과 어울림을 나타낸다.

#sì – 수컷 코뿔소(고대 책에 언급됨)

코뿔소의 형상을 나타낸다.

조류 Birds

#niǎo – 새

부리를 가진 새의 형상으로 아래 네 개의 점은 발톱과 깃털을 나타낸다.

wū – 까마귀, 검은색

까마귀를 나타낸다. 까마귀가 눈까지 안보일 정도로 까맣다는 의미로, 鳥에서 눈을 나타내는 한 점을 생략하여 나타냈다.

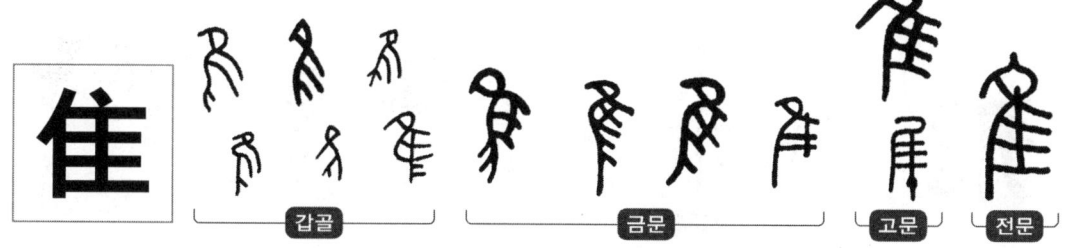

#zhuī – 짧은 꼬리를 가진 새

새를 뜻하는 글자이며, 일반적으로 새와 가금류를 의미하는 글자에 주로 쓰인다.

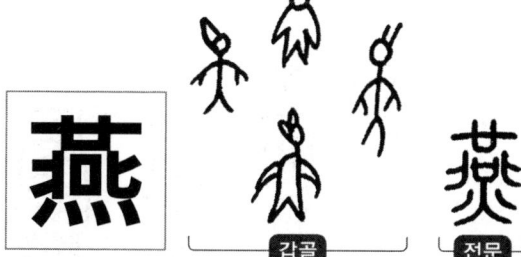

#yàn – 제비

가지를 입에 물고 날아가는 제비의 형상을 나타낸다. 길게 갈라진 꼬리를 강조하였다.

자연 87

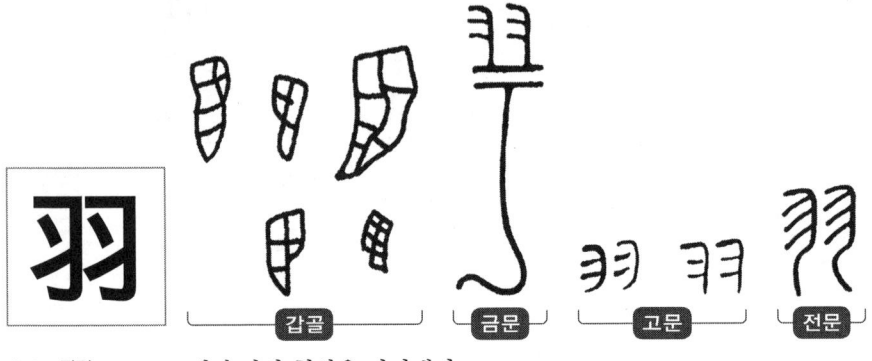

#yǔ-깃털

새의 깃털 형상을 나타낸다.

#fēi-아닌, 없는, 등 등, 잘못된, 나쁜 짓

새의 펄럭거리는 날개를 나타낸다.

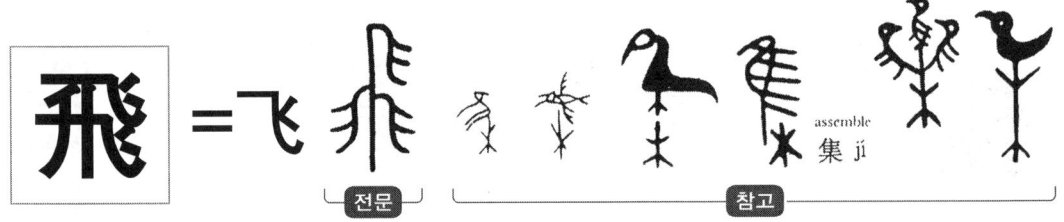

#fēi-날다

날고 있는 새의 형상이다.

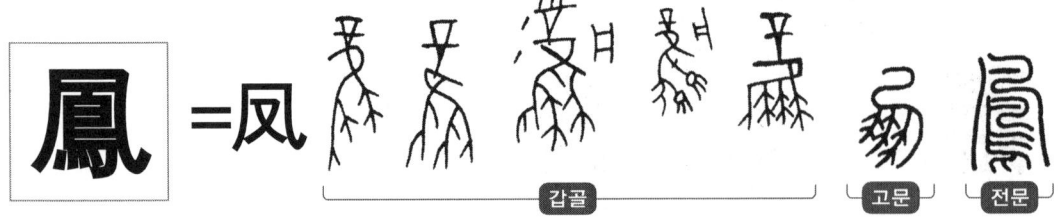

#fèng-봉황, 피닉스

아름다운 볏과 깃털을 가지고 있는 새의 형상으로 주위를 둘러싸고 있는 요소인 凡자는 성부이다.

점을 친 복사(卜辭)로, 내용은 '鳳止', 즉 '바람이 멈추었다'는 뜻이다. 상대에 鳳은 風의 뜻으로도 쓰였다.

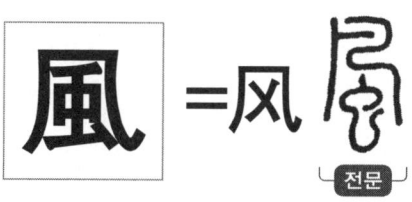

#fēng — 바람

초기 한자에서 風과 鳳은 같이 쓰였다가 이후 자형이 달라졌다.

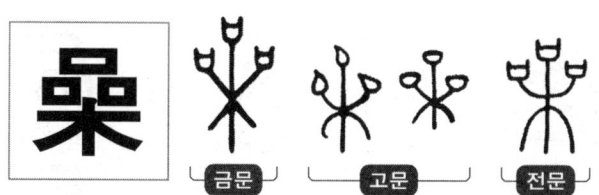

zào — 새의 짹짹거림

나무 위 세 개의 입은 새가 지저귀는 소리를 의미한다.

#huán — 수리부엉이

수리부엉이(큰 뿔모양의 돌기가 있는 부엉이)의 형상이다.

자연 89

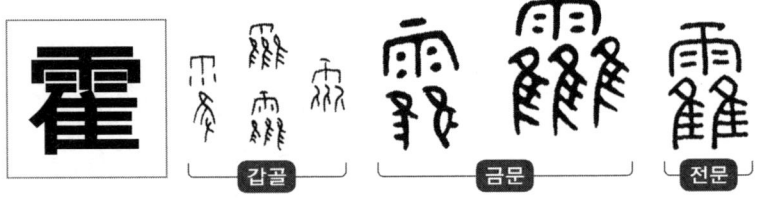

#huò-갑자기, 빨리 빗속에서 빨리 날아가는 새를 나타낸다.

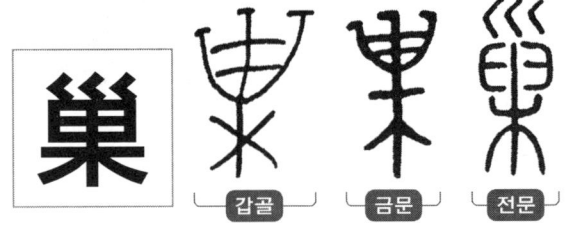

#cháo-새의 둥지 나무 안에 있는 새의 둥지를 나타낸다.

#xī-서쪽 새의 둥지를 상형한 글자이나, 이후 방향을 나타내는 글자로 가차되어 사용되었다.

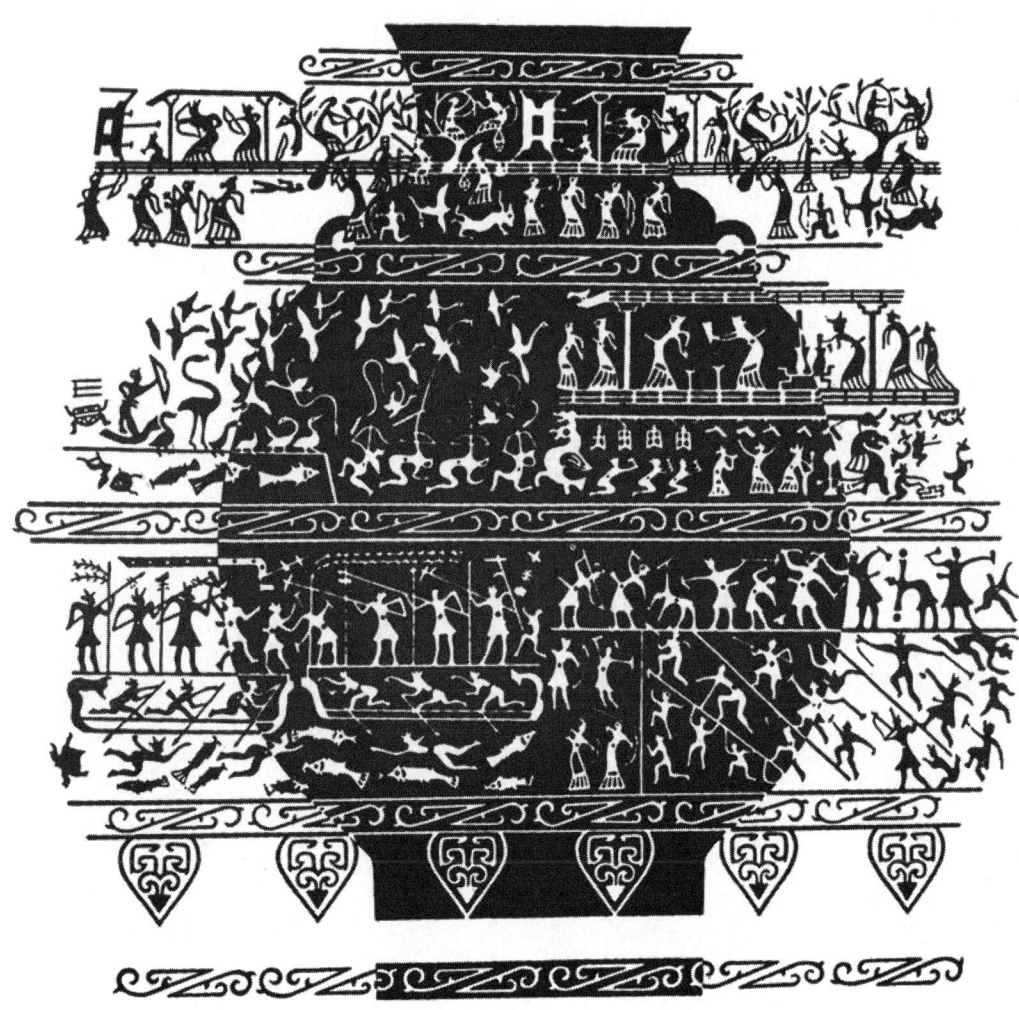

전국(全國)시기 청동기에 새겨진 문양이다.

Chapter 3

수렵과 농경

하늘에 의지하여 채집하고, 물고기를 잡고 사냥하는 생활에서 농업과 목축업의 발명을 통하여 식량 생산을 조절할 수 있게끔 된 과정은 인류의 경제생활 중 첫 번째 큰 발전이다. 사냥과 채집을 통한 삶의 방식에서 식물과 가축을 키우는 삶으로의 진화를 식량생산혁명이라고 부른다. 이것은 신석기시대에 발생했으며 석기 제조방법의 개선은 이러한 변화와 관련이 있다. 본 장에서 소개하는 한자는 3천 년 전의 중국인이 생존을 위하여 어떠한 투쟁을 하였는가를 생동감 있게 소개할 것이다.

한나라 때 벽돌에 그린 그림으로, 화살로 사냥을 하는 형상을 나타낸다. 성도 양자산(成都 楊子山)에서 출토되었다.

1. 수렵 Hunting

동물의 발자국 Animal's Footprint

다섯 명의 궁사를 그린 그림으로, 스페인에서 발굴된 석기시대 유물이다.

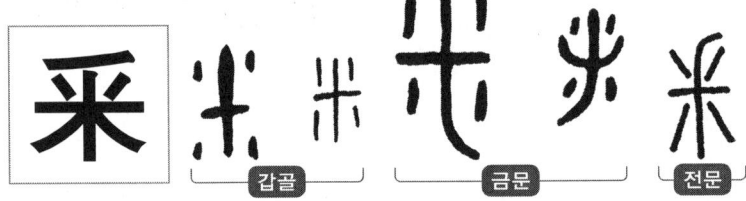

#biàn–辨의 고대어, 구별하다, 차별하다

동물의 발자국 형태를 본뜬 것이다. 고대의 辨으로, 采와 혼동하기 쉽다. 후에 이 글자는 폐기되어 사용되지 않는다. 선사시대 고대인에게 수렵 중 동물의 족적을 발견하고 식별하는 것은 매우 중요한 것이었다. 사냥꾼이 익숙한 동물의 족적을 발견하였을 때 후계자에게 주위에 어떤 동물이 있는지를 설명한 후 추격할 것인가 아니면 도망갈 것인가를 결정하고 후계자는 이 발자국을 자세히 살핌으로써 수렵의 기술을 배웠다.

 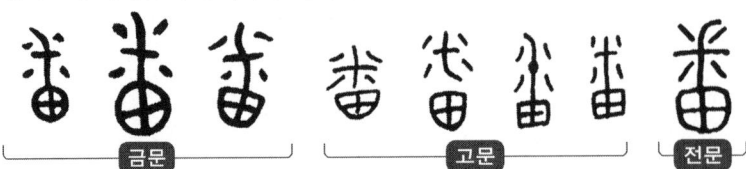

fān – 과정, 차례, 처음부터

동물의 발자국과 사냥을 상징하는 부호인 田이 결합되어 만들어진 글자이다.

 =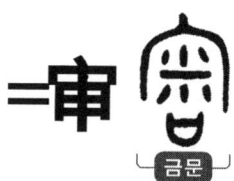
금문 / 고문 / 전문

#shěn - 자세히 보다   審은 사냥꾼이 허리를 구부려 무릎 아래에 있는 동물의 발자국을 살펴보는 것을 나타낸 글자이다.

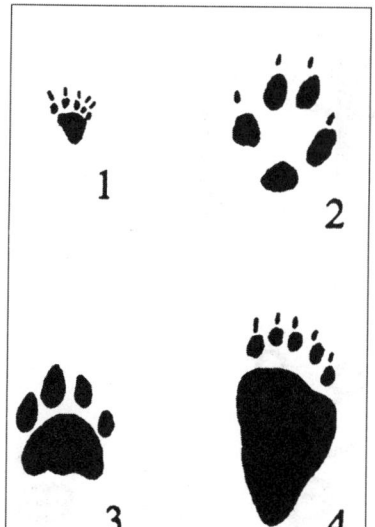

▼육식 동물의 발자국 형상이다. 1번은 오소리, 2번은 늑대, 3번은 호랑이, 4번은 곰이다.

여러 동물의 발자국이다. 1번은 야생 황소, 2번은 영양, 3번은 숫양, 4번은 사슴, 5번은 야생 돼지, 6번은 말, 7번은 나귀의 발자국이다.

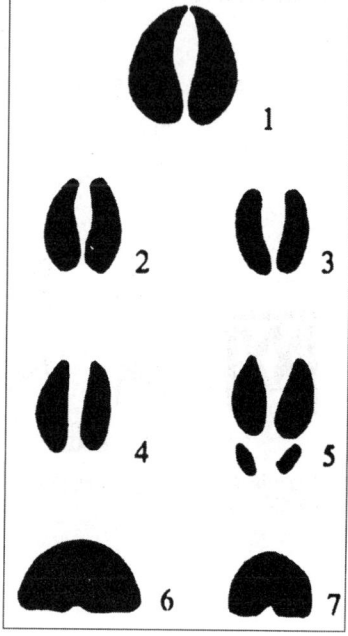

사냥 도구 Tools for Hunting

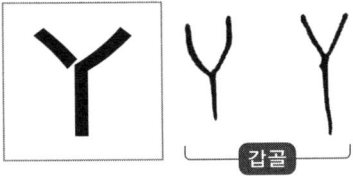

#yā – (나무의)가지   나무 가장귀의 丫 형상을 본떴다.

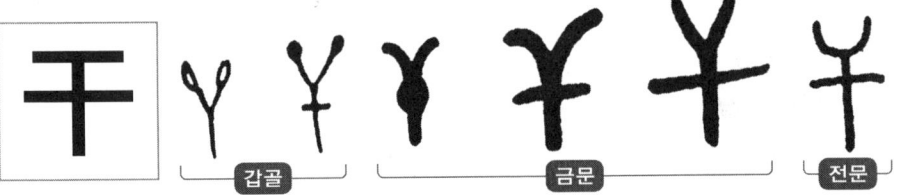

#gàn – 하다, 싸우다, 줄기   갑골문의 자형에서 점은 후에 짧은 가로획으로 변하였고, 나무 가장귀와 줄기를 표시한다. 원시 도구로 사냥과 전쟁에 사용되었다.

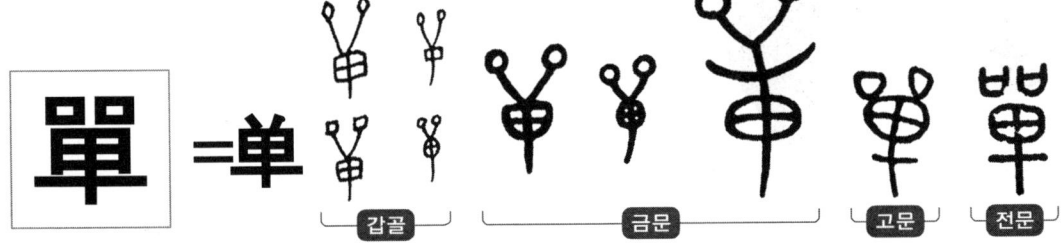

#dān – 혼자, 하나   돌칼을 매단 나뭇가지를 상형한 것으로, 글자의 중간 부분은 그물 혹은 방패를 표시한 것으로 보인다.

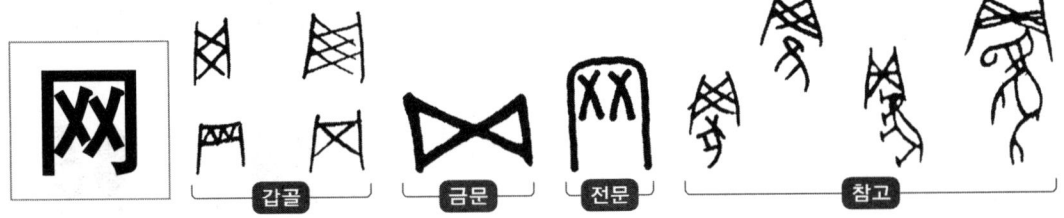

#wǎng – 網에서 간소화되었다, 그물   그물 형태를 본떴다.

배모양의 도자기 주전자로, 북수령(北首嶺) 유적지에서 출토되었다. BC 4840년~4170년 사이에 제작된 것으로 보인다.

畢

#bì – 달성하다

나뭇가지로 만든 그물을 본떴다. 田은 사냥을 표시하는 부호다.

玄

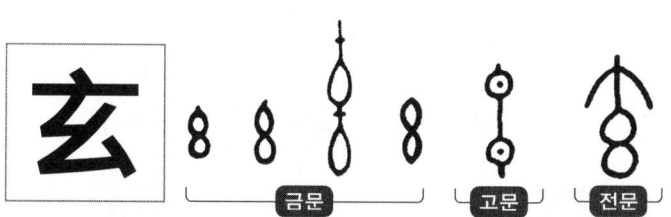

#xuán – 난해한, 신비한, 어두운, 성씨

끝에 돌덩이가 달린 올가미의 형상이다. 줄 끝에 돌 두 개를 고정시켜 만든 고대의 던지는 무기이다.

畜

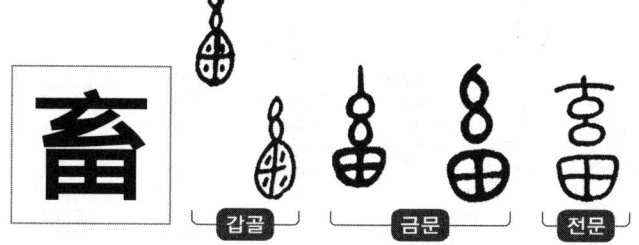

#chù – 가축

玄(끝에 돌덩이가 달린 올가미)와 田(사냥의 상징)의 결합이다.

수렵과 농경

물고기 사냥 Fishing and Hunting

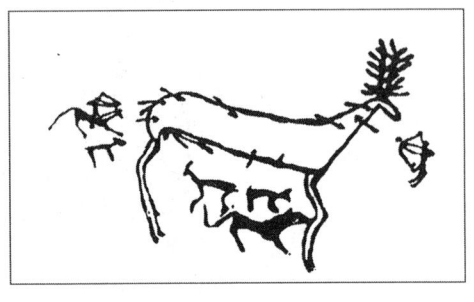
바위에 새겨진 그림. 화살로 사냥하는 형상이다.

     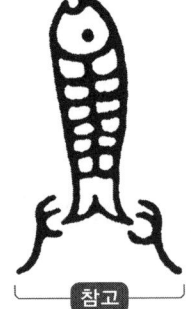

#gǔn – 전설적인 조상의 이름

줄이 있는 손낚시의 형상이다. 鯀(곤)은 하나라 우왕의 아버지 이름으로, 최초로 도시를 만든 전설상의 인물이다.

  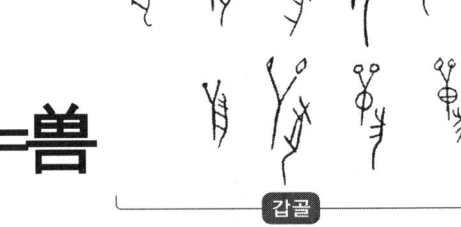 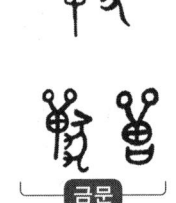 

#shòu – 금수

원시 무기인 單과 사냥을 나타내는 犬의 결합으로 이루어진 글자이다.

  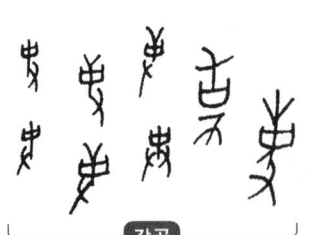  

#shǐ – 역사

史는 손으로 그물을 쥐고 있는 형태를 본떴다. 史, 事, 吏, 使 네 문자는 기원이 같다.

事

\# shì — 일, 문제, 사건, 하다

그물로 멧돼지를 잡는 것을 묘사했다. '멧돼지'의 형상은 이후 현대 한자 '一'로 간소화되었다.

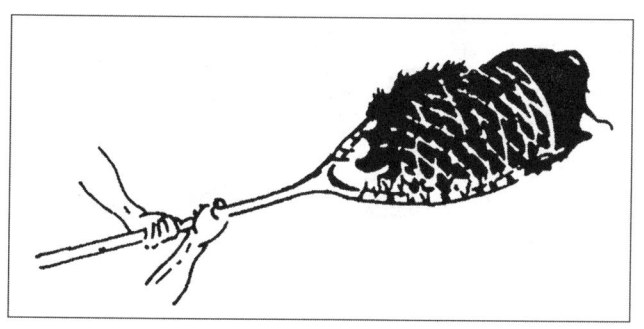

▌그물로 야생 돼지를 포획하는 것을 나타낸다.

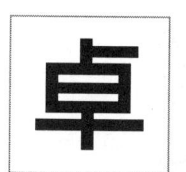

\# zhuō — 뛰어나다

그물을 가진 사람으로 윗부분은 새의 형태를 간화한 것이다.

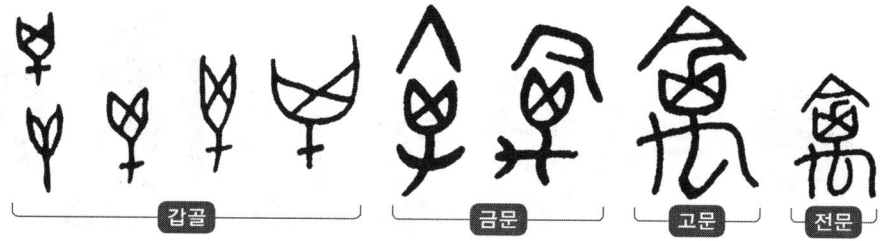

\# qín — 새

손으로 새를 포획할 그물을 잡고 있는 형태로, 금문에서 추가된 今은 성부이고, 擒의 본자(本字)이다.

수렵과 농경 101

 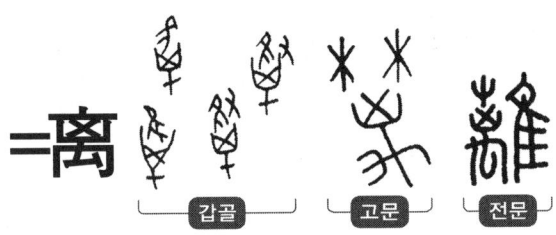

\# lí – 떠나다, ~로부터, ~이 없는, 독립하다

그물에서 날아가는 새를 나타낸다.

 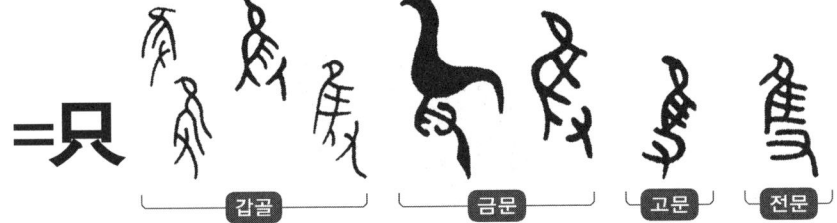

\# zhī – 측정 단위(일반적으로 손으로 움켜쥘 수 있는 미지의 문자), 함께

손으로 새 한 마리를 잡은 형태를 본떴다.

 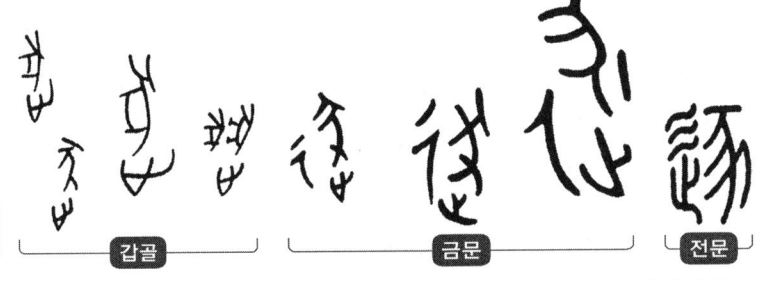

\# zhú – 추구하다, 추적하다, 쫓아내다, 차례차례, 점차적으로

멧돼지와 발자국의 결합으로 멧돼지를 쫓거나 모는 사냥꾼을 나타낸다.

\# duì – 열, 선, 팀, 그룹

돼지를 쫓아가서 낭떠러지로 떨어지게 하는 것을 나타낸다.

#tuàn – 역경에 나오는 고유 명사

죽은 멧돼지의 형상을 본떴다.

#xiàn – 함정(고대어)

사람이 함정을 파는 형상으로 고대어 중에 사람을 제물로 땅을 파서 묻는 제사를 가리킨다.

#lì – 지배 아래에, 노예

동물의 꼬리를 붙잡고 있는 손을 나타낸 글자이다.

#méng – 속이다, 사기치다, 기만하다

동물의 털가죽으로 위장한 사냥꾼을 묘사하였다.

qiāng - 중국 고대 민족으로 사천지방에 살았다.

머리에 양뿔 장식을 한 사람의 형상으로, 羌족은 중국 고대의 비교적 큰 민족이었다.

jiāng - 성씨

머리에 양뿔 장식을 한 여자의 형상으로 姜은 羌족의 여성을 칭하거나 羌족, 羌씨 성(姓)을 칭하기도 한다.

▶ 타조로 위장한 사냥꾼이 사냥감을 향해 다가가는 그림이다.

xiū - 부끄럽다, 수줍은, 수치스러운, 부끄러운

숫양을 잡은 손을 나타낸 것으로 丑은 又에서 유래되었다.

  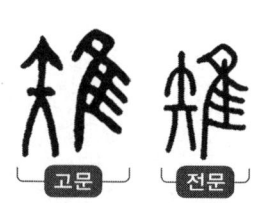

갑골 / 고문 / 전문

#zhì—꿩

새를 향해 화살을 쏘는 형상을 본떴다.

한나라 때 그림을 그린 벽돌. 활로 사냥하는 형상을 나타낸다.

  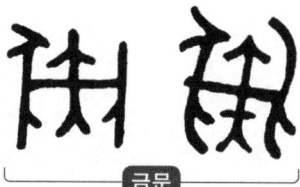 

갑골 / 금문 / 전문

#zhì—멧돼지

화살을 쏘아 멧돼지를 명중시킨 형상을 본떴다.

2. 농업 Agriculture

중국은 세계 농업의 기원지 중 하나로 7, 8천 년 전에 이미 상당히 발전된 농경 단계에 진입하였다. 중국 고고학 자료에서 많이 발견된 곡식은 조, 기장, 벼로 대표할 수 있는데, 황하유역에서 광범위하게 심은 조는 속칭 좁쌀이라고 칭하는 것이었다. 장강 유역과 동남 연해 일대에서는 7천 년 전에 이미 벼를 재배하기 시작하였는데, 이것은 세계적으로 가장 이른 것이다. 농업이 발전함에 따라 인류의 정착생활도 더욱 안정되었고 대규모의 마을이 형성되었으며 도시와 국가 출현의 기초를 다졌다.

▶ 강아지 풀(狗尾草)로, 잘 익은 상태를 나타낸다.

농기구 Farmer's Tools

중국의 원시 농기구는 주로 돌, 나무, 뼈, 조개껍데기 등으로 만들어졌다. 청동기시대에 이르러서도 이러한 상황은 개선되지 않았다. 고대 중국에서 청동은 제사나 전쟁과 같이 더 중요한 일에 쓰였기 때문에, 철기시대가 되어서야 비로소 더욱 정교해진 농기구를 사용하여 농사짓는 것이 실현되었다.

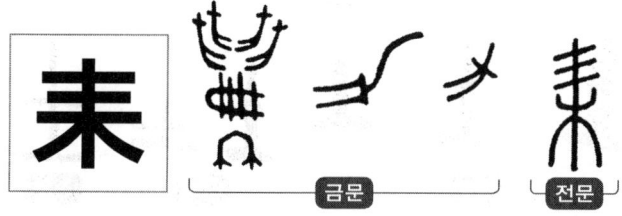

#lěi - 쟁기

아래에 두 개의 갈퀴를 가진 흙을 뒤집는 목제 농기구로 쟁기의 일종이다.

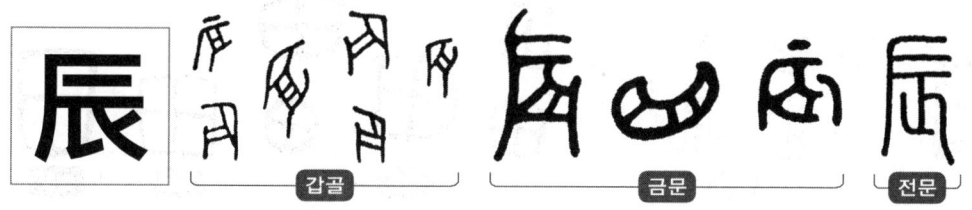

#chén - 12간지의 5번째, 천체, 시간

조개껍데기로 만든 고대 농부의 낫을 상형한 글자이다.

수렵과 농경 109

농경 Farming

 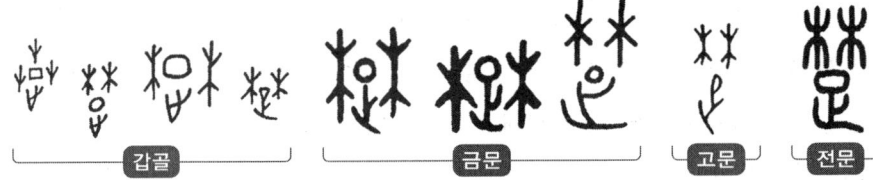
| 갑골 | 금문 | 고문 | 전문 |

\# chǔ – 대략 지금의 호북지방에 위치한 고대 왕국의 이름, 괴로움, 맑은, 적절한, 성씨

楚의 윗부분인 林은 삼림을, 아래 부분인 足은 가시나무를 뽑고 삼림을 정복함을 나타낸다.

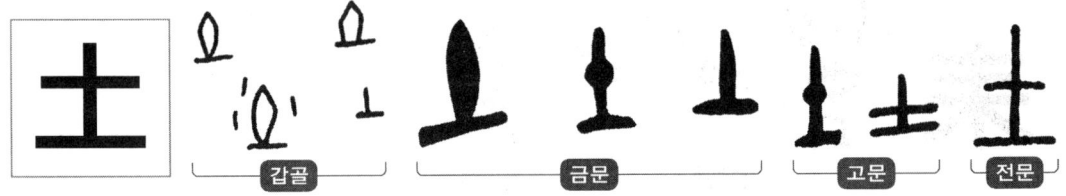

\# tǔ – 흙, 지구, 땅, 출신

땅 위에 있는 흙 덩어리의 형상을 본떴다.

\# tián – 들판, 농경지, 성씨

농지를 분할한 형상을 본떴다. 일설에는 고대의 사냥을 위한 진영 모양을 본뜬 것이라고도 한다.

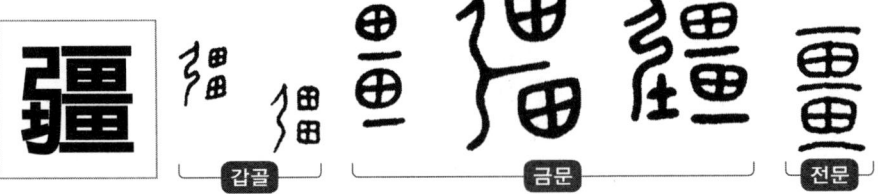

\#jiāng – 경계, 영토

경작지 사이의 경계선을 강조하였는데, 弓은 땅을 측량하는 농기구이고, 土는 의미를 나타내는 부분이다.

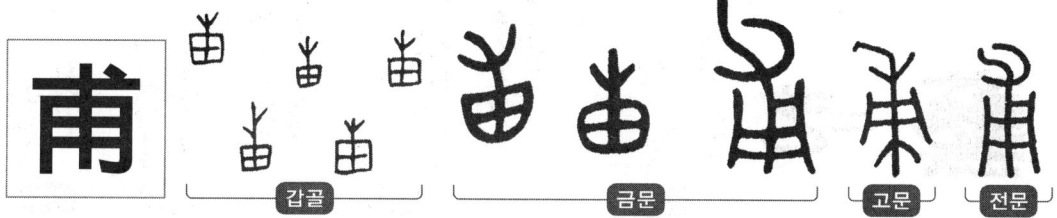

fǔ – 다만, 오로지
(문어)

들판에 자란 하나의 어린 식물. 후에 '어린 싹'은 성부로 대체되었다. 甫, 즉 圃은 경작지에서 자라는 어린 싹을 본떴다.

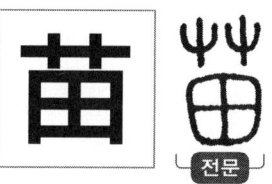

miáo – 어린 식물,
어린 식물을 닮은 것

경작지에 자란 어린 싹의 형상을 본떴다.

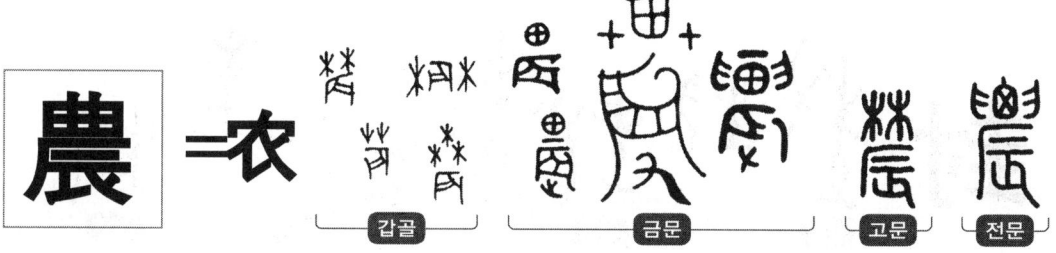

#nóng – 농업, 농부

손에 낫을 쥐고 농사일을 하는 형상을 본떴다.

rù – 돗자리 또는
매트리스

손에 낫을 쥐고 잡초를 제거하는 형상을 본떴으며, 蓐의 본자(本字)이다.

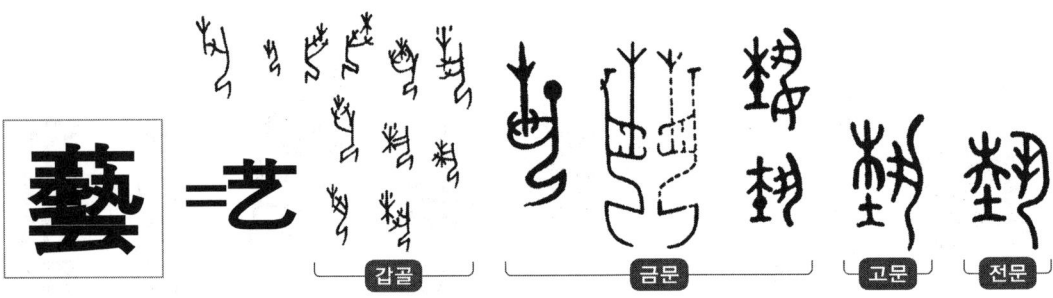

#yì – 기술, 예술

농부가 식물을 심는 형상을 본떴다.

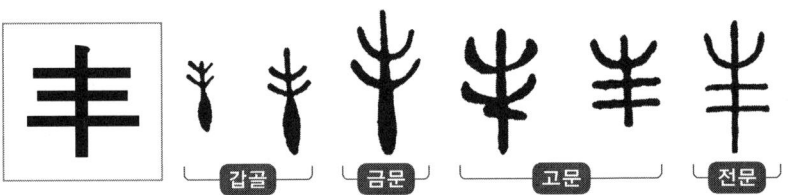

fēng – 풍부한, 위대하다, 멋지다, 성씨

흙으로 식물의 뿌리 부분을 감싼 형상을 본떴다.

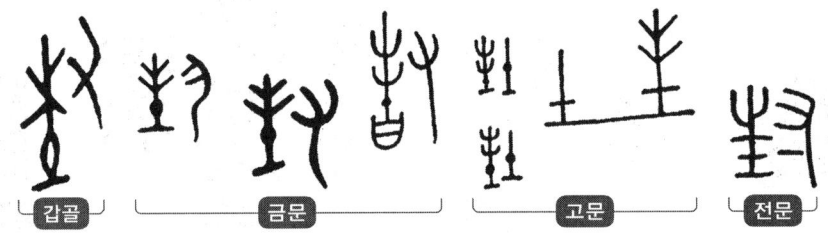

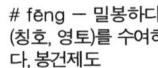 fēng – 밀봉하다, (칭호, 영토)를 수여하다, 봉건제도

나무를 심는 손의 형상이다. 나무는 영지의 경계를 표시하기 위해 심었을 가능성이 크다.

 fèng – 경의로 제공하거나 증정하다, 받다, 존경하다, 숭배하다, 시중을 들다, 참석하다

식물을 잡은 두 손을 나타냈다. 글자의 가운데 부분인 丰은 성부이고, 전문에서 추가된 두 손을 나타내는 부분은 후에 이 글자의 부수가 되었다.

#yǐ – 사용하다, ~에 따라, ~하도록

사람이 쟁기를 사용하는 형상을 본떴다.

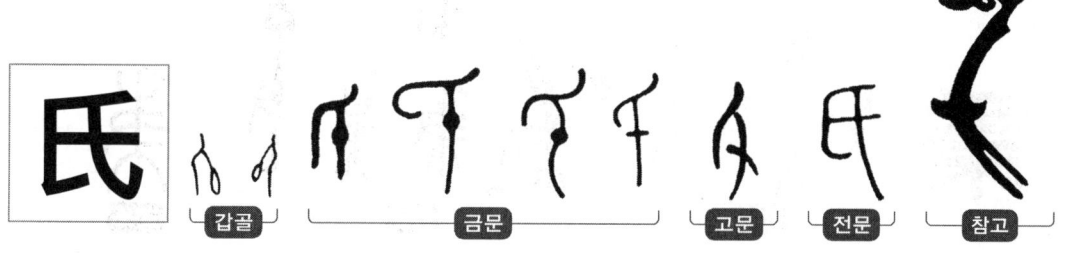

#shì –.성씨

氏와 以는 어원이 같은 문자(동족문자)이다. 가차자이다.

#lì – 모양, 이익, 유리한

利의 고대 형태는 쌀 재배를 준비하기 위해 갈고 있는 땅을 나타낸다. 점들은 흙 덩어리를 나타낸다. 利의 현대 형태는 禾(벼)와 刀(칼)의 결합으로, 실제로 수확을 암시한다.

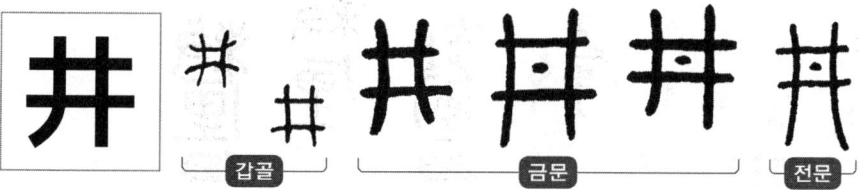

#jǐng – 우물

우물 난간에 네 그루의 나무가 교차하는 형상을 본떴다. 중국인이 우물을 사용하기 시작한 것은 용산문화 초기시대이다(약 B.C. 2800년). 우물이 있어서 고대인은 강이나 호수의 지리적 제한으로부터 벗어날 수 있었다.

농작물의 수확가공과 저장 Harvest, Food Processing and Storage

#cǎi – 채집하다   손으로 나뭇잎을 따는 형상이다.

#bǐng – 잡다(문어)   손으로 조(벼) 한 포기를 쥐고 있는 형상이다.

#jiān – 결합하다, 병합하다, 동시에, 나란히, 그리고   동시에 벼 두 포기를 잡고 있는 손을 나타낸 글자이다.

#lí – 1/1000, 1/100, 분수   막대기 같은 농기구를 사용하여 곡물이나 밀을 탈곡하는 형상이다.

#wǔ – 12간지의 7번째, 정오

나무로 된 절굿공이의 형상을 본떴다.

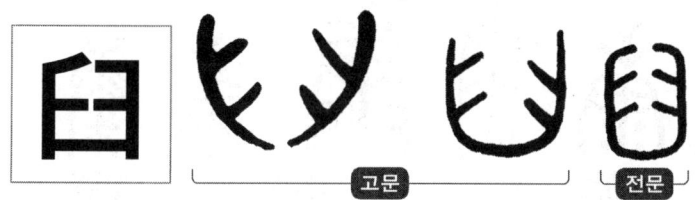

#jiù – 절구

절구의 단면도를 본떴다.

#yǎo – 국자로 푸다

절구에 쌀을 가득 채우고 있는 손의 형상을 본떴다.

저구도(杵臼圖, 절구를 찧는 그림)

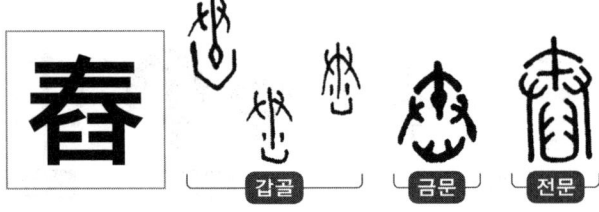

#chōng — 마구 두드리다, 빻다   두 손으로 절굿공이를 잡고 절구 안에 있는 쌀을 쳐서 껍질을 벗기는 형상이다.

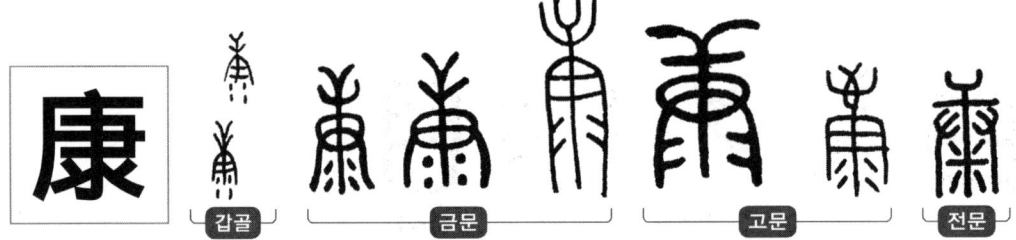

#kāng — 건강, 성씨   겨의 피를 체로 치는 형상을 본떴다.

#qín — 진나라, 성씨   두 손으로 절굿공이를 잡고 쌀을 치는 모습을 본떴다.

#sǎn — 풀리다, 흩어지다   손으로 막대기 같은 농기구를 들고 마종류의 식물 껍질을 쳐서 벗겨내는 형상이다.

 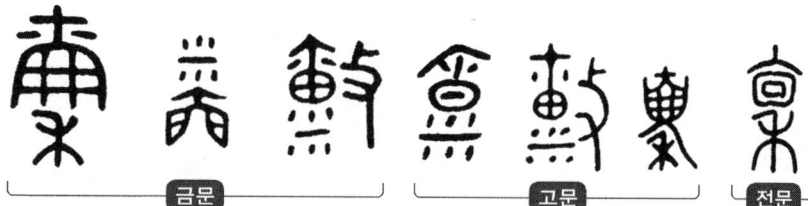

bǐng – 부여되다, 타고나다, 상사에게 보고하다

곡식 창고의 형태를 본떴다.

곡식 창고를 상상하여 그린 그림이다.

#sè – 인색한

보리 창고의 형태를 본떴다.

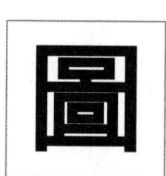 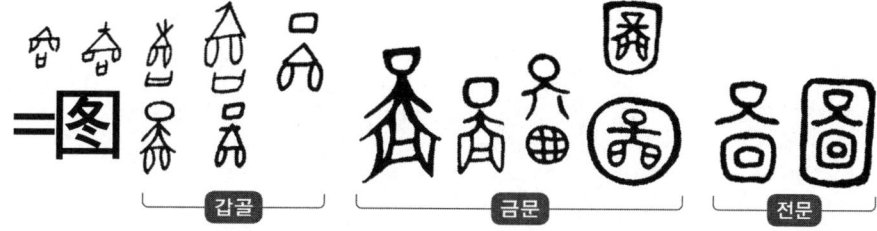

#tú – 그림, 차트, 계획, 시도, 추구하다, 의도

곡물 저장고의 설계도로 보인다. 수도와 주변 지역의 경계를 나누는 형상을 나타낸다. 懔, 嗇, 墻, 鄙 등의 한자는 모두 곡식창고와 관련이 있다.

3. 동물 길들이기
Domestication of Animals

중국 고대 청동기 명문 중에 일종의 부족 휘장을 나타내는 도안이 있는데, 도안에는 한 사람이 양손으로 말을 끌고, 무릎 아래에는 돼지 형상이 있다. 이 그림은 아마도 고대인이 동물을 기르는 경험을 반영하였을 것이며, 또한 家의 자원이기도 하다. 고고학 연구에 의하면 B.C. 6000년에서 5700년까지 황하유역의 고대인은 이미 돼지, 개, 닭을 기르기 시작하였다고 한다.

야생 돼지가 우리에 갇혀있는 형상이다. 일설에는 야생 돼지가 사람의 양다리 아래에 놓여있는 형상으로, 야생 돼지를 사육하는 것을 나타낸다고 한다.

#jiā-집

돼지가 집안에 있는 형태이다.

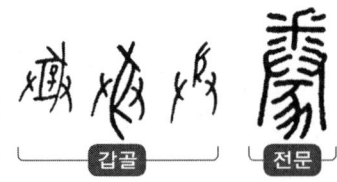

#huàn-먹이를 주다

멧돼지를 잡고 있는 두 손을 나타낸다. 첫 번째 갑골문에서 두 손에 잡혀있는 멧돼지는 임신한 멧돼지이다. 이 글자는 전문 단계에서 米을 보태어 豢의 의미를 나타낸다.

 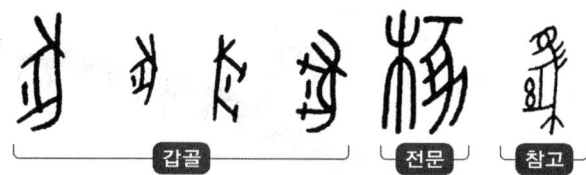

zhuó – 거세하다, 무기력하게 하다, 때리다

거세된 돼지의 형상을 본떴다.

#xiù – 냄새, 냄새나다

코와 개의 상형문자를 결합한 글자인데, 이는 개가 냄새에 예민한 감각을 가지고 있기 때문이다.

  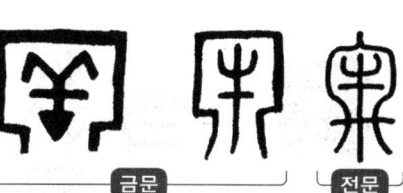

láo – 감옥, 교도소, 단단한, 내구성이 있는

동물이 있는 울타리 형태를 본떴다.

#mù – 지키다

막대기 같은 도구로 소를 방목하는 것을 나타낸다.

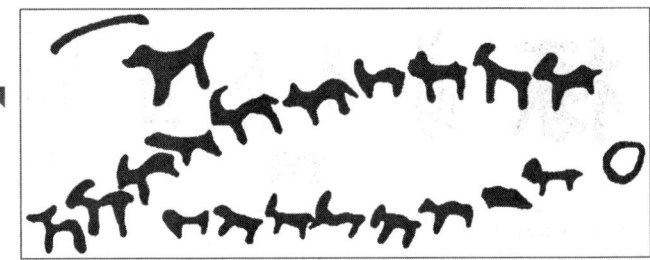

바위에 새겨진 그림으로, 방목하는 것을 나타낸다. 내몽고 랑산(內蒙古 狼山)에서 발견되었다.

wéi - 하다, 행동하다

손으로 막대기를 들고 코끼리를 부리는 형태를 나타낸다. 고대 중국인은 무거운 돌이나 나무를 옮길 때 훈련된 코끼리를 이용하였다.

chú - 씹다, 잔디를 자르다, 건초, 마초

동물을 위해 풀을 모으고 있는 손을 나타낸다.

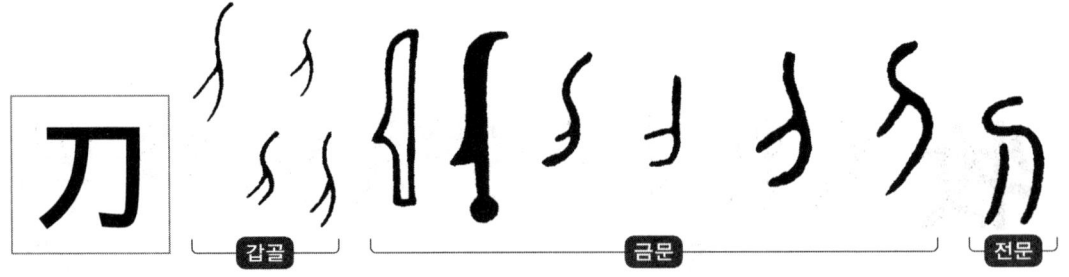

dāo - 칼

고대 청동칼의 형상을 본떴다.

刃

#rèn – 날

문자에 있는 점은 칼의 날카로운 부분을 표시한 부호로, 칼날이라는 의미를 나타낸다.

▮도자기에 새겨진 문자, 즉 도문으로 쓰여진 刀이다.

八

#bā – 8

하나의 사물이 두 부분으로 나눠진 것을 나타낸다.

分

#fēn – 나누다, 파생하다, 구별하다, 센트(돈의 단위), 분(시간 단위)

八과 刀의 결합으로 칼은 '자르다'를 의미하고 八은 무언가가 분리되었다는 것을 의미한다. 分은 칼로 무언가를 자르거나 나누는 것을 나타낸다.

수렵과 농경 123

八을 편방으로 삼은 갑골문이다.

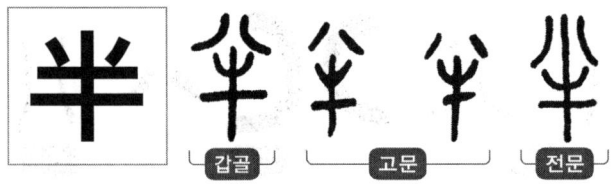

#bàn - 반, 가운데 八과 牛의 조합으로 八에는 자르다, 쪼개다의 의미가 있다.

#suí - 遂의 고대어, 만족하다, 그래서 잘라서 분리되었음을 나타내는 의미의 八과 豕의 조합이다.

刻

kè – 조각하다, 새기다, 시간의 4분의 1, 사소한, 엄하게

칼로 돼지를 잡는다는 의미를 나타낸다.

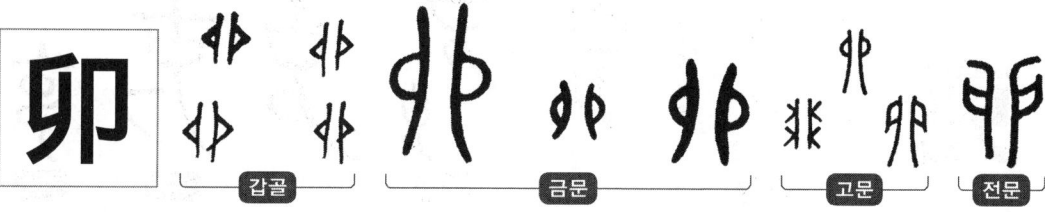

卯

mǎo – 장붓구멍(목재에 다른 목재를 끼우기 위해 내는 구멍), 12간지의 네 번째, 아침 5시에서 아침 7시, 점호

가축을 도살하여 절개한 형상을 나타내는 것으로 보인다.

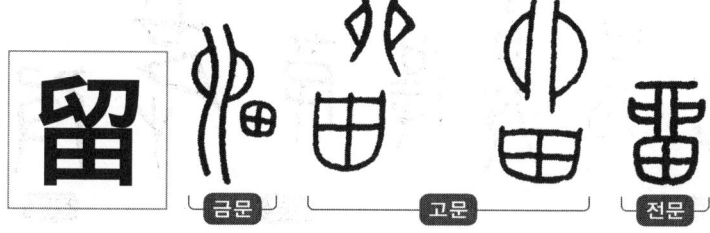

留

liú – ~로 남아있다, 보류하다, 유지하다

卯와 사냥의 상징인 田의 조합이다.

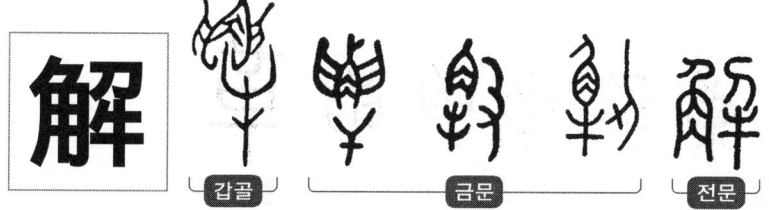

解

jiě – 나누다, 해결하다

갑골문에서 解는 손으로 소뿔을 자르는 형상을 나타낸다. 후에 손이 칼로 대체되었다.

奇

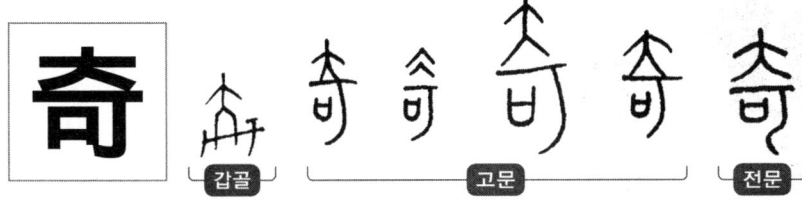

qí – 이상하다, 기묘한, 드문, 놀라다

사람이 말을 타는 형상이다.

克

kè – 저지하다, 극복하다, 그램

가죽을 벗기는 도구의 형상을 본떴다.

皮

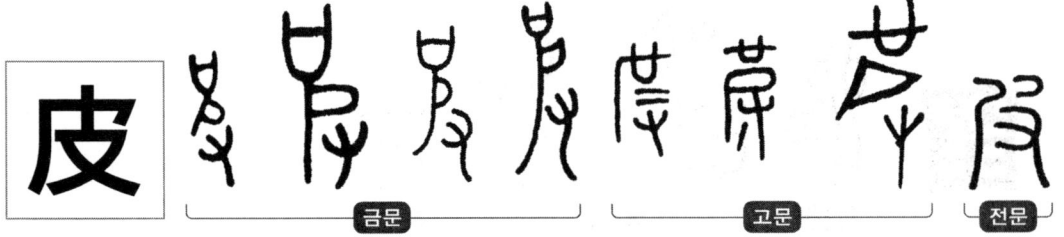

pí – 피부, 가죽, 표면

피부를 벗기는 도구를 손에 잡고 있는 형상으로 손으로 피부를 벗기는 것을 나타낸다.

革

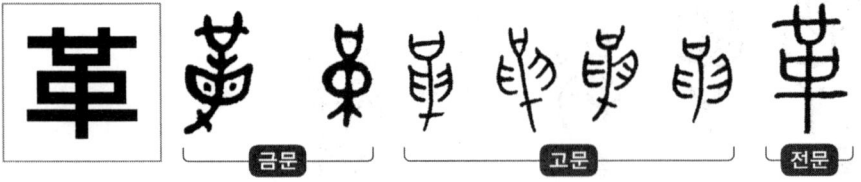

gé – 가죽, 바꾸다

벗겨낸 동물의 가죽을 펼친 형상으로 동물의 머리와 꼬리는 여전히 가죽에 붙어있다.

Chapter 4

수공업

본 장에서 소개하는 한자는 3천 년 전 중국 과학 기술의 성과를 반영하고 있다. 중국의 과학과 문명은 세계 어느 문명권보다도 일찍 꽃을 피웠으나, 기술을 경시하는 풍조 때문에 더 발전하지 못하였고, 과학과 기술에 종사하는 사람은 중국 지식인에게 경시 받았다. 따라서 과학과 기술에 종사하는 대부분의 사람은 문맹이었고, 이론의 정립이나 새로운 도약을 이룰 수 없었다. 특히 역대 중국 왕들은 단지 남을 다스리는 '南面之术'만 알 뿐 과학 지식은 중시하지 않았기 때문에 근대 과학은 큰 발전을 이루지 못하였다.

1. 실크와 방직
Silk and Weaving

중국은 전 세계에서 최초로 누에를 기르고 누에고치에서 실을 뽑아 견사를 만든 국가이고 오랜 기간 수공업에 종사한 유일한 국가이다. 실크는 중국이 세계 문명에 영향을 끼친 것 중 가장 크다. 중국 최초의 견직물은 중국 동남의 양저(良猪)문화가 나타나면서 시작되었고 상나라를 지나 전국시대까지 상당히 발달되었다. 한나라에서는 돌 위에 많은 방직 그림을 그렸고, 실크로드 역시 한나라 때 성행했기 때문에 사람들은 한나라의 방직업에 대해서 비교적 자세히 이해하고 있다. 그러나 초기 방직업에 대한 기록은 이보다 훨씬 이전 시기부터 있어왔고 이러한 부분을 반영하는 글자가 많다.

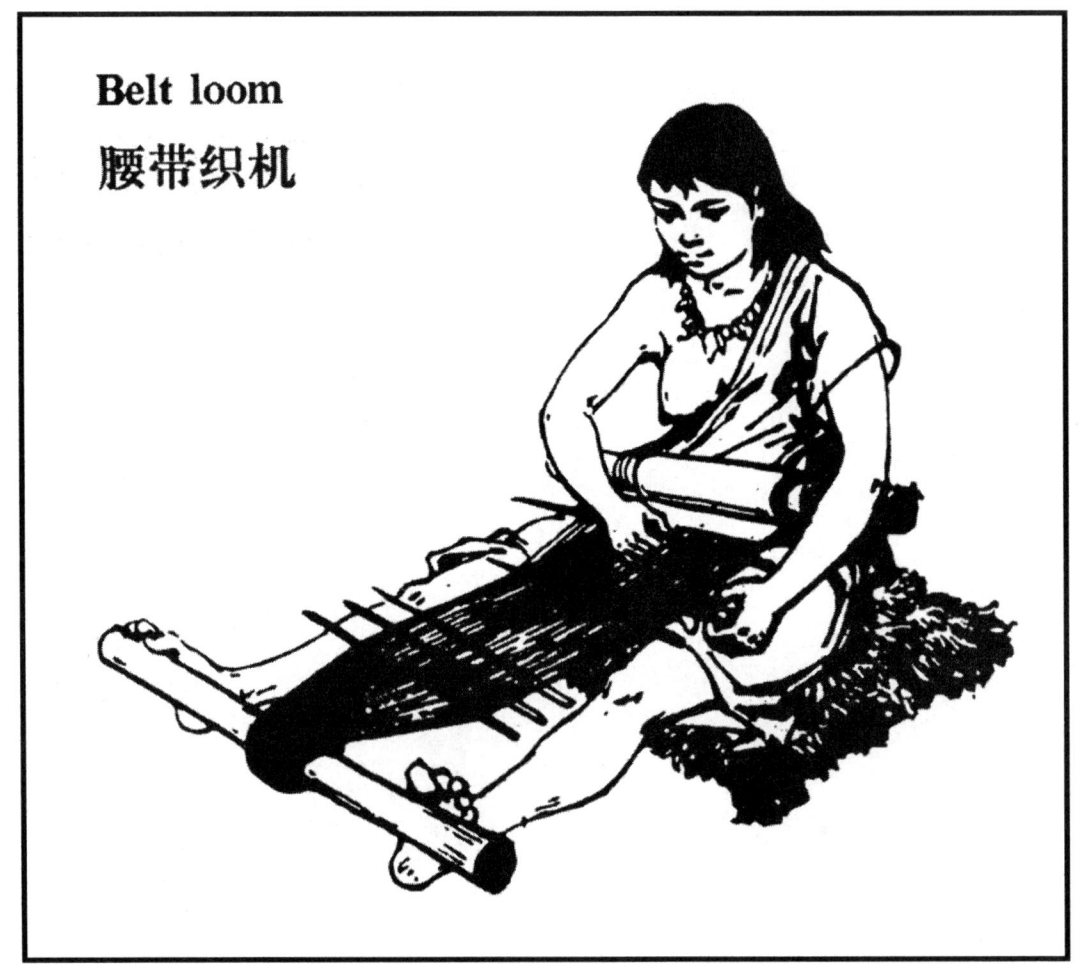

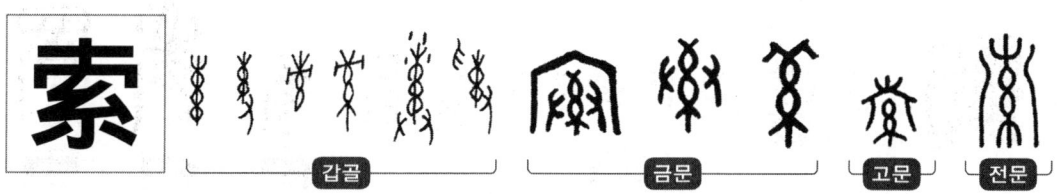

#suǒ – 큰 로프, 찾다, 성씨   잘 엮은 밧줄 형태를 본뜸.

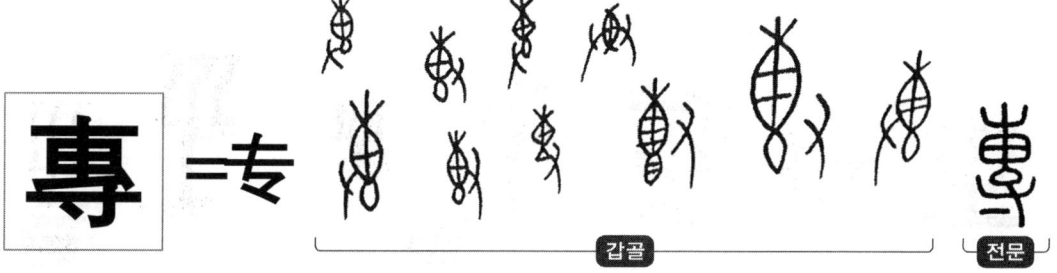

#zhuān – 특별하다   손으로 방추를 돌려서 3개의 선을 꼬면 매듭이 되는 것을 나타낸 글자이다.

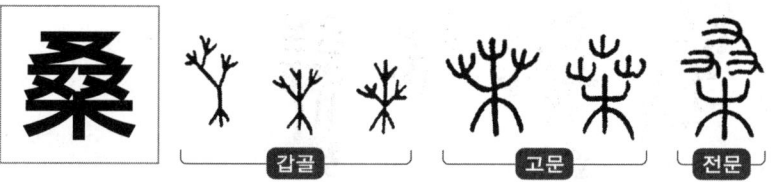

#sāng – 뽕나무   뽕나무 형태를 본뜬 글자이다. 이 글자를 통하여 상나라 때 이미 뽕나무를 재배하였음을 알 수 있다.

전국시대 청동기에 새겨진 그림으로, 사람이 경작한 뽕나무에서 뽕잎을 따는 형상을 나타냈다.

수공업 133

 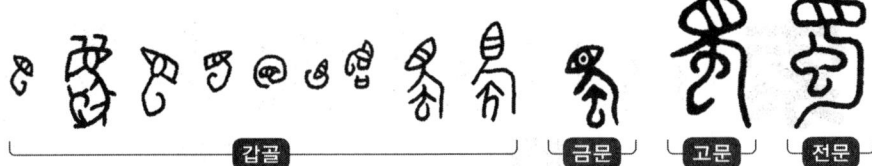

\# shǔ – 사천 지역의 옛 이름

누에의 형상을 본뜬 글자이다. 중국 사람은 이미 5천여 년 전부터 누에를 기르기 시작했고 명주실을 이용해서 방직을 시작했다. 한 개의 누에고치에서 뽑아내는 명주실의 길이는 800~1000미터에 달하며, 그 중 수컷 누에는 암컷보다 평균 100미터 정도를 더 뽑아낼 수 있었다.

 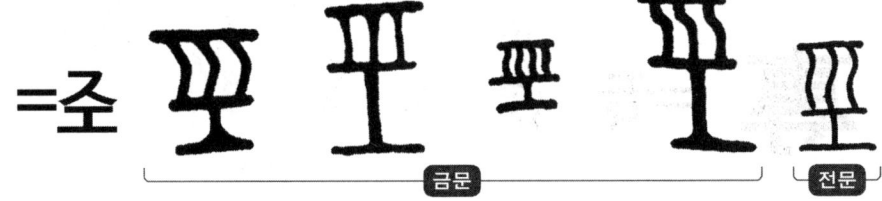

\# jīng – 날실, 수직 직물

선사시대의 요형 직물기의 형상을 본뜬 글자이다. 요형 직물기는 보통 두 개의 평형 막대기를 받쳐서 날줄이 되고 하나는 베를 짜는 사람의 허리띠 위에 고정하고 다른 하나는 베를 짜는 사람이 두 다리로 밟아서 날줄을 팽팽하게 당긴다.

 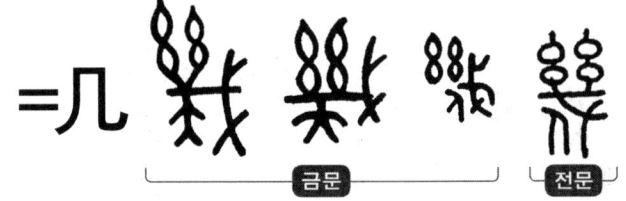

\# jī – 거의

고대 방직 기계를 상형한 글자이다.

한나라 때의 직물기를 복원한 것이다.

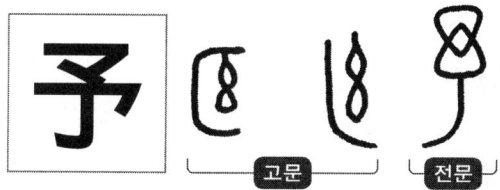

#yǔ — 주다, 수여하다   予는 (직기 위에서) 빠르게 날아다니는 베틀 북을 나타낸다.

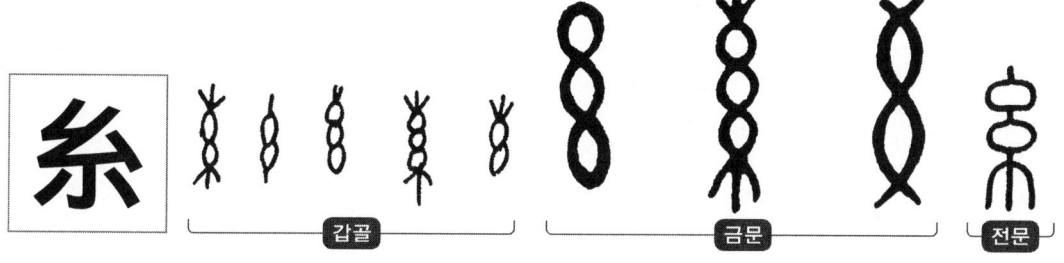

#mì — 좋은 실크   묶은 실의 형태를 본뜬 글자이다.

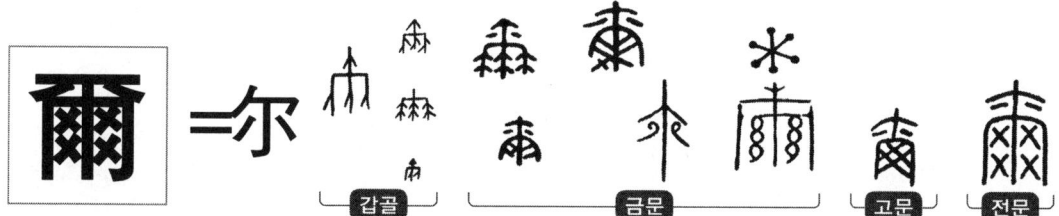

#ěr — 너, 그래서(문어)   명주실을 뽑기 위한 도구를 상형한 글자이다.

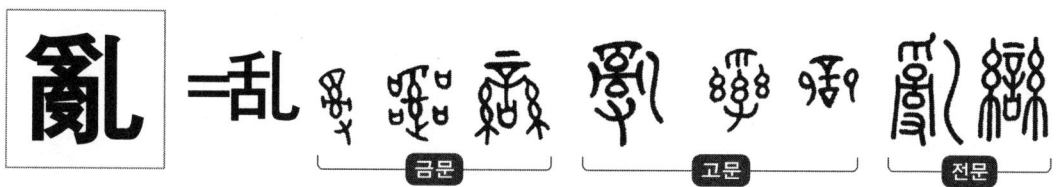

#luàn — 혼란, 무질서, 독단적이다   두 손으로 실을 정리하는 형상을 본뜬 글자이다.

jiū – 엉키다. 넝쿨 뻗다.　(견사가) 엉키고 휘감긴 형상을 본뜬 글자이다.

2. 건축 Architecture

중국의 건축 역사는 혈거(穴居)와 소거(巢居) 두 종류의 건축 형식에 의해 발원되었다. 반지하 형식의 혈거 유적지는 이미 발굴되었는데, 이는 혈거가 발전되어 만들어진 건축 양식이다. 소거, 즉 난간식 건축은 땅으로부터 떨어져 건축되었기 때문에 현재 남아있는 유적지는 발견되지 않았다.

땅 위에 집을 짓는 건축 양식은 점차 건축의 주된 형식이 되었고, 또한 독특한 특징을 지닌 중국의 건축 체계가 되었다.

중국 섬서성 반파 유적지의 반지혈거식 건축물

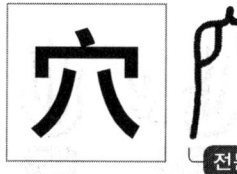 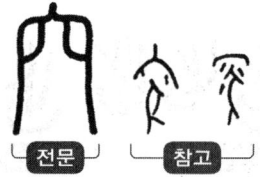

\# xué – 동굴, 굴, 혈
(침을 놓는 부위)   동굴의 형상을 본뜬 것으로 글자의 두 점은 동굴 안의 물방울을 가리킨다.

\# shēn – 深(shēn)
의 고대어, 깊다   손으로 동굴의 안쪽을 더듬어 탐험하는 것을 나타낸다.

\#yǐ –10간 중 2번째.
2번째   흙을 파는 도구의 형상으로 일설에는 초목이 자라는 것이 막혀 구불구불하게 나오는 형상이라고도 한다.

 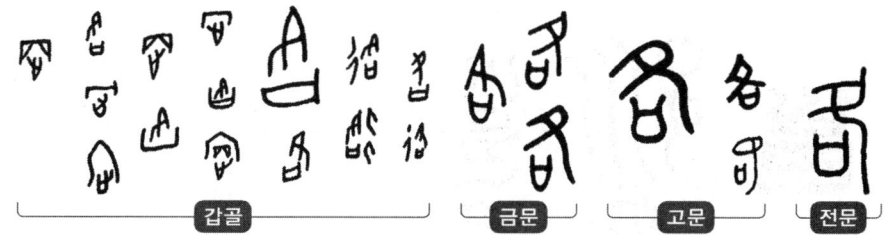

\# gè – 각각, 모든, 다
양한   발과 혈거식 주택을 결합한 글자로, 발은 혈거식 주택으로 이동하는 것을 나타낸다.

수공업 141

   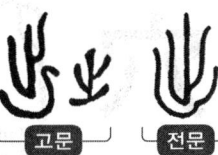

chū – 가다, 나오다, 넘다, 초과하다, (어떤 상황이) 발생하다.

글자의 윗부분은 발을 나타내고, 아랫부분은 혈거식 주택을 나타낸다. 집으로부터 나간다는 의미를 나타낸 것이다.

 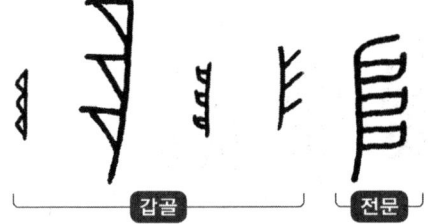

fù – 언덕, 풍부한

계단의 형상을 본뜬 글자이다.

 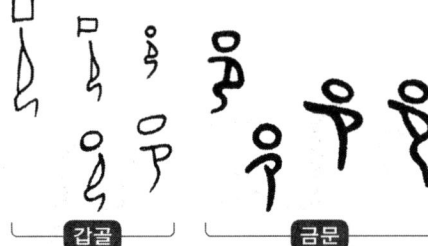 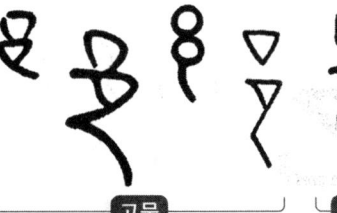

yì – 도시

옛 사람들이 모여 사는 장소를 나타낸다.

 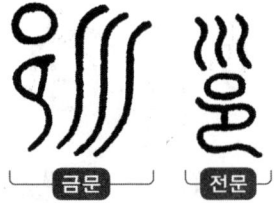

yōng – 조화로움, 평화, 도시의 이름

강 근처에 정착하여 거주하는 것을 나타낸다.

 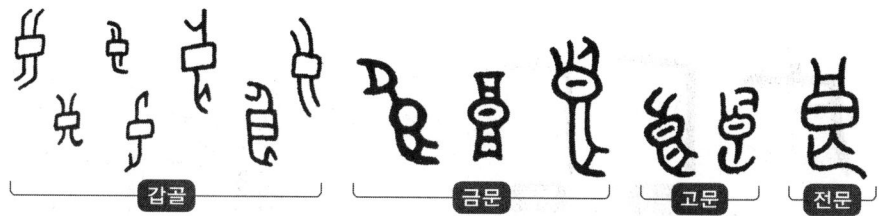

#liáng — 좋은, 훌륭함   반지하식 혈거 주택을 본뜬 것이다. 일설에는 하천 위의 교량을 본뜬 것이라고도 한다.

 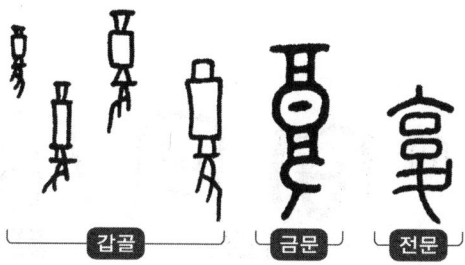

fù — 둥글게 변함, 자본 투자, 2개로 분열, 타협, 복잡함, 대답, 다시 한번   사람이 반지하식 혈거 주택으로 출입하는 것을 나타낸다.

 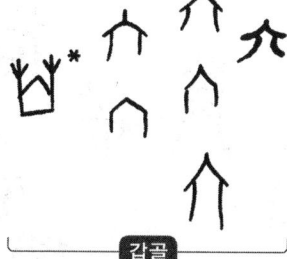 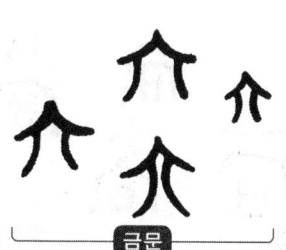 

#liù — 여섯   선사시대의 지면 건축물의 형상이다. 갑골문 중 첫 번째 글자는 난간식 건축물을 가리키는 것으로 보인다.

▶ 중국 섬서성 반파 유적지에서 발굴된 원형의 집

수공업 143

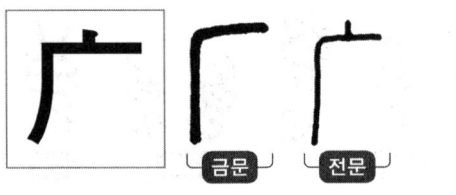 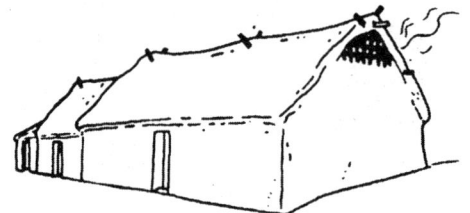

guǎng – 넓음, 넓히다　집에 붙어있는 창고 형상이다.

#xiàng – 방향　집 안의 창문 형상을 본뜬 글자이다.

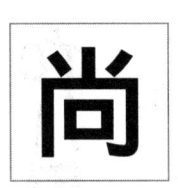   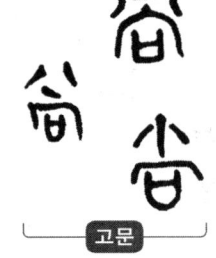 

shàng – 조용함, 존중함, 가치, 성씨　창문을 통해 공기가 위로 향하는 것을 나타낸다.

중국 섬서성 반파 유적지에서 발굴된 땅속 움집터

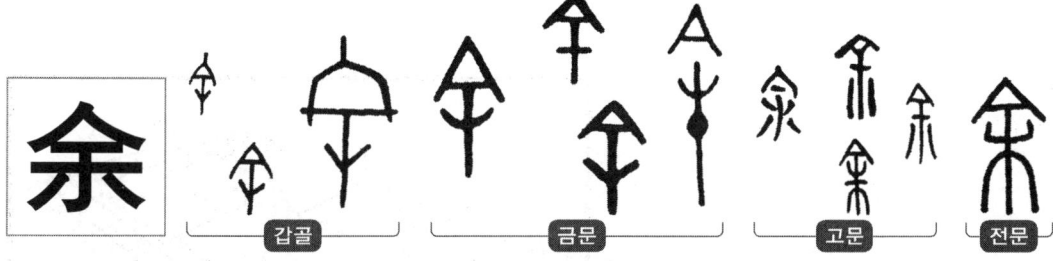

\# yú – 나(문어) 중간에 기둥이 있는 울타리가 있는 집을 나타낸다.

\# gāo – 키가 큼, 높음, 높은 수준 또는 정도, 성씨   2층으로 된 높은 집의 형상을 본뜬 글자이다. 글자 아래 붙어있는 네모 형태는 출입구를 나타낸다.

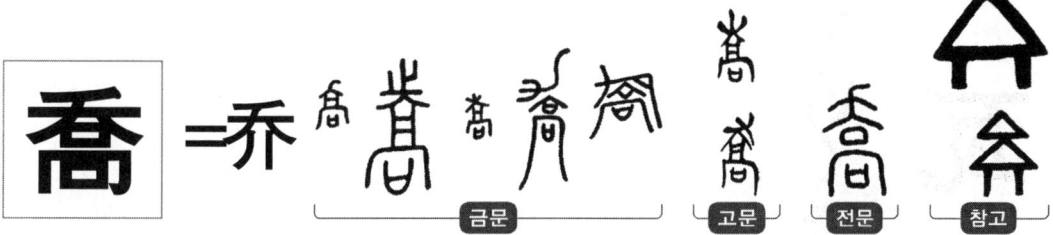

\# qiáo – 큼, 변장, 성씨   高에서 파생된 글자로, 고층 건축물을 나타낸다.

\# jīng – 국가의 수도   궁전처럼 높은 건축물을 본뜬 글자이다.

수공업 145

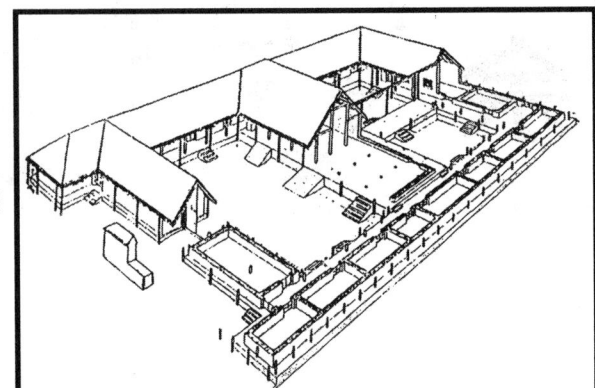

서주시대 궁전 건축물을 복원한 그림(섬서성 기산봉 추촌)

갑골　금문　고문　전문

#xiāng - 즐기기 위함　높은 성문 위에 쌓여진 성곽 건축물을 나타낸다.

전문

wǎ - 타일, 석판,
와트　지붕 위에 있는 두 개의 기와가 이어져 서로 쳐다보는 형상을 본뜬 글자이다.

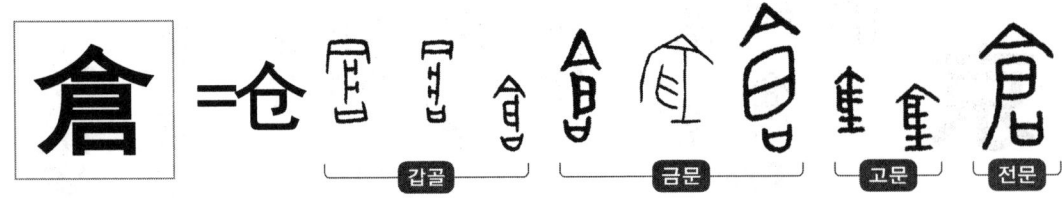

갑골　금문　고문　전문

#cāng - 창고, 헛간,
곡물 저장고　문이 한 짝만 있는 단촐한 집을 나타낸다.

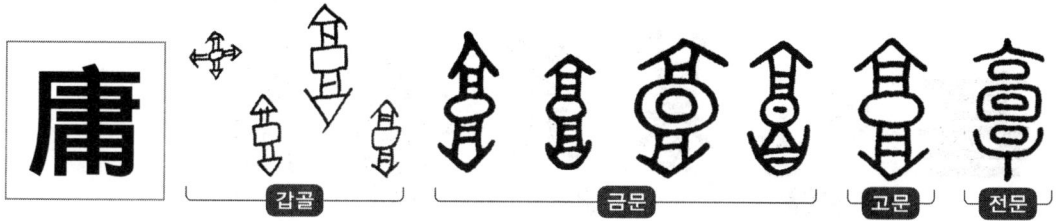

\# yōng – 흔히 있는 일, 보통 밖에 안 되는, 하위, 이류

네 개의 문을 가진 도시나 궁전의 형상을 나타낸다.

\# yè – 직업, 영업부문 또는 산업, 업적

고대에 악기를 매달던 나무 받침대의 기둥 형상이다.

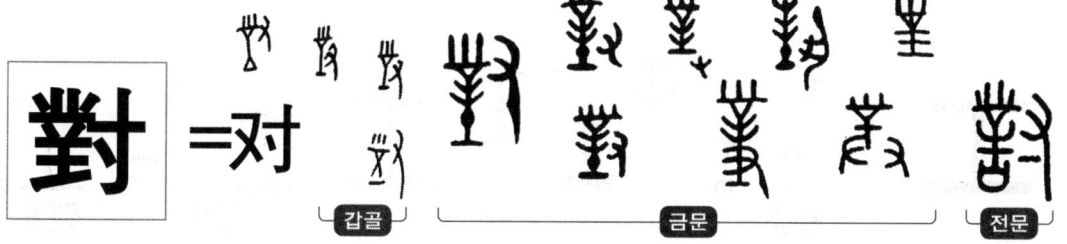

\# duì – 세트, 조정, 바르고 정정함, 대답, 상호간

손으로 땅 위에 기둥을 세우고 있음을 나타낸다.

    다음의 네 글자는 상고시대 건축 기술인 판축법을 반영한 글자이다. 판축법은 진흙, 백토(풍화암토), 잡석 등을 단단한 지반까지 파내고 수평으로 얇게 펴서 달구 등으로 다져 반복해서 쌓아 올리는 방법이다. 즉 건물 기단의 아랫면 전부를 파내고 잡석을 두께 15cm 정도로 펴서 깔고 그 위에 좋은 백토를 두께 5cm 정도 펴서 고르고 다진다. 그러고 나서 잡석 또는 판돌을 두께 10~15cm 정도로 깔고 그 위에 흙을 펴서 다지는 방법을 거듭하여 기단 상면까지 축조한다. 그 주위에는 돌을 쌓아서 기단을 축조하고 판축 위에 주춧돌을 설치한다.

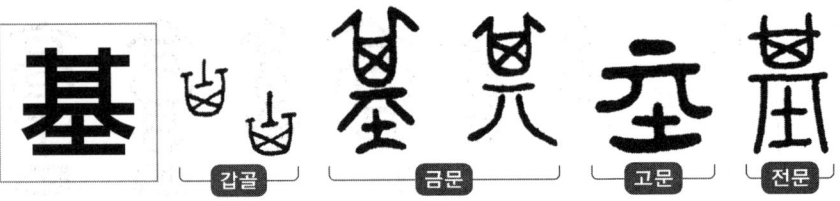

#jī – 토대, 기본적인

흙 등을 담아 나르는 데 쓰이는 광주리와 흙을 단단하게 다지는 도구를 결합한 글자이다.

zhuàng – 튼튼함, 장엄함, 강함

흙 등을 담아 나르는 데 쓰는 광주리의 형상으로 광주리에 흙이 메워짐을 나타낸다.

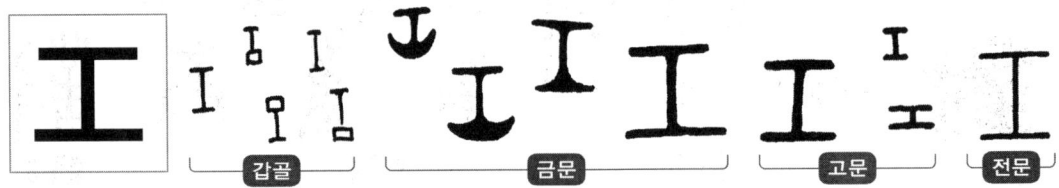

gōng – 노동, 일하다, 노동자, 솜씨, 잘함

달구와 다듬잇방망이의 형상을 본뜬 글자로, 쌓은 흙을 평평하게 다지는데 사용된다.

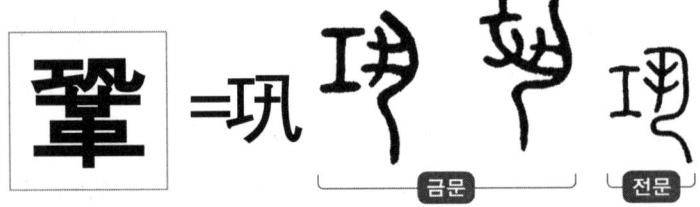

#gǒng – 합체, 성씨

사람이 손으로 달구와 다듬잇방망이를 잡고 있음을 나타낸다.

3. 도기
Pottery Making and Metallurgy

도기 제조 Pottery Making

　도기의 발견은 인류가 구석기시대에서 신석기시대로 진입하였음을 알려주는 중요한 발견이다. 중국은 유구한 도자기 역사를 가지고 있다. 중국의 광서지역에서 출토된 지금으로부터 약 1만년 전의 도자기 파편은 현재까지 발견된 도자기 중 가장 오래된 것이다.

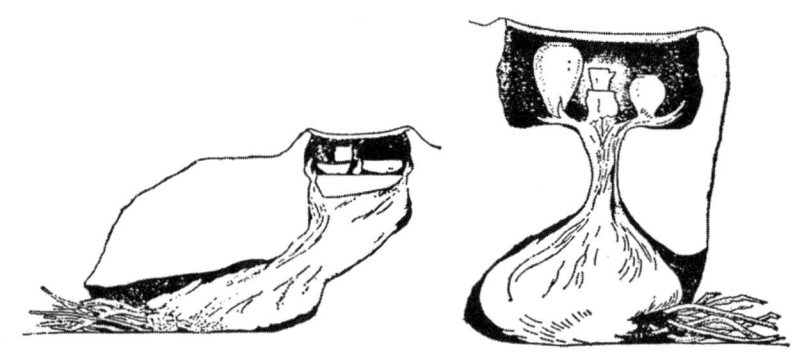

섬서성 반파 유적지에서 발굴된 도자기 가마의 복원도

táo – 陶(táo)의 고대 형태, 성씨

도공이 다듬잇방망이를 잡고 진흙을 찧는 형상을 본뜬 글자이다.

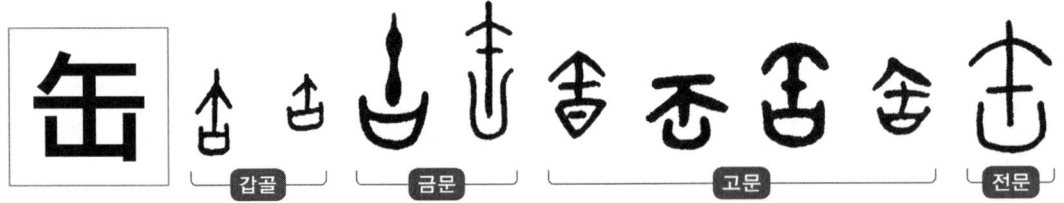

fǒu – 양쪽에 손잡이가 있고 목이 좁은 큰 항아리

陶의 중간에 있는 다듬잇방망이와 용기의 형상이다.

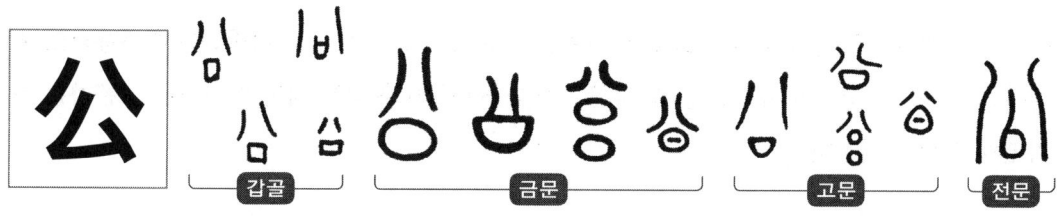

\# gōng — 대중의, 수컷(동물), 성씨

항아리 주둥이의 형상을 본떴다. 공평하게 물건을 나눈다는 의미도 있다.

야금 Metallurgy

상주시대에 청동은 주로 국가를 통치하는 제기와 병기 같은 도구를 제작하는데 사용되었다. 따라서 일반인은 청동기 제조법을 잘 알지 못했고, 이에 따라 청동 제작과 관련된 고문자는 현재 많이 보이지 않는다.

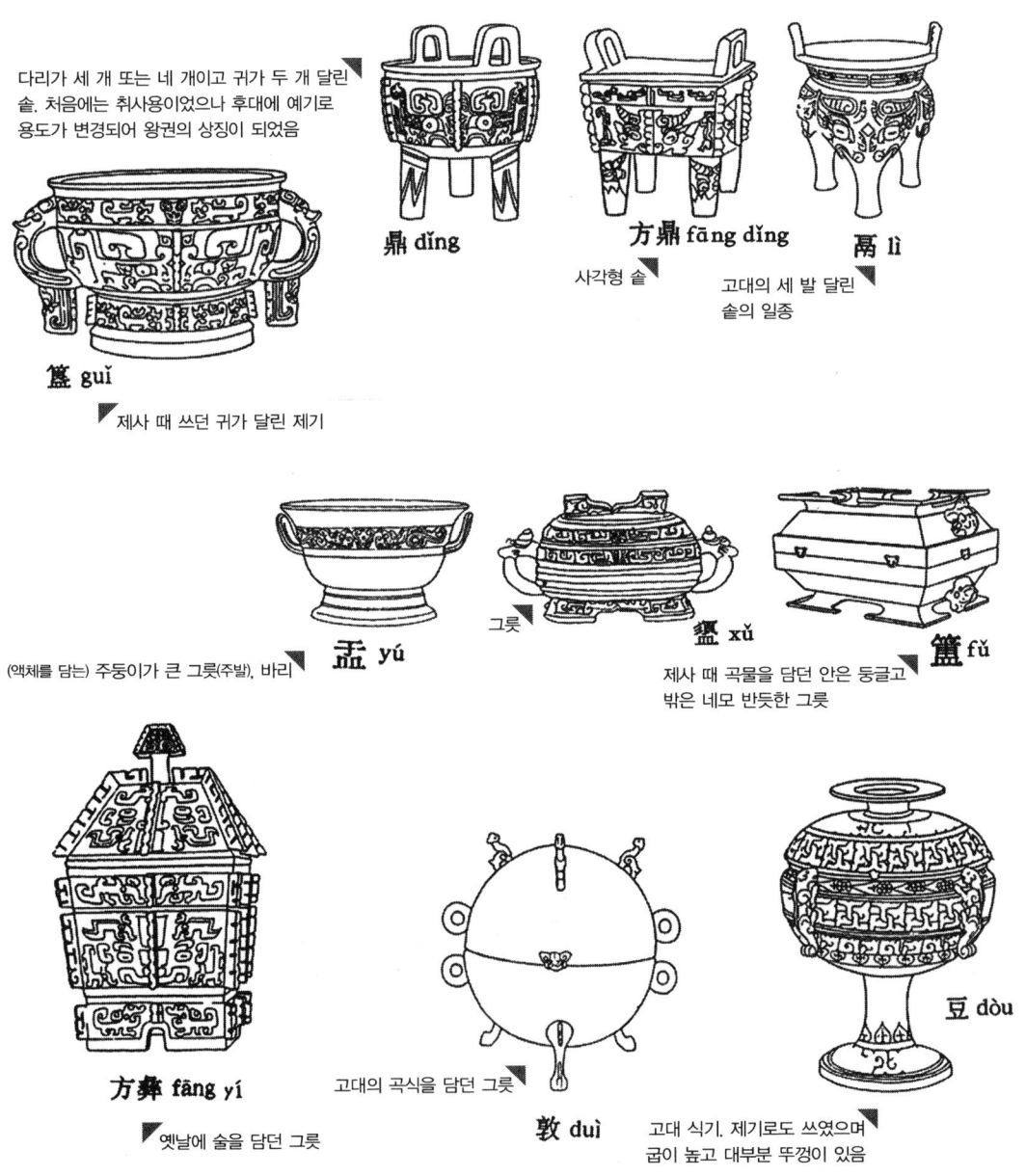

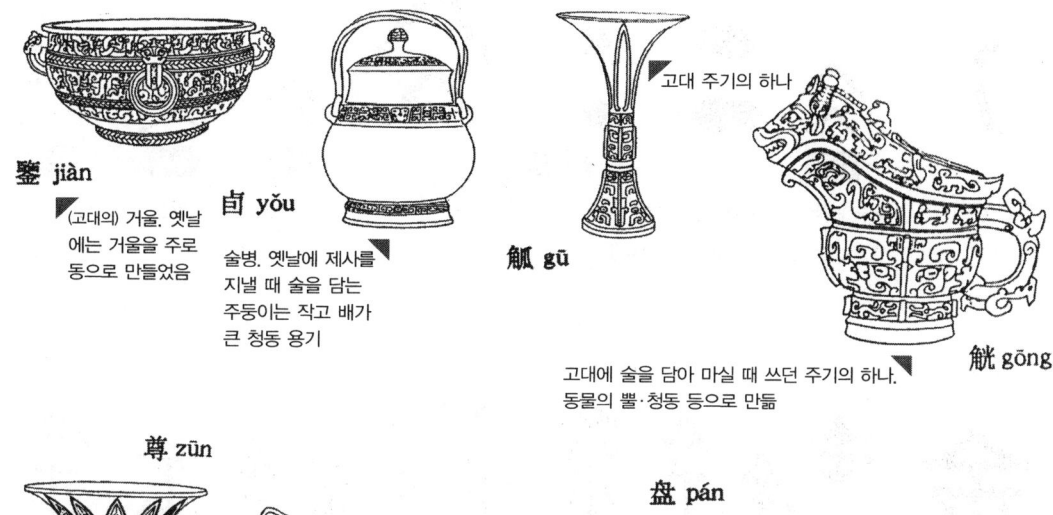

鑒 jiàn
▶ (고대의) 거울. 옛날에는 거울을 주로 동으로 만들었음

卣 yǒu
▶ 술병. 옛날에 제사를 지낼 때 술을 담는 주둥이는 작고 배가 큰 청동 용기

觚 gū
▶ 고대 주기의 하나

觥 gōng
▶ 고대에 술을 담아 마실 때 쓰던 주기의 하나. 동물의 뿔·청동 등으로 만듦

尊 zūn
▶ 옛날 술잔, 주기

匜 yí
▶ 옛날에 물이나 술을 담던 표주박 모양의 그릇

盘 pán
▶ 대야. 옛날 세면도구의 일종

(after Jessica Rawson)

금문 | 전문

#duàn—부분, 단계, 성씨

사람이 손으로 도구를 잡고 언덕에 홈을 파서 광석을 파내는 형상이다.

금문 | 고문 | 전문

#jiǎ—假(jiǎ)의 고대 형태, 거짓, 빌리다

두 손으로 광석을 캐는 형상이다.

수공업 155

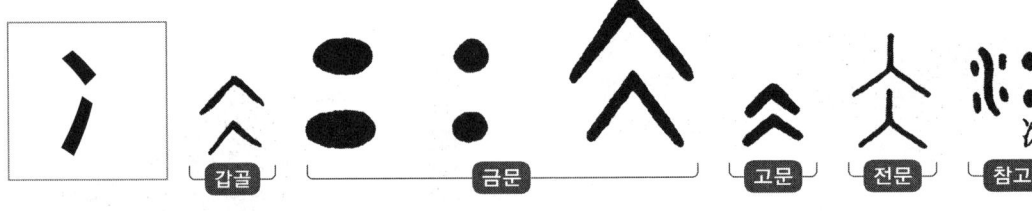

#bīng – 고대어

두 개의 둥글고 납작한 구리 주괴(거푸집에 부어 여러 가지 모양으로 주조한 금속이나 합금의 덩어리) 형상을 본뜬 글자이다.

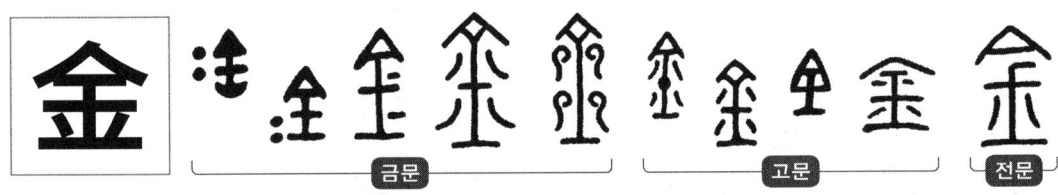

jīn – 금, 청동(구릿빛)

청동 화살촉의 형상으로, 두 점은 구리 주괴를 나타낸다.

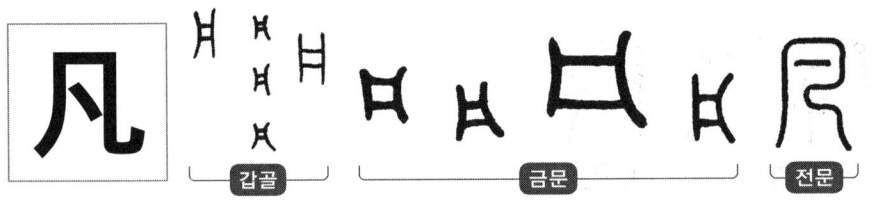

fán – 흔히 있는 일, 일상적인, 모든, 어떠한

금속을 주조하는 틀의 형상을 본뜬 글자이다.

한나라의 화상석으로 철을 제련하는 그림이다. 산동성 등현 굉도원(山东省 腾县 宏道院)에서 출토됨

同

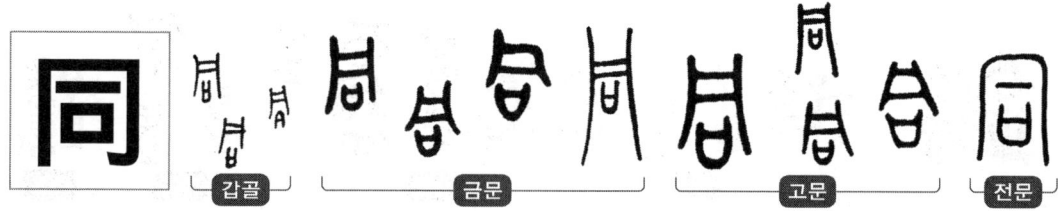

tóng – 동일함, 비슷함, 유사함, ~와 같다, 함께,

口와 凡으로 이루어진 회의자이다.

興

xīng – 일어남, 상승, 번창함, 승리함, 홍보함

손으로 주형틀을 들어 올려 운반함을 나타낸다.

冶

yě – (금속을) 제련함

구리 주괴를 제련하는 것을 나타낸다.

則

zé – 기준, 규칙, 모방(문어), 그러나

세 발 달린 솥 모양을 본떠 다른 솥의 주형틀을 만드는 것을 나타낸다.

수공업 157

zhù – 동전을 주조함(만듦)

'주물(쇠붙이를 녹인 쇳물을 일정한 틀에 부어 굳혀 만든 물건)'을 위한 옛날 상형문자들은 비교적 정교하고 복잡하다. 청동 기물을 주조하는 형상을 본뜬 글자이다.

4. 목공과 칠기 예술
Woodworking and Lacquer

목공 Woodworking

xiāng – 시선을 살핌, 지켜보는 것, 성씨, 서로 함께 함

나무를 주의 깊게 관찰하는 형상이다.

jīn – 중량 단위 (1/2kg)

도끼의 형상을 본뜬 글자이다.

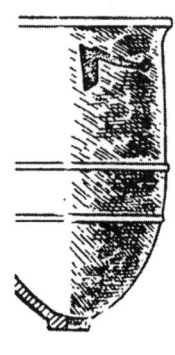 

도자기에 새긴 글자, 즉 도문으로 도끼라는 뜻의 斤이다. 산동 대문구(山東 大汶口)에서 출토되었다.

 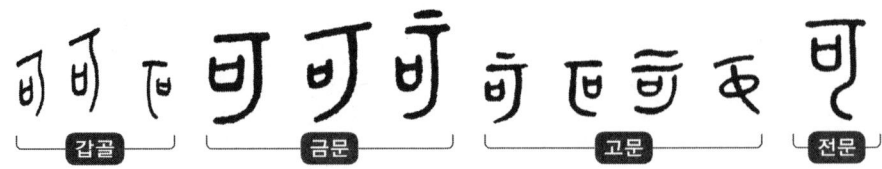

kě – ~일지도 모른다, 할 수 있다, 찬성하다

구부러진 도끼의 손잡이와 날을 상형한 글자이다.

xī – 나눔, 분리, 분석, 해부, 결정

도끼로 나무를 베고 있는 형상이다.

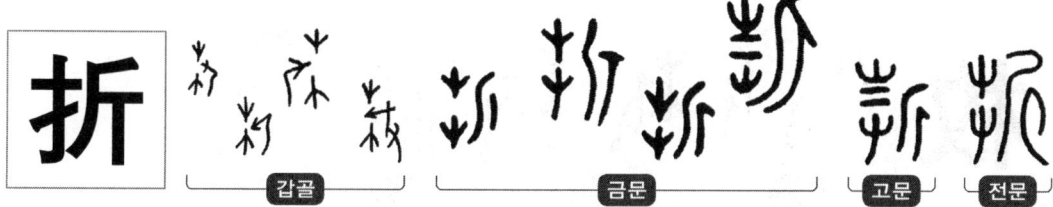

zhé – 깨짐, 덥석 물다, 손해 봄, 바꾸는 것

손으로 도끼를 들고 나무를 자르고 있는 형상이다.

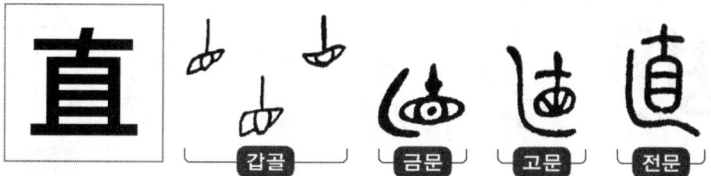

zhí – 똑바로, 수직의, 틀림없이 똑바른, 똑바르게 되다, 직접적인, 계속해서

눈으로 계속 물건을 보고 측정하는 형상이다.

dīng – 작은 입방체들, 사람, 인구, 10간의 4번째

못의 형상이다.

수공업

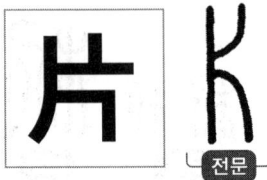

\# piàn - 평면, 얇은 파편   나무를 자르는(쪼개는) 형상을 본뜬 글자이다.

\# méi - 줄기, 개구기로 쓰였던 막대기 조각, 셀 수 있는 조각, 성씨   손으로 도구를 쥐고 나뭇가지를 손질하는 형상이다.

  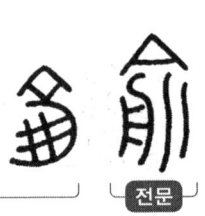

\# yú - 성씨   도구로 나무배를 제작하는 것을 나타낸다.

 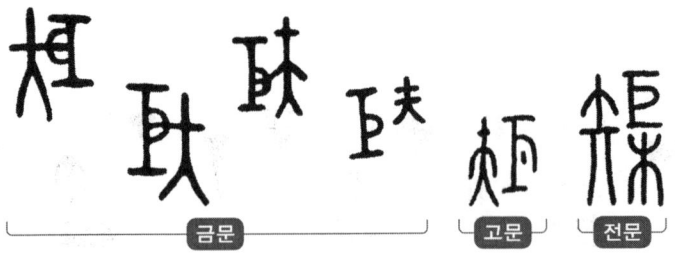

\# jǔ - 접자, 규칙   사람이 손으로 곱자('ㄱ'자 모양의 자)를 잡고 있는 형상이다.

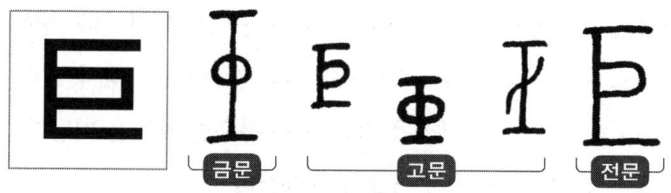

#jù—거대함

곱자('ㄱ'자 모양의 자)의 형상을 상형한 것이다.

칠기 제조 Lacquerwork

실크의 발명과 같이 칠기의 발명은 중국 문명이 세계 문명에 공헌한 중대한 사건이다. 생칠은 옻나무에서 추출한 천연 즙으로 주로 우루시올(페놀유도체의 하나로, 옻의 주성분)으로 되어 있다. 그것을 이용해 도료 또는 칠기를 만들면 습함과 고온, 부식을 견디는 등 특수한 기능을 지닌다.

중국 사람이 칠기를 처음 사용한 것은 신석기시대까지 거슬러 올라간다.

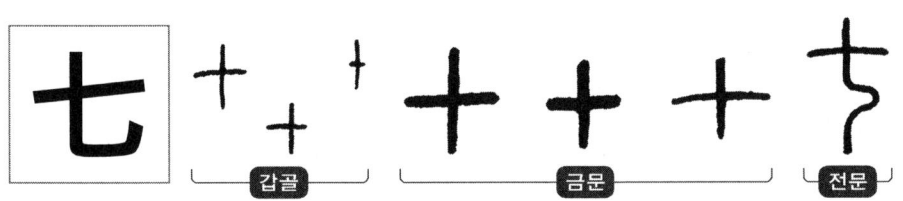

\# qī – 숫자 7

옻나무 위에서 얻은 옻을 절개한 형상이다. 후에 가차되어 숫자로 사용되었다.

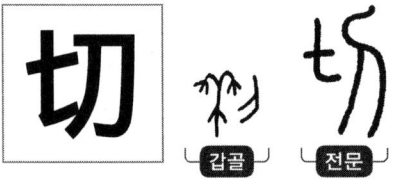

\# qiē – 자름, 한 조각, 절개하다

七과 刀가 결합한 회의자이다.

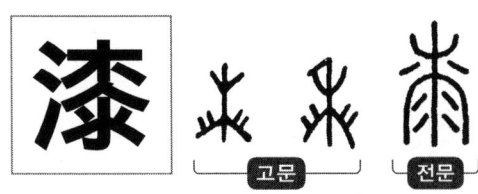

\# qī – 칠하다, 페인트

옻나무 수액이 옻나무에서 흘러내리는 것을 본뜬 글자이다.

率

갑골 · 금문 · 고문 · 전문

#10 - 비율

옻을 천에 넣고 비틀어서 이물질을 거르는 것을 나타낸다.

5. 양조 Making Wine

중국 사람은 농업이 시작될 무렵부터 이미 술을 빚기 시작했으므로, 곰팡이를 발효시켜 술을 빚어내는 역사는 이미 6, 7천 년이 되었다. 고대 중국의 술은 술밑(술누룩으로 만든 지에밥)과 곡물 발효로 빚어낸다. 이런 술 빚는 기술은 '녹말 곰팡이(효소)'를 이용한 것이고 서양의 기술과는 다른 것이다.

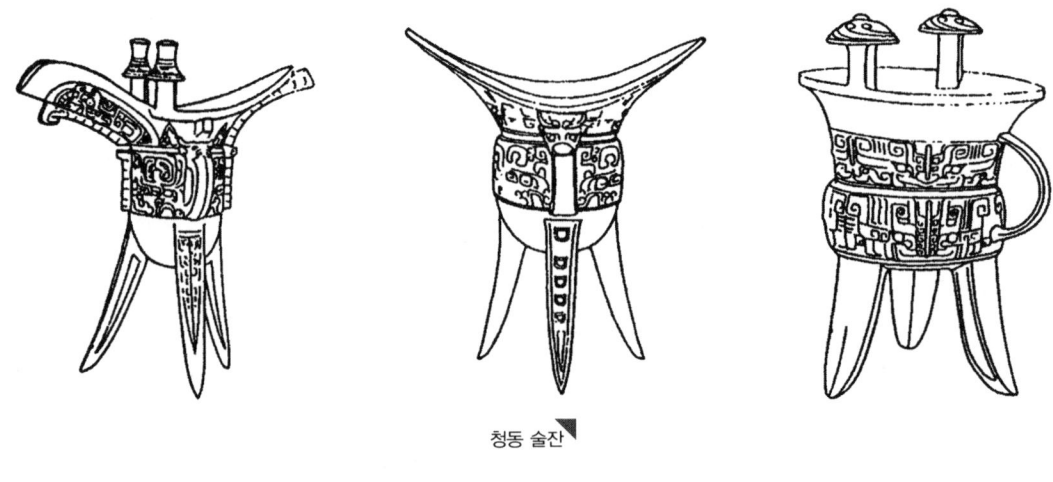

청동 술잔

#qūn-헛간 쌀을 밀폐 용기 또는 헛간에 저장함을 나타낸다. 고대 중국인은 이미 곡물에 곰팡이를 피게하여 발효시키고 이를 가지고 술을 빚는 기술을 터득하였다.

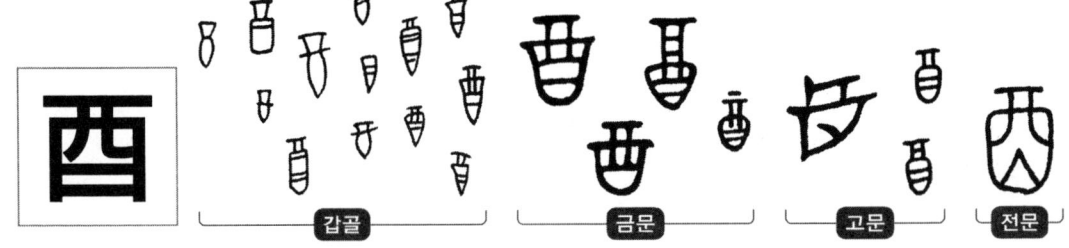

#yǒu-십이지의 10번째 글자 술 단지의 형상을 본뜬 글자이다.

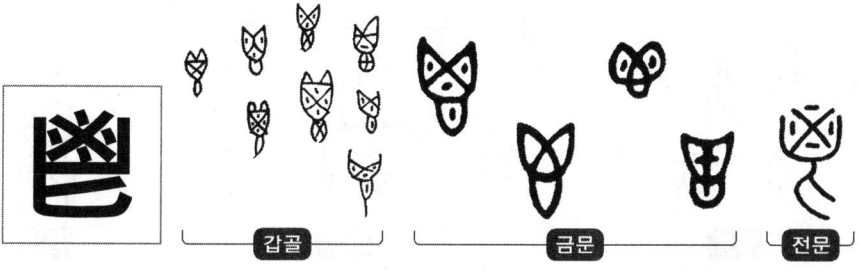

chàng – 퇴주(제사를 지낼 때 올린 술)

발효주로 가득 차 있는 용기의 형상을 본뜬 글자이다.

 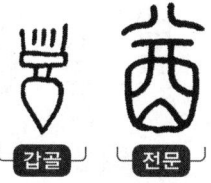

qiú – 종족의 대표, 지도자

酋 위에 놓여진 구멍이 뚫린 용기를 통하여 술의 효모 침전물을 거르고, 술단지 안에 발효주가 가득함을 나타낸다.

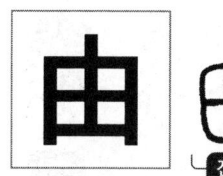 

yóu – 원인, 이유, ~ 때문에, 계속해서, 복종하기 위해

술을 거르는 주머니의 형상이다.

 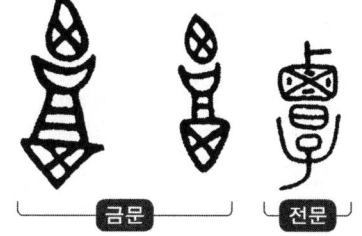

tán – 깊다(문어), 성씨

술 그릇에 뚜껑이 있음을 본뜬 글자이다.

尊

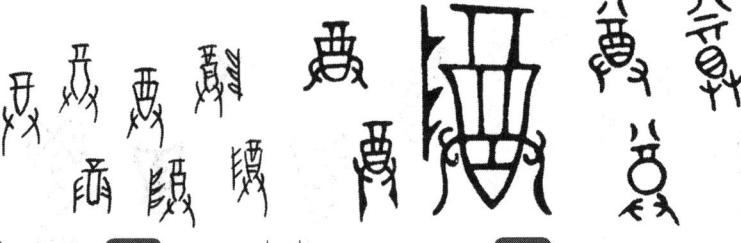

갑골 / 금문 / 전문

zūn — 존경, 숭배, 공경, 공경할 만한, 정직한, (경어로 상대방을 나타냄)당신, 고대 포도주 그릇

두 손으로 술잔을 받쳐 들고 있는 형상이다.

奠

 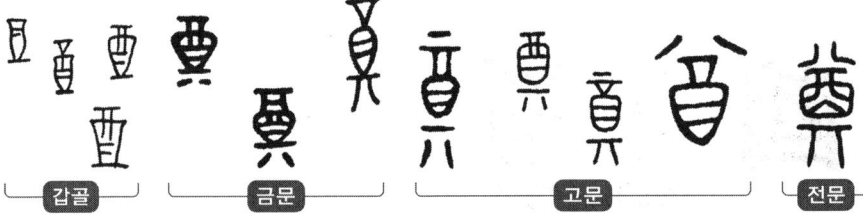

갑골 / 금문 / 고문 / 전문

diàn — 수립하다, 놓다, 죽은 영혼에게 제물을 올림(제사 지냄)

술을 단상에 올려 놓은 것을 본뜬 글자이다.

爵

갑골 / 금문 / 전문

jué — 3개의 다리와 고리 핸들을 가진 고대 술 그릇, 고귀함의 지위, 귀족

술잔을 손에 쥐고 술을 마시는 형상이다.

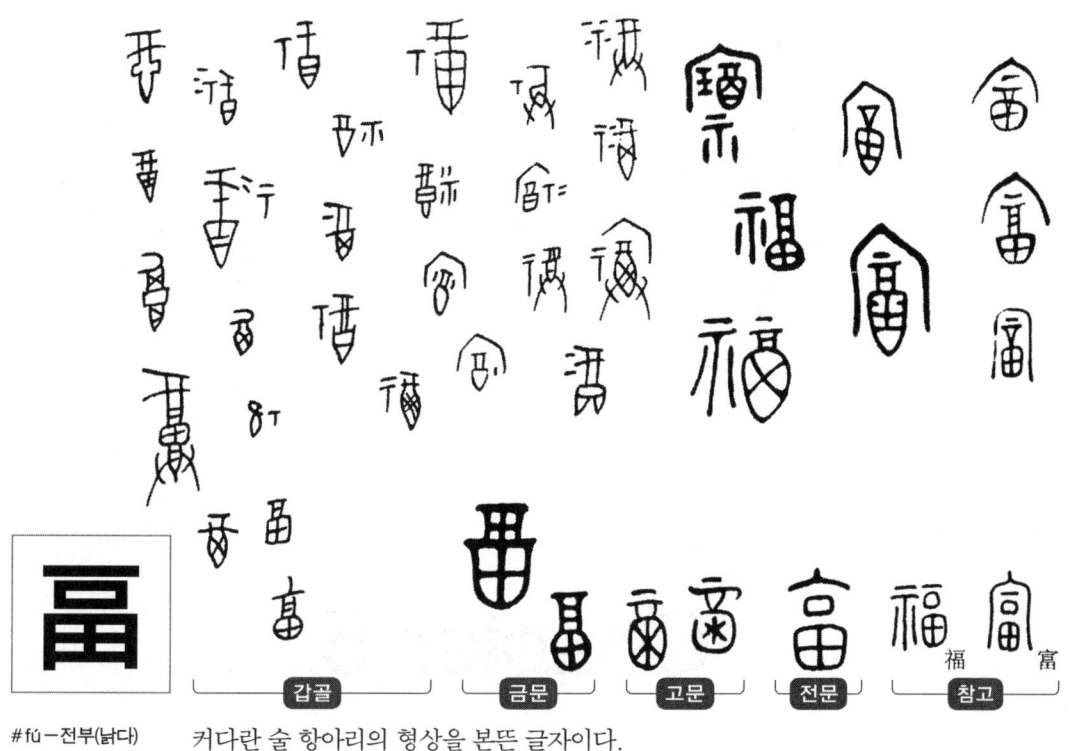

#fú - 전부(낡다)

커다란 술 항아리의 형상을 본뜬 글자이다.

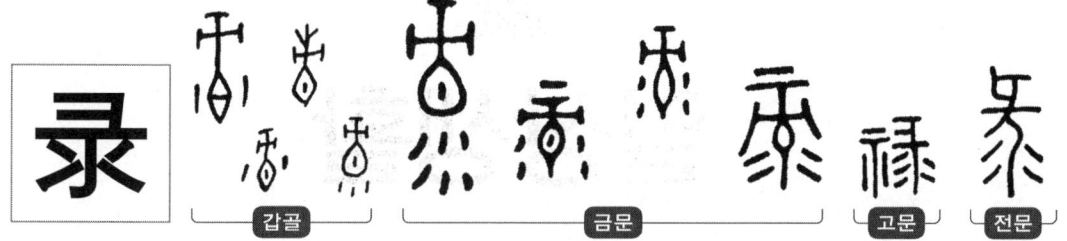

#lù - 수집, 기록, 복사, 종사

술을 거르는 주머니에서 발효주가 걸러져 나오는 형상이다.

Chapter 5

일상생활

역주

갑골문은
지금으로부터 약 3800년 전 상나라 사람들이 사용했던 한자이다. 그들이 그 당시에 어떠한 한자를 사용했는가, 왜 그 한자를 그렇게 만들었는가를 살펴보면 당시 사람들이 어떻게 살았는가를 유추해 볼 수 있다.

일상생활과 관련된 고대 문자를 통해 드러난 고대 중국인은 이미 불을 사용했으며, 각종 다양한 음식을 섭취하였고, 우리가 상상하는 그 이상으로 발전한 옷을 재단하여 입었으며 나름 발달한 곳에 거주하였음을 알 수 있다.

본 장에서는 고대 중국인의 일상생활과 관련된 한자의 자원을 살펴보기로 한다. 이는 고대 중국사회를 이해하는 데 도움이 될 것이다.

1. 불의 사용 The Use of Fire

중국에서 제일 오래된 구석기 유적지로 알려진 서후도(西侯度)문화 유적지에서 1800만 년 전 불에 그을린 동물의 뼈가 발견되었는데 이는 인류가 불을 사용한 흔적 가운데 가장 오래된 것이다. 이 발견을 통해 인류가 불을 사용한 역사는 그 시기를 훨씬 앞당기게 되었다.

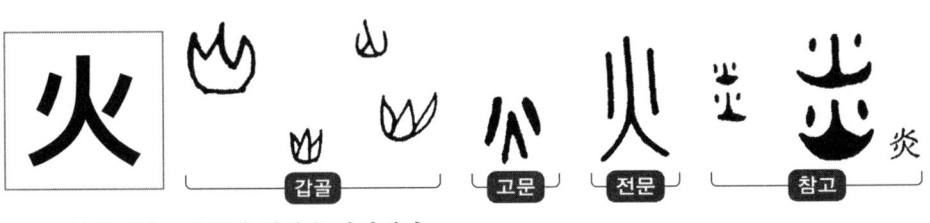

#huǒ-불, 화, 성질, 내부열, 병의 여섯가지 원인 중 한가지

불꽃의 형상을 나타낸다.

 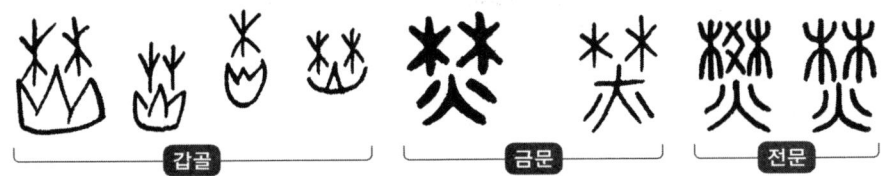

#fén-불태우다

불 속에 있는 숲 [林: 숲, 火: 불]
두 개의 나무와 불로 이루어진 글자로, 숲을 불태워 짐승을 몰아 포위하여 사냥하거나, 밭을 개간하는 것을 나타낸다.

 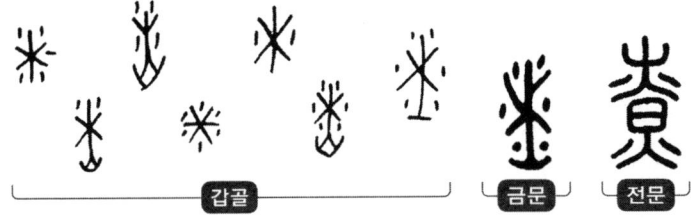

#liáo-燎의 고대 형태, 불태우다

모닥불의 형태를 나타내며, 글자 윗부분에 보이는 점들은 모닥불에서 뿜어져 나오는 불꽃을 나타낸다.

#rè — 뜨겁다, 덥다 사람이 두 손에 횃불을 들고 있는 형상을 나타낸다.

#sǒu — 늙은 사람 실내에서 횃불을 들고 있는 사람의 손 형태를 나타낸다.

#shù — 무수히 많은, 다수의, ~를 위하여 돌을 불에 달구어 냄비에 넣으면 물이 따뜻해진다. 이는 고대의 조리법 중 하나인데, 이 글자는 요리를 하기 위해 돌을 불에 달구는 형상을 본뜬 것이다.

#huī — 재, 회색 손으로 불 속에서 끄집어낸 재를 나타낸다.

盧 =卢
#lú - 성씨

고대 화로의 형태를 나타낸다.

光
#guāng - 빛, 광선, 빛남, 윤, 광택, 영광, 화려한, 세련된, 발가벗은, 오직, 바닥나다

人 위에 火가 놓여 있는 사람의 머리 부분이 환하게 빛나고 있음을 나타낸다.

 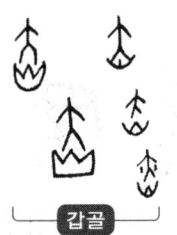 

赤
#chì - 붉은, 충실한, 충성스러운, 발가벗은

불 위에 사람이 서있는 형상이다.

하남(河南) 용산(龍山)문화에서 발견된 원형으로 된 집을 유추하여 그린 그림이다. 나무와 짐승의 뼈 등으로 벽을 세우고 지붕을 덮었으며 집 안 가운데에는 불을 사용했던 흔적이 보인다.

然
rán – 옳은, 올바른, 그래서, 그러나

구워지는 개의 형태를 나타낸다.

焦
jiāo – 타버린, 탄, 그을린, 코크스, 성씨

구워지는 새의 형태를 나타낸다.

 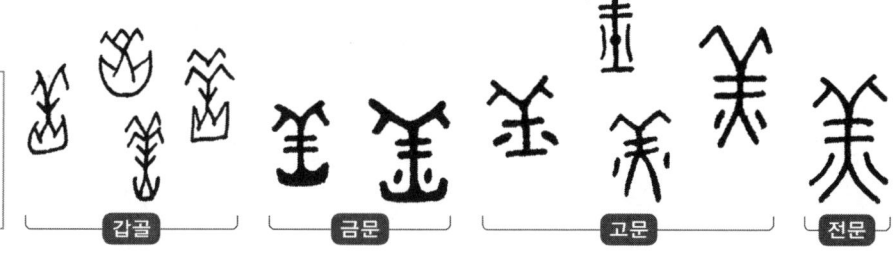

羔
gāo – 어린 양, 아이, 새끼 사슴

구워지는 양의 형태를 나타낸다.

親
qīn – 혈연관계, 상대적인, 부모, 결혼, 가까운, 친밀한, 키스하다, 직접

木를 형부로 辛을 성부로 결합한 형성자로, 장작을 나타낸다.

일상생활 181

束

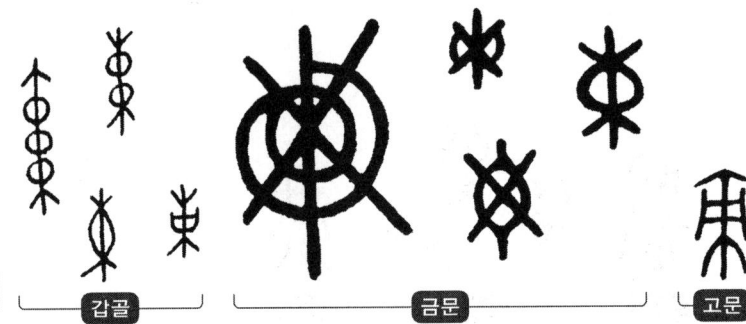

\# shù – 묶다, 조종하다, 저지하다, 꾸러미, 묶음, 다발, 성씨

땔감 한 묶음의 형태를 나타낸다.

困

\# kùn – 강하게 압박된, 둘러싸이다, ~을 꼼짝 못하게 잡다, 속박하다

단단히 묶어 놓은 장작을 나타낸다.

2. 요리와 음식
Cooking and Eating

dòu – 고대의 긴 대가 있는 사발, 콩

고대 식기 한 종류의 형상을 본뜬 글자이다.

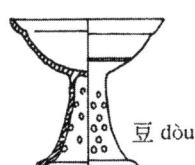

sháo – 스푼, 국자

국자 안에 무언가 담겨있는 형태를 나타낸다.

 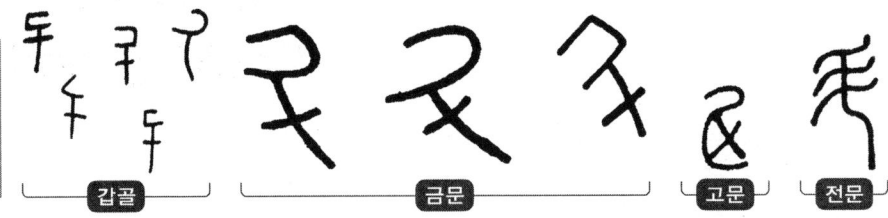

dǒu – 건조된 곡식의 양을 측정하는 단위(=1데카리터), 북두칠성

긴 손잡이가 달려있는 용기의 형상이다. 손잡이에 짧은 가로획이 있는 자형이 보이는데, 이 용기가 무언가의 길이를 측정하는데 사용되었음을 나타낸다.

 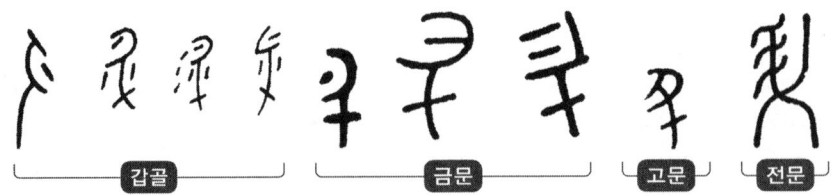

shēng – 건조된 곡식의 양을 측정하는 단위(=1리터), 리터, 일어나다, 올리다, 오르다, 올라가다

斗라는 용기를 사용하여 쌀의 양을 측정하는 것을 나타낸다.

dǐng – 두 개의 고리로 된 손잡이가 달려있고 다리가 세 개 또는 네 개인 고대 요리 용기

세 개의 다리가 있는 고기를 삶던 냄비로 다리가 네 개인 鼎은 방정(方鼎)이라고 불렀다.

 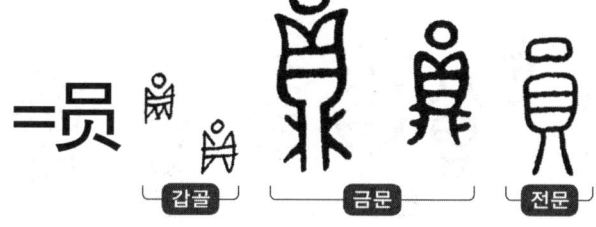

yuán – 구성원

글자 윗부분의 동그라미 형태는 鼎의 주둥이 부분이 원형임을 나타낸다.

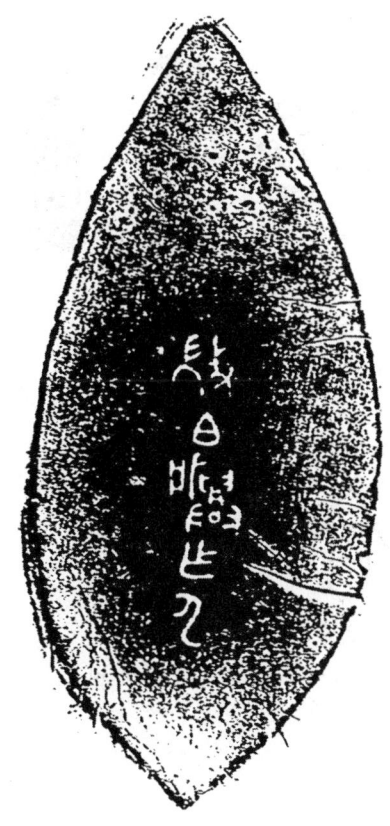

 서주(西周) 청동기로 만든 국자에 새겨진 명문이다.
1976년 섬서성 부풍현(陝西省 扶風顯)에서 출토되었다.

일상생활 187

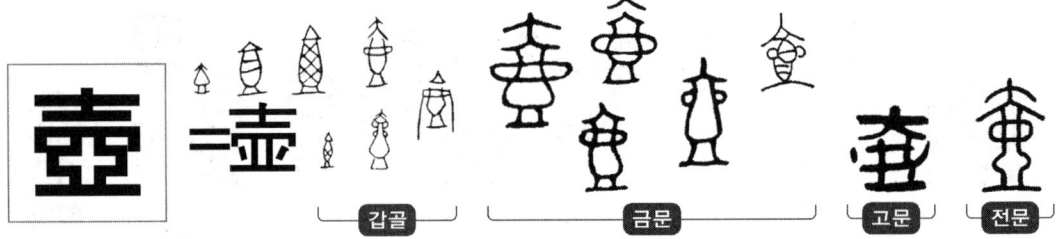

#hú - 주전자

고대의 뚜껑이 있는 주전자의 형태를 본뜬 글자이다.

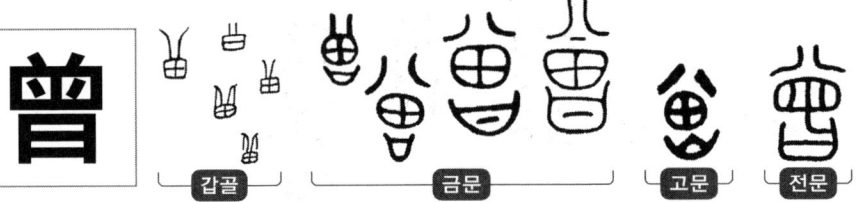

#céng - 아직

鬲(속이 빈 세 발 달린 솥의 일종)의 윗부분에 밑바닥이 구멍 난 시루를 더하여, 증기로 음식을 찌는 솥의 형상을 나타낸 글자이다. 글자 윗부분의 八은 증기를 표현한 것으로 보인다.

#huì - 함께 만나다, 모임, 협회, 할 수 있다. ~일 것이다

시루에 뚜껑을 추가한 형상이다.

#hé - 닫다, 같이하다, 결합, 모두, 적당한

뚜껑이 있는 그릇으로, 뚜껑과 그릇이 합해져 한 세트를 이루고 있음을 나타낸다.

jiāng – 돌보다, 지지하다, 무언가를 하다, ~를 부추기다, ~할 예정이다

손으로 도마 위에 고기를 올려놓은 형상이다.

 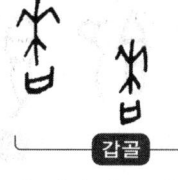

zhě – 무언가를 하는 사람, '~er'의 기능, 성씨

煮의 본자로, 어떤 종류의 음식인지는 분명하지 않으나, 모종의 음식물을 냄비 안에 넣는 형태를 나타낸다.

xiāng – 향기로운, 식욕을 돋우는, 인기 있는, 향료 향기 또는 양념, 향, 향냄새

솥 안에 벼를 넣는 형상이다.

 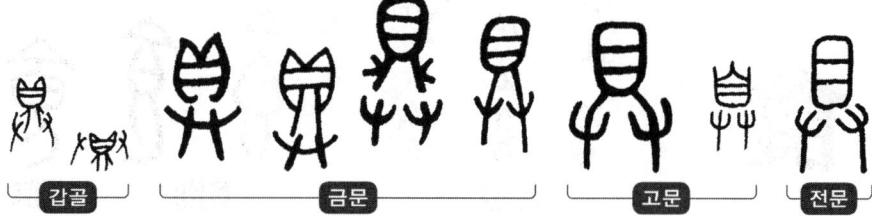

jù – 도구, 기구, 제공하다, 소유하다, 능력, 물건의 단위

두 손으로 鼎(세발 달린 솥)을 들고 있는 형상을 나타낸다.

일상생활 189

登
dēng – 오르다, 기록하다

豆라는 그릇을 두 손으로 떠받들어 계단을 올라가 신을 모시는 모습을 나타낸다.

皂
zǎo – 비누, 어두운, 검은

사발 안에 음식이 담겨져 있는 형상이다.

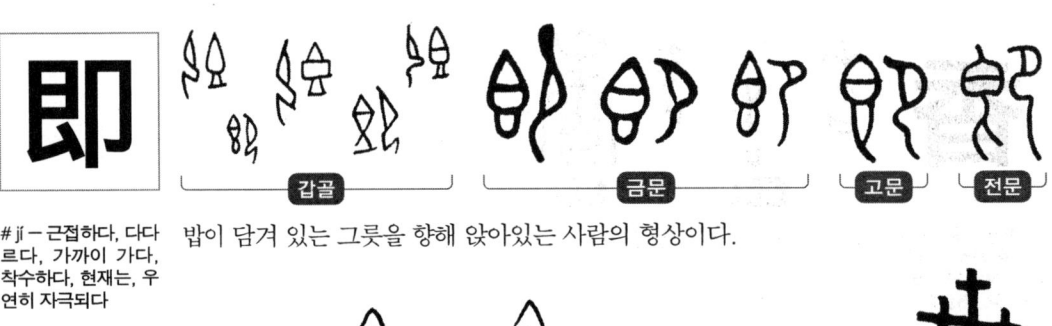

即
jí – 근접하다, 다다르다, 가까이 가다, 착수하다, 현재는, 우연히 자극되다

밥이 담겨 있는 그릇을 향해 앉아있는 사람의 형상이다.

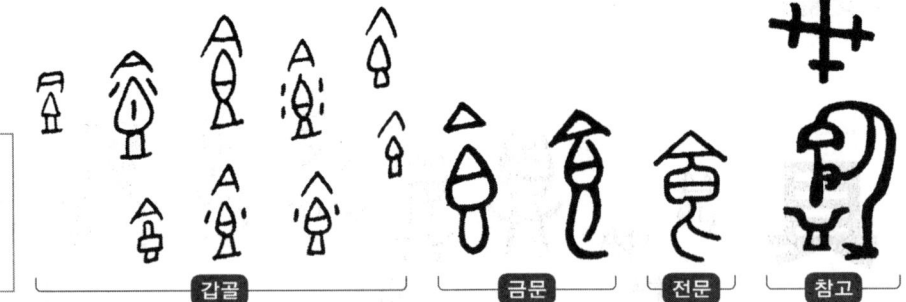

食
shí – 먹다, 음식, 밥, 먹이다, 먹을 수 있는

뚜껑이 있는 그릇에 밥이 가득 담겨 있고, 김이 모락모락 나는 형상을 나타낸다.

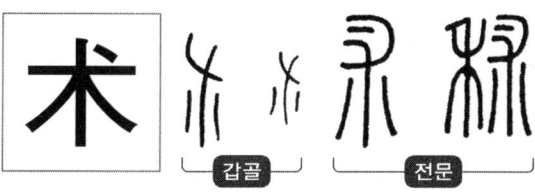

shù – 秫의 고대 형태

끈적끈적한 음식이 손에 들러붙은 형태를 나타낸다.

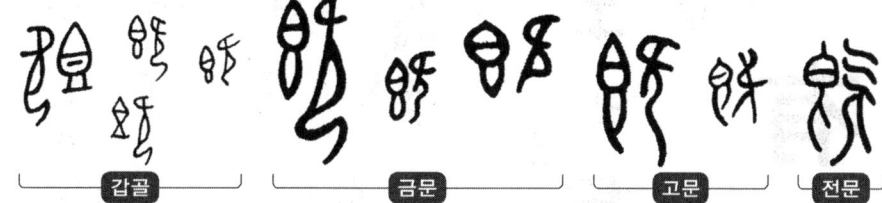

jì – 이미, ~이래로, ~이므로, ~때문에, ~와~둘다

그릇에 밥이 담겨 있고, 사람이 밥그릇을 등지고 있는 형상을 나타낸다. 즉 밥을 다 먹은 사람이 고개를 돌리고 가려고 하는 모습을 나타낸다.

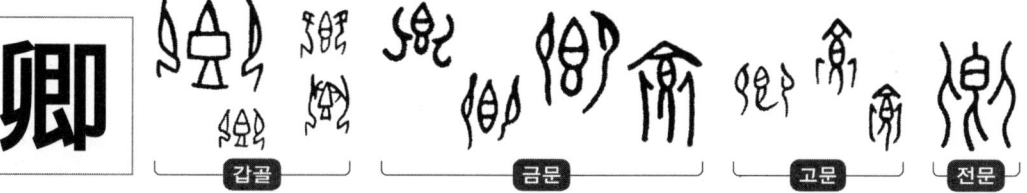

qīng – 성직자(고대어)

두 사람이 같이 밥을 먹고 있는 모습을 나타낸다.

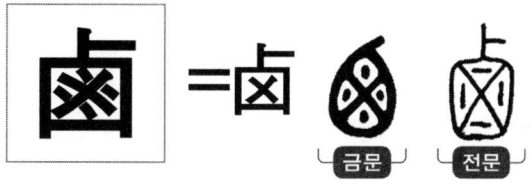

lǔ – 소금, 개펄

소금 자루의 형태를 나타낸다.

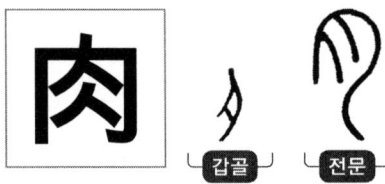

\#ròu — 고기, 살, 과육   고기 덩어리의 형태를 나타낸다. 부수는 肉이고, 합체자의 편방으로 쓰일 때는 주로 月으로 쓴다.

\# yǒu — 가지다, 소유하다, 지니다, 존재하다   고기 덩어리를 잡고 있는 손의 형태를 나타낸다.

3. 옷과 장식품
Clothes and Ornament

#biǎo – 표면, 밖, 외부, 겉, 보여주다, 나타내다, 표, 목록

衣와 毛가 결합한 회의자이다. 고대 중국인들은 동물 가죽으로 옷을 만들었고, 가죽의 바깥쪽은 털로 장식했다.

#qiú – 요구하다, 요청하다, 시도하다, 수요

裘가 생략된 것으로 털로 장식된 외투를 나타낸다.

#zhà – 처음으로, 갑자기, 뜻밖에

옷깃에 바느질한 것을 나타낸다. 일설에는 乍는 쟁기를 이용해 땅을 갈고, 경작하는 것이라고도 한다.

shuāi – 감소하다, 줄어들다, 약해지다

사람이 도롱이를 입고 있는 형태를 나타낸다.

사람들이 입던 도롱이의 형상이다.

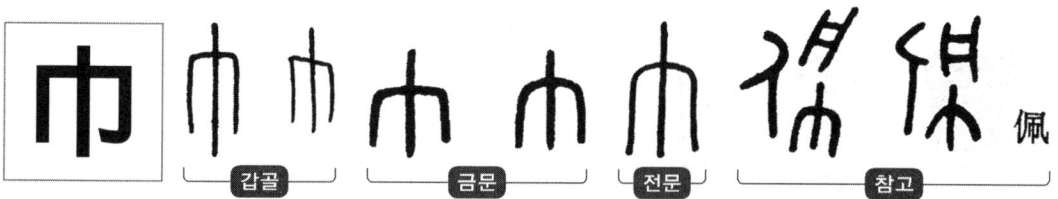

#jīn – 옷 한 벌(타월, 스카프, 손수건 등에 쓰임)

수건이나 천을 길게 늘어뜨린 모양을 나타낸다.

bù – 옷감, 직물, 마련하다, 처리하다.

형성자로 성부인 父는 후에 又로 대체되었다.

#bó – 실크, 비단

형성자로 巾를 형부로 白을 성부로 결합하였다.

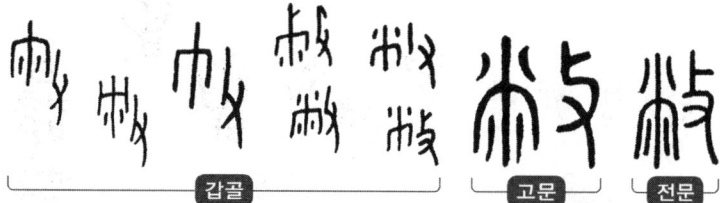

bì – 다 써버린, 닳아서 못 쓰게 된, 다 낡은(문어), 나의

나무 막대를 손으로 잡고 옷 위의 먼지를 털어내는 모양을 나타낸다.

\# mào – 보내다, 발송하다, 위태롭게 하다, 분별없이, 무모하게, 성씨

머리에 모자를 착용한 것을 나타낸 글자로 눈은 모자 밖으로 나와 있다.

 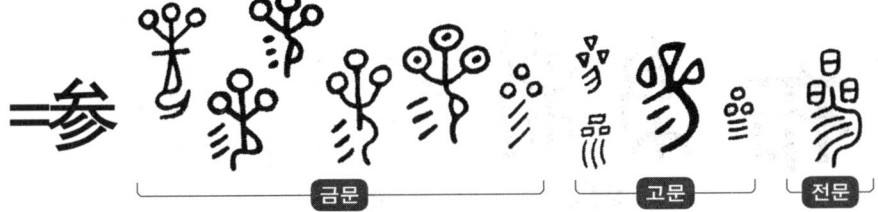

\# cān – 경의를 표하다, 참가하다

머리 위에 머리 장식을 쓰고 있는 사람의 형상을 나타낸 글자이다. 후에 彡이 더해졌고, 분화되어 숫자 삼(叁)을 나타냈다.

 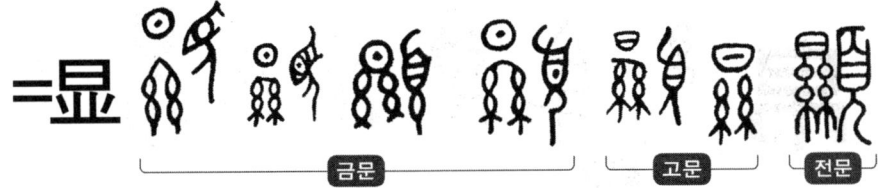

\# xiǎn – 보여주다, 진열하다, 분명한, 확실한, 뚜렷한, 현저한

사람의 땋은 머리카락의 모습을 나타낸다.

\# ruò – ~같다, 마치 ~인듯이, 만약에

사람이 두 손으로 머리를 정돈하는 형상을 나타낸다.

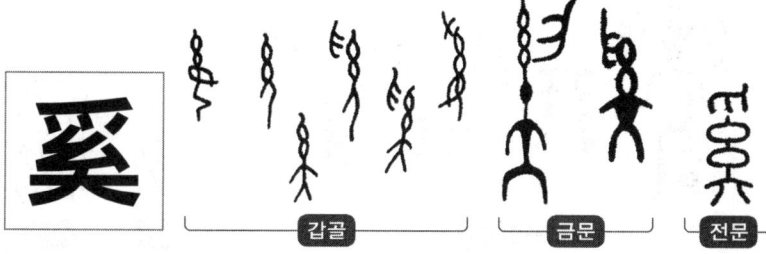

#xī – 왜(문어), 성씨   손으로 변발을 땋은 형상이다. 고대의 奚는 변발을 하는 민족의 호칭이었다.

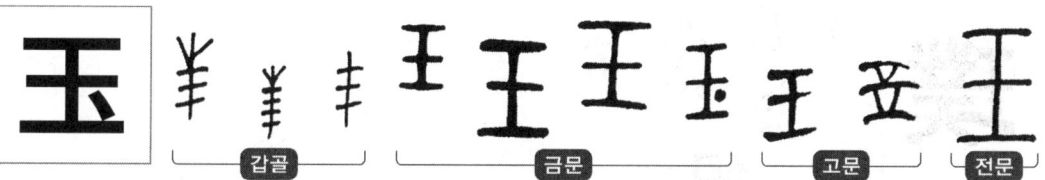

#yù – 옥, 아름다운   끈으로 꿴 옥 장식을 나타낸다. 옥은 돌 중에서 가장 아름다운 돌이다. 중국의 옥 제조 역사는 신석기시대부터 시작되며 옥 예술은 중국 문화를 구성하는 한 부분이다. 옥은 중국인이 석기시대에 돌을 다듬던 것에서 한 단계 승화된 것이다. 또한, 옥의 종류는 상당히 많고 희소가치 역시 높다. 중국 사람에게 더 중요한 것은 옥에 대한 조각이며 옥 제품의 장식과 패용을 통해 사람의 인품과 정신을 반영했다.

동한(東漢) 때 허신(許愼)이 편찬한 중국 최초의 자전인 『설문해자(說文解字)』 중 '玉'자에 대한 해석부분이다.

朋
#péng – 친구

조개껍데기를 장식품으로 이용한 것을 나타낸다. 북경의 주구점 산정동인(山頂洞人) 유적지에서 윗부분이 갈려 구멍이 있는 조개가 발견되었다.

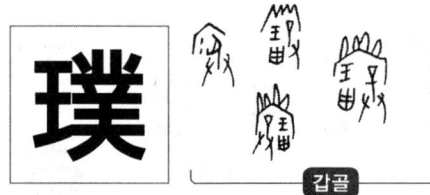

璞
#pú – 자르지 않은 옥

사람이 산에서 옥을 캐고 바구니에 담는 모습을 보여준다.

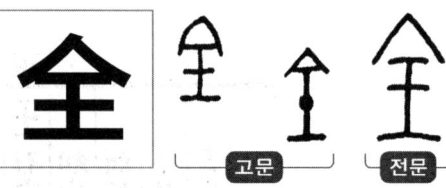

全
#quán – 손을 대지 않고 그대로 두다, 완성하다, 전부, 전적으로, 완전히, 성씨

사람이 옥 위에 서 있는 것을 나타내거나, 또는 다리 사이에 옥을 두어 그 옥의 소유자임을 나타낸다.

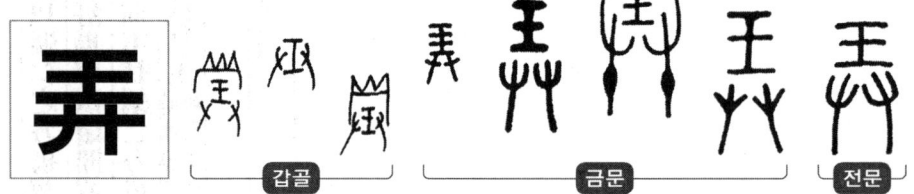

弄
#nòng – 하다, 놀다, ~와 함께 하다

두 손으로 옥을 감상하며 즐기는 형상이다.

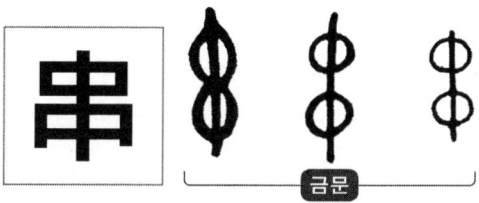

\# chuàn – 꼬치, 같이 꿰다. 두 개의 옥구슬을 꿴 형상을 나타낸다.

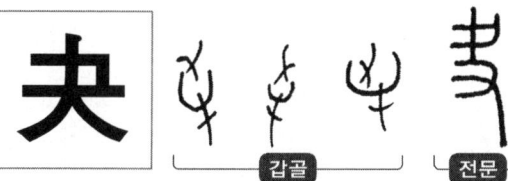

\# guài – 역경에 있는 용어 두 손으로 트임이 있는 고리 모양의 옥팔찌를 잡고 있는 모양이다. 즉 玦은 둥근 고리 모양이지만 입구 쪽이 뚫려있는 옥팔찌이다.

\# huáng – 노란, 흙빛의, 타락한, 퇴폐적인, 음란한, 포르노 사람이 두 팔을 벌리고 정면으로 서서 허리 부분에 둥근 모양의 옥 완대를 차고 있는 모양을 나타낸다.

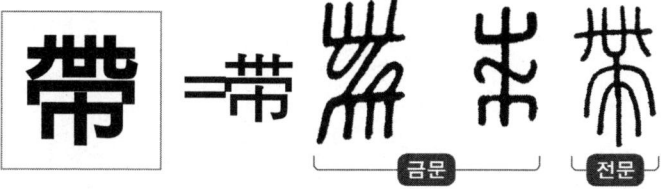

\# dài – 벨트, 밴드, 가지다, 가져오다, 이끌다 옷의 고리와 벨트가 서로 연결된 형태를 나타낸다. 글자의 윗부분은 허리띠가 변형된 모양이고 아랫부분은 두 개의 巾자가 서로 포개져 장식을 이용해 아래로 축 늘어져 있는 모양을 나타냈다.

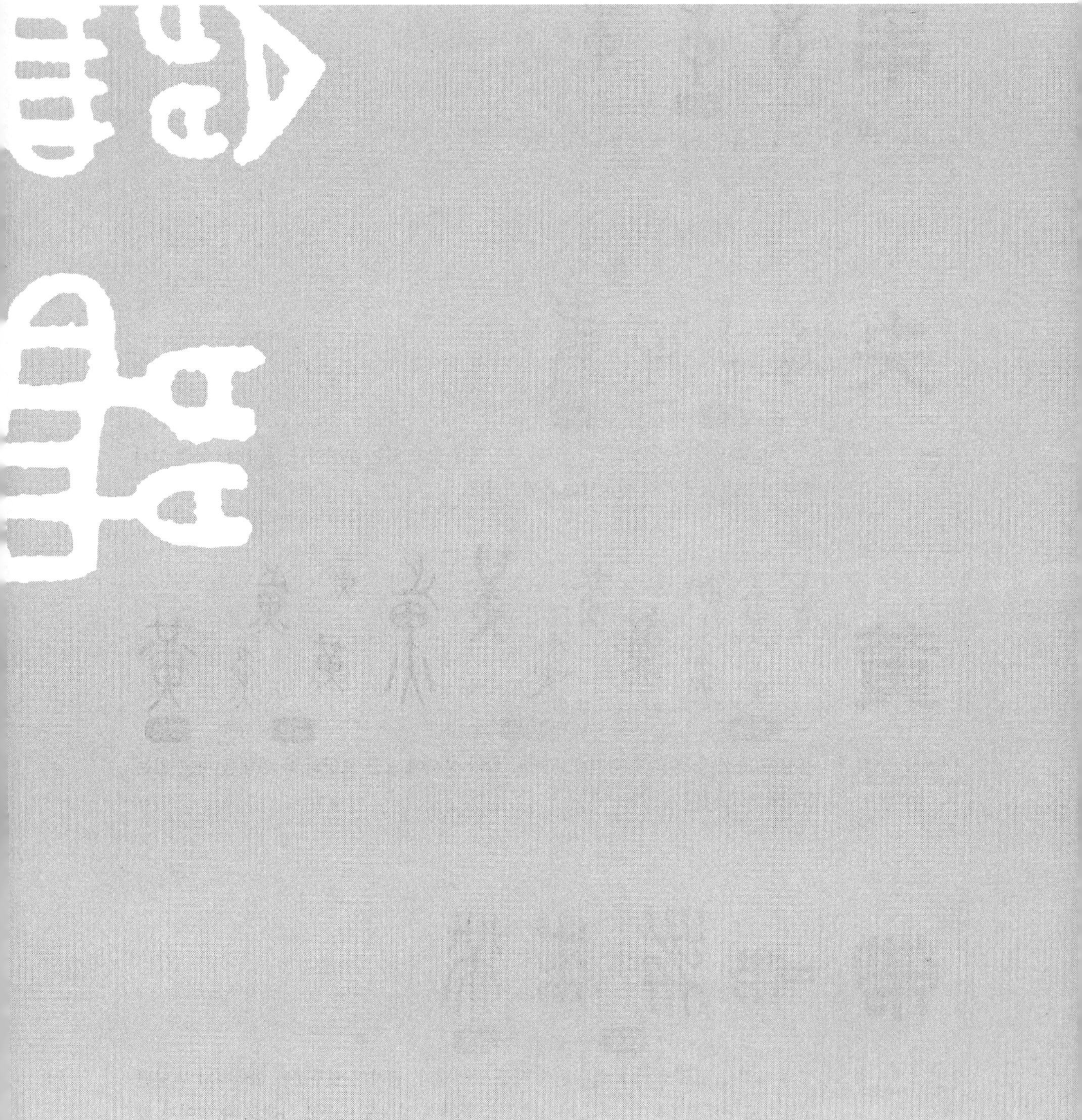

4. 주거, 거주지 Habitation

한나라때의 와당(瓦當), 즉 기와에 새겨진 家와 關이다.

#hù - 가족, 계좌 외짝문의 형상을 본뜬 글자이다.

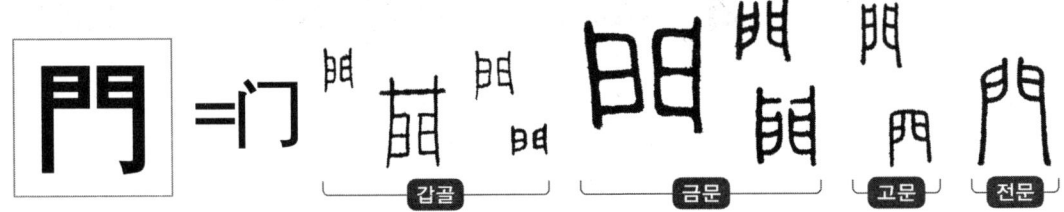

#mén - 문, 출입구, 성씨 두 개의 문으로 이루어진 출입구의 형상을 본떴다.

#kāi - 열다, 느슨해지다, 시작하다, 작동되다. 두 손으로 문의 빗장을 푸는 모양이다.

 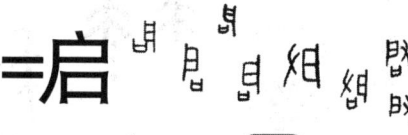  

qǐ – 열다, 시작하다, 개시하다, 착수하다

손을 사용하여 출입문을 여는 것을 나타낸다.

 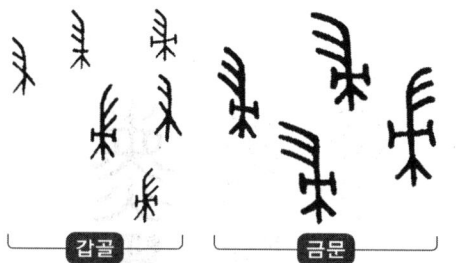 

#zhǒu – 빗자루, 비

장식이 달린 빗자루의 형태를 나타낸다.

#sào – 멀리 던지다, 버리다, 폐기하다, 포기하다

손으로 장식이 달린 빗자루를 쥐고 있는 모양을 나타낸다. 土는 부수로 전문에서 추가되었다.

 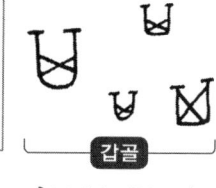 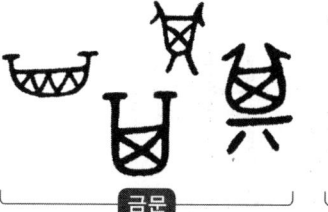  

qí – 그의(그녀의, 그것의, 그들의), 그(그녀, 그것, 그들), 저것, 그러한

키(곡식을 까부는데 쓰는 도구)의 형상을 나타낸다.

일상생활 205

#rǎn - 천천히

대나무로 엮은 그릇의 형태를 나타낸다.

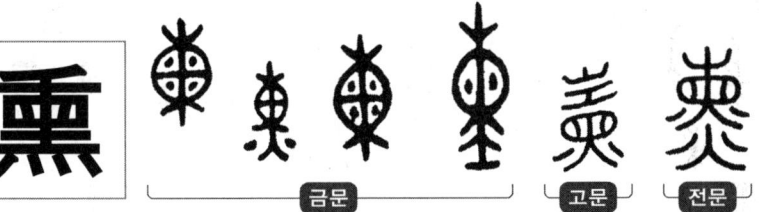

xūn - 훈증하다, 담배를 피우다, 훈연하다

불 붙인 향초 한 다발을 나타낸다.

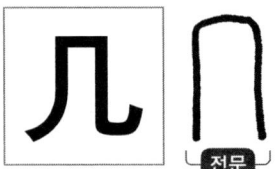

#jī-작은 탁자

작은 탁자의 형태를 나타낸다.

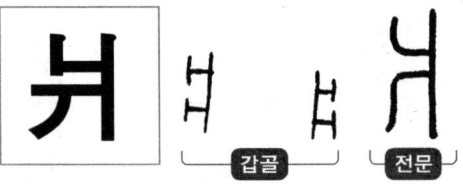

pán - 평평한, 얇은 덩어리

침대의 형태를 나타낸다. 침대가 세로로 서있는 모습을 한 이유는 갑골에 새기기 편해서이다.

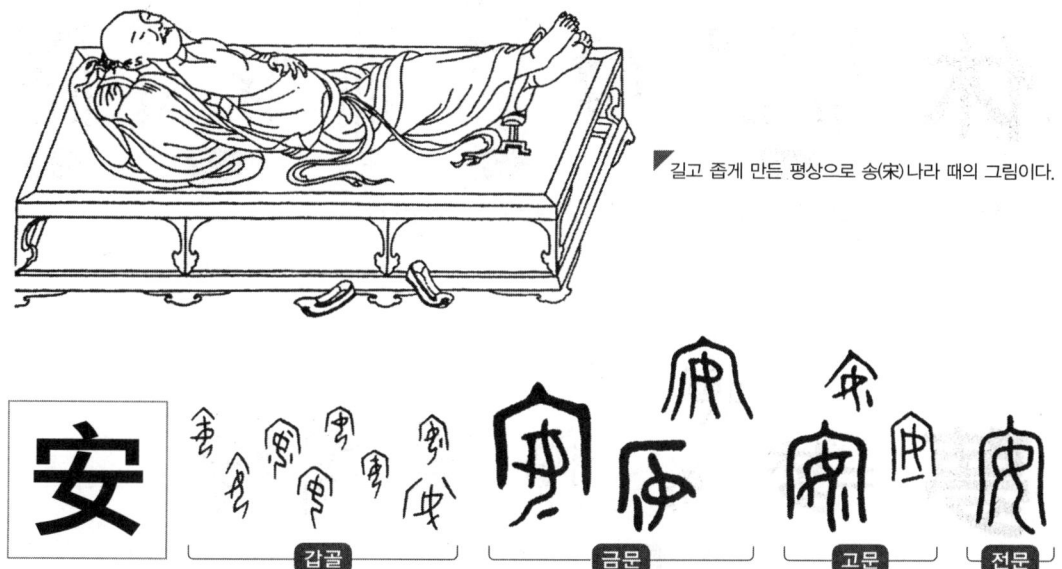

▶ 길고 좁게 만든 평상으로 송(宋)나라 때의 그림이다.

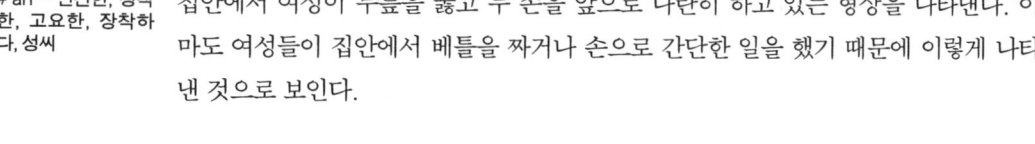

\# ān – 안전한, 정착한, 고요한, 장착하다, 성씨

집안에서 여성이 무릎을 꿇고 두 손을 앞으로 나란히 하고 있는 형상을 나타낸다. 아마도 여성들이 집안에서 베틀을 짜거나 손으로 간단한 일을 했기 때문에 이렇게 나타낸 것으로 보인다.

\# yīn – 원인, 이유, ~때문에, 잇따라서(문어), ~에 부합되게

갈대, 대나무, 풀 따위로 짠 자리의 형상을 나타낸다.

\# sù – 밤에 머물기 위한 산장(오두막), 밤새 머물다, 오래된, 베테랑(문어), 성씨

사람이 실내에서 갈대나 대나무로 짠 자리 위에 편히 앉아있는 모습을 나타낸다.

일상생활 207

\#xiū – 쉬다, 멈추다   사람이 나무에 기대어 쉬고 있는 모습을 나타낸다.

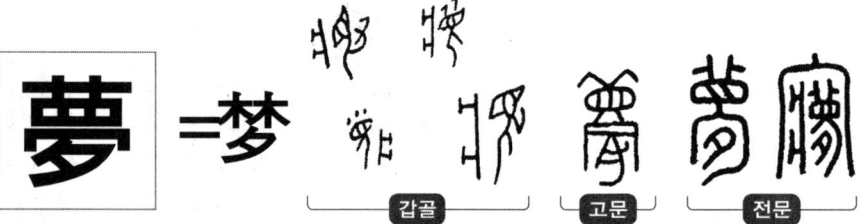

\#mèng – 꿈을 꾸다   사람이 침대에 누워 있는 형상으로, 밤에 꿈을 꾸는 것을 나타낸다.

\#jiān – 감독하다, 교도소, 감옥   사람이 몸을 구부리고 머리를 숙여 큰 사발 안의 수면에 자신을 비추어 보는 것을 나타낸다.

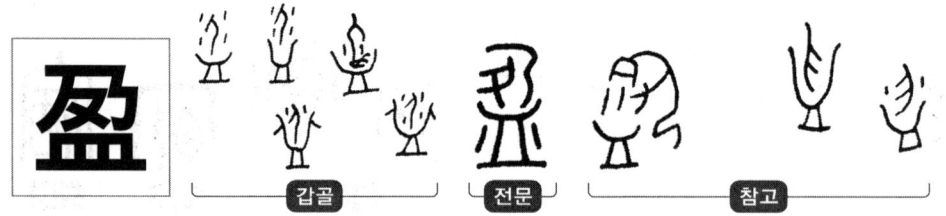

\# yíng – 가득차다, 가득 채워지다.   사람이 욕조에서 목욕하는 형상을 나타낸다.

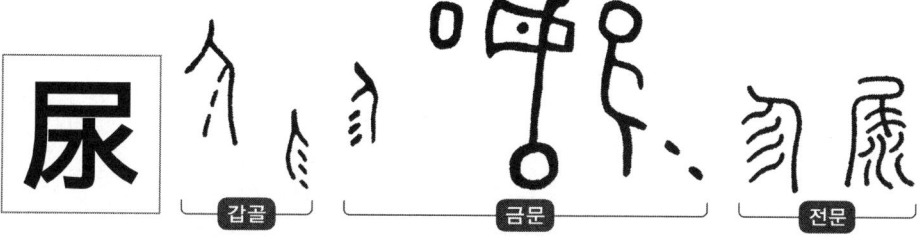

#niào – 소변을 보다   사람이 서서 소변보는 모습을 나타낸다.

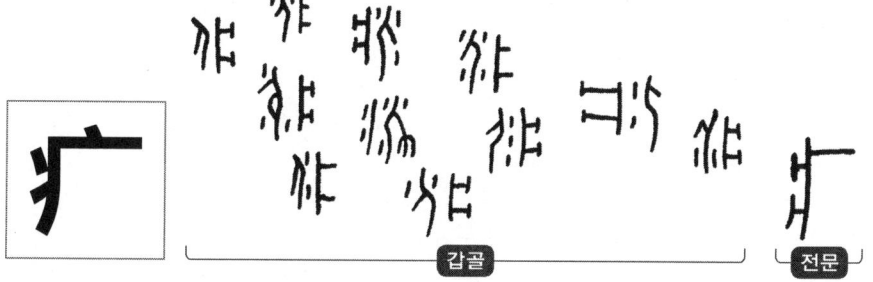

#chuáng – 고대 문자   병든 사람이 침대에 누워 땀을 흘리는 모습을 나타낸다.

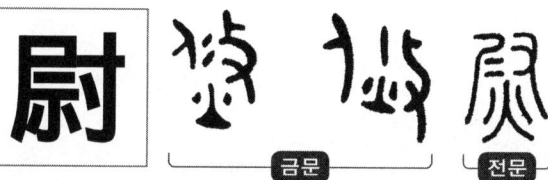

wèi – 장교, 군대 계급   이 글자는 좌측 윗부분에 사람이 있고, 우측 윗부분에는 손으로 무언가를 들고 있는 사람의 손이 있으며, 아랫부분에는 불이 놓여져 있는 것으로 보아, 아마도 고대의 쑥으로 뜸을 뜨는 치료 요법을 반영한 것으로 보인다.

yīn – 은왕조, 번성하는, 번영하는   병든 사람이 침술로 치료 받는 것을 나타낸다.

5. 왕래 Interrelationship

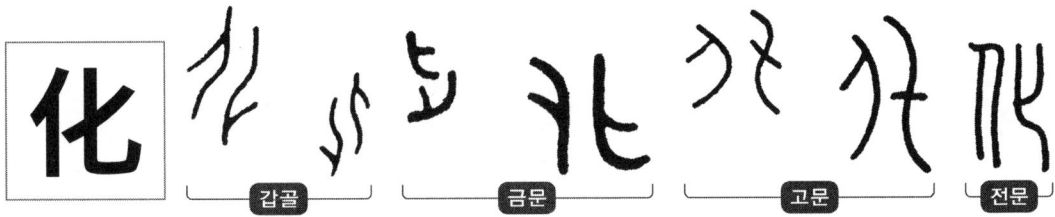

huà – 바꾸다, 문화, 화학

두 명의 사람이 한 명은 똑바로, 한 명은 거꾸로 서있는 모양을 나타낸다. 이는 사람들의 왕래, 변화, 교역의 의미를 나타낸다.

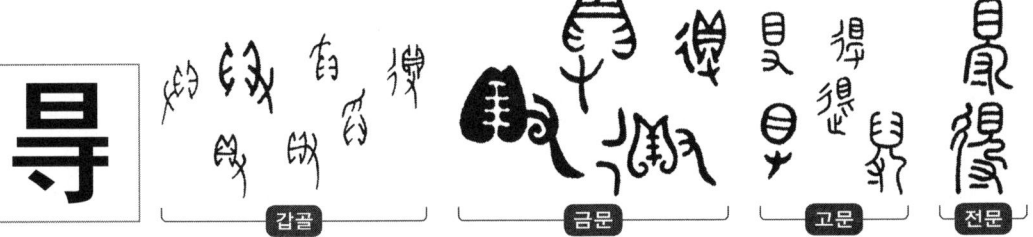

dé – 得의 고대 형태, 얻다

손으로 조개를 잡고 있는 형상을 나타낸다. 조개는 고대에 화폐 대용으로 사용되었다.

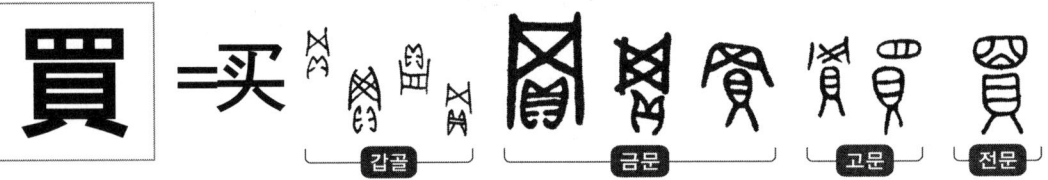

mǎi – 사다, 구입하다

그물로 조개를 캐는 형상으로, 조개는 고대에 화폐 대용으로 쓰였다.

guàn – 1,000개의 동화(구리동전)를 꿴 줄, 건네다, 뚫다, 성씨

두 개의 조개를 한 줄로 꿴 형태를 나타낸다.

xíng — 가다, 여행하다, 하다, 행동하다, 안내하다, 옳다, 맞다

교차로의 형상을 나타낸다.

 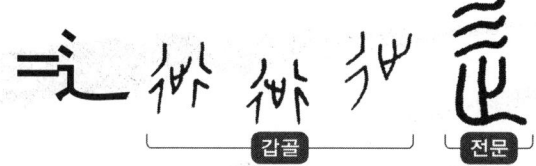

chuò — 고대 문자

길을 나타내는 彳과 발을 나타내는 止가 결합한 글자이다.

 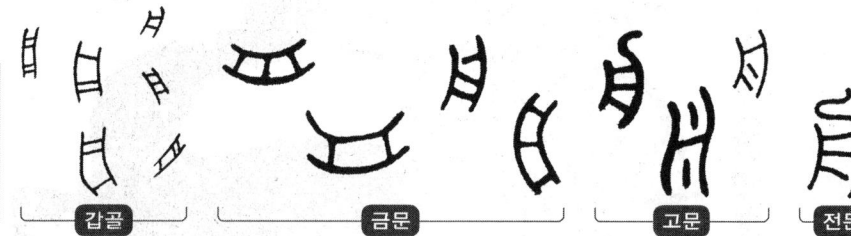

zhōu — 보트, 배

배의 형태를 나타낸다.

yōu — 전가하다, 넘기다, ~를 향해, 지난

사람이 노를 젓는 형상을 나타낸다. 흐르는 물이 유원함을 나타낸다.

일상생활 213

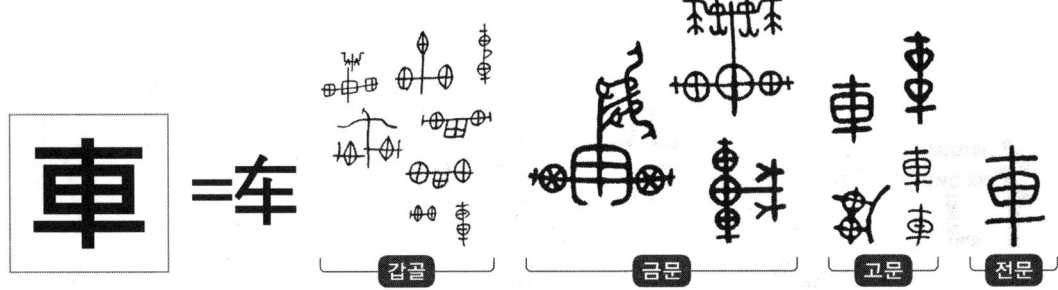

#chē-탈것, 마차

고대의 마차 모양을 위에서 보고 나타낸 글자이다. 손잡이와 멍에, 바퀴살 등을 비교적 상세하게 묘사하였다.

▼한나라 때의 그림이 새겨진 벽돌로 말이 마차를 끌고 있는 그림이 그려져 있다.

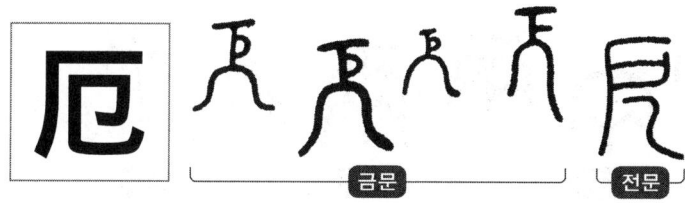

#6-역경   멍에의 형상을 나타낸다.

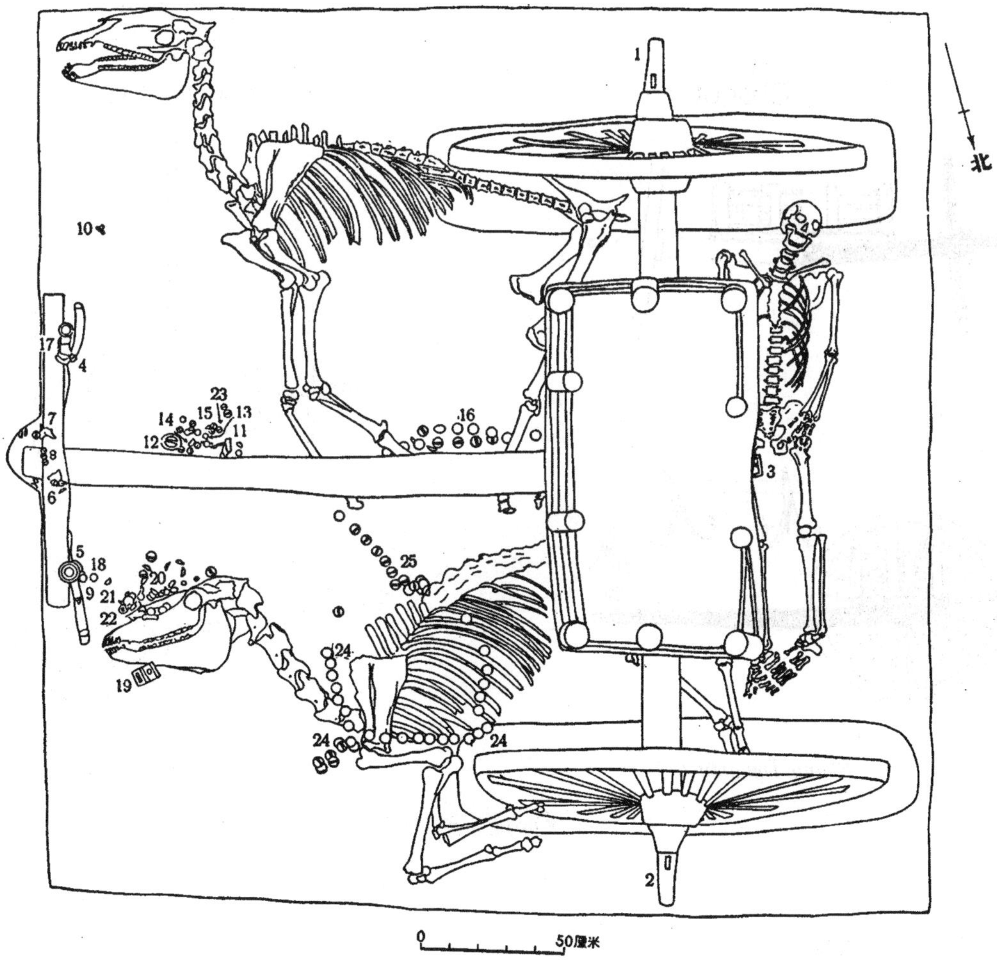

图一 车马坑平面图

1、2. 害 3. 踵饰 4、5. 軛饰 6、7. 兽面形衡饰 9、10. 铜鼻 11、19. 铜镳 12、21. 特大铜泡
13、20. 小兽面形铜饰 14. 镞形铜饰(另一件包括在 22 内) 8、15—18、22—25. 铜泡

▶하남성 안양시 효민촌(河南省 安陽市 孝民屯)의
상나라 유적지에서 발굴된 마차 갱의 평면도이다.

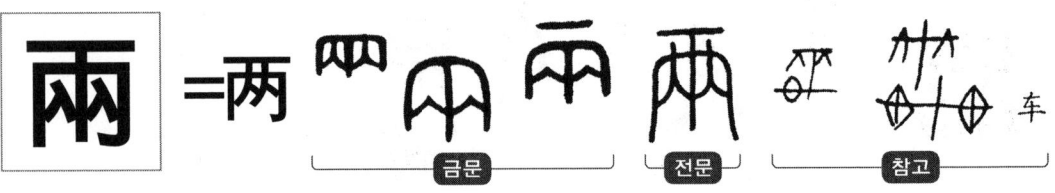

liǎng — 둘, 무게의 단위(50그램)

마차의 채와 횡목의 형상에서 유래했다. 중간의 '从'모양은 마차 횡목 위 두 개의 멍에를 나타낸다.

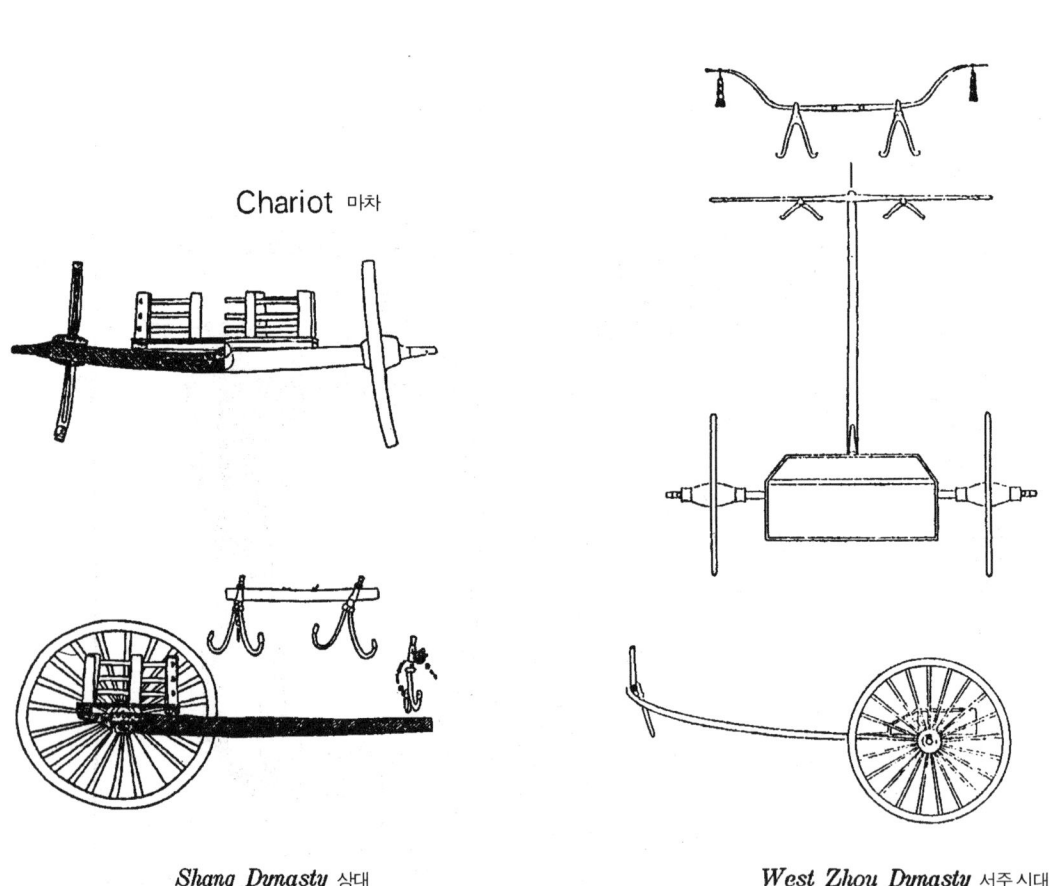

Chariot 마차

Shang Dynasty 상대　　　　West Zhou Dynasty 서주 시대

▌마차의 멍에

Chapter 6

전쟁의 출현

역주

최초의 한자
인 갑골문이 출현한 시기는 상나라 때부터이다. 그 당시 중국은 부족연맹체의 성격이 강했으며, 다른 주변 국가보다 세력이 강했던 상나라는 인근의 부족과 전쟁을 치르며 많은 세력을 모았고, 이를 위하여 전쟁 준비에 열중하였다. 처음 사냥을 위한 도구로 개발된 것이 이후 전쟁을 위한 무기로 발전하였고, 상나라는 다양한 무기와 활, 화살 등으로 주변 국가를 점령해 갔다.

강력한 군대의 힘을 상징하는 각종 깃발이 제작되었고, 그 깃발 아래 모여든 군인들은 점차 상나라를 부족연맹체의 수장국에서 통일된 왕조의 일국으로 만드는 데 앞장섰다.

본 장에서는 고대 중국의 병기 및 군사, 국가와 전쟁 등과 관련된 일련의 고대 한자를 살펴보면서 당시의 상황을 이해해 보고자 한다.

1. 무기와 군사력

Weaponry and the Military

▶ 황새가 연어를 입에 물고 있고, 그 옆에 돌도끼가 새겨진 채색 도기로, 하남(河南)성 림여(臨女)에서 출토된 앙소문화 유적이다. 이 채색 도기는 어느 부족 족장을 입관하는데 사용된 것으로 그림에서는 높이가 37cm, 넓이가 44cm로 갈색과 흰색 두 가지 색깔로 구성되어 있다. 채색 도기의 색 가운데에서 흰 황새와 연어는 부족의 토템을 의미하며 나무 막대기에 묶인 돌도끼와 황새가 연어를 입에 물고 있는 그림은 흰 황새씨족이 연어씨족을 이긴 역사적 사건을 기록한 것으로 보인다.

무기 Armory

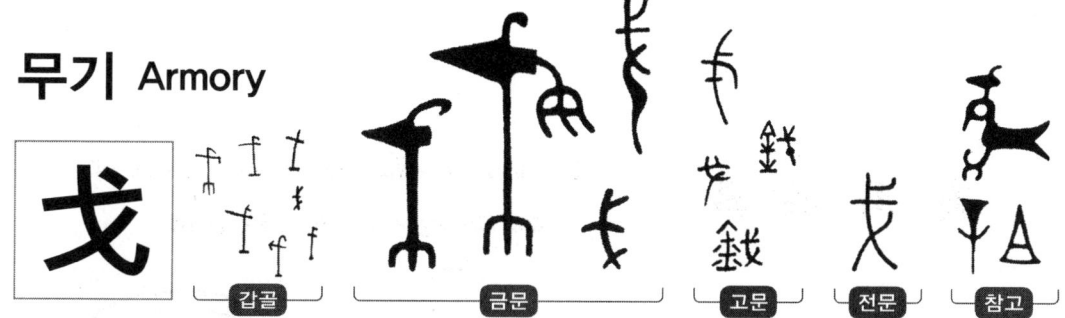

gē – 단검 모양의 도끼, 성씨

긴 손잡이가 있는 청동 도끼로, 고대의 주요한 전투 무기이다. 창의 사용과 발전은 상주 시기부터 B.C. 3세기까지 이어졌으며 그것은 상고 시대의 주요한 실전 무기였다.

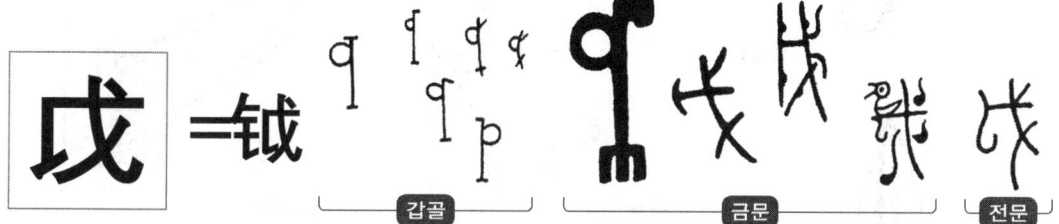

yuè – 고대 중국에서 사용된 전투용 도끼

날이 곡선 모양으로 되어있는 청동 도끼로, 베거나 싸우는데 사용된 도끼형 무기를 상형한 글자이다.

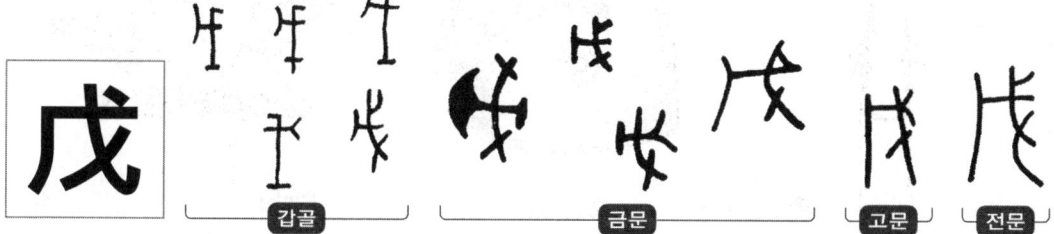

wù – 12간지의 다섯 번째

고대에 사용되던 납작한 칼 모양의 전투용 도끼로, 후에는 12간지를 나타내는 글자로 가차되었다.

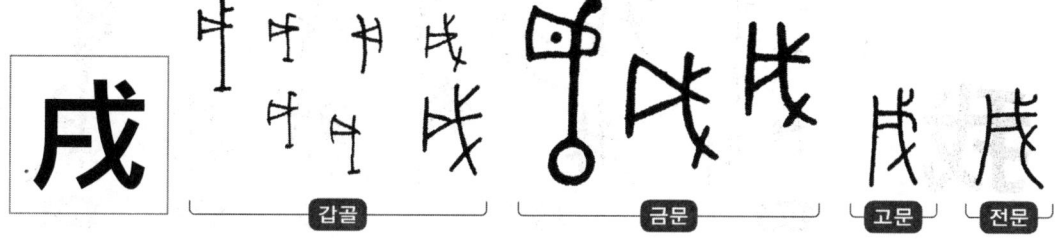

xū – 12간지의 열한 번째

긴 손잡이가 있는 전투용 도끼를 상형한 것으로 역시 가차되어 사용되었다.

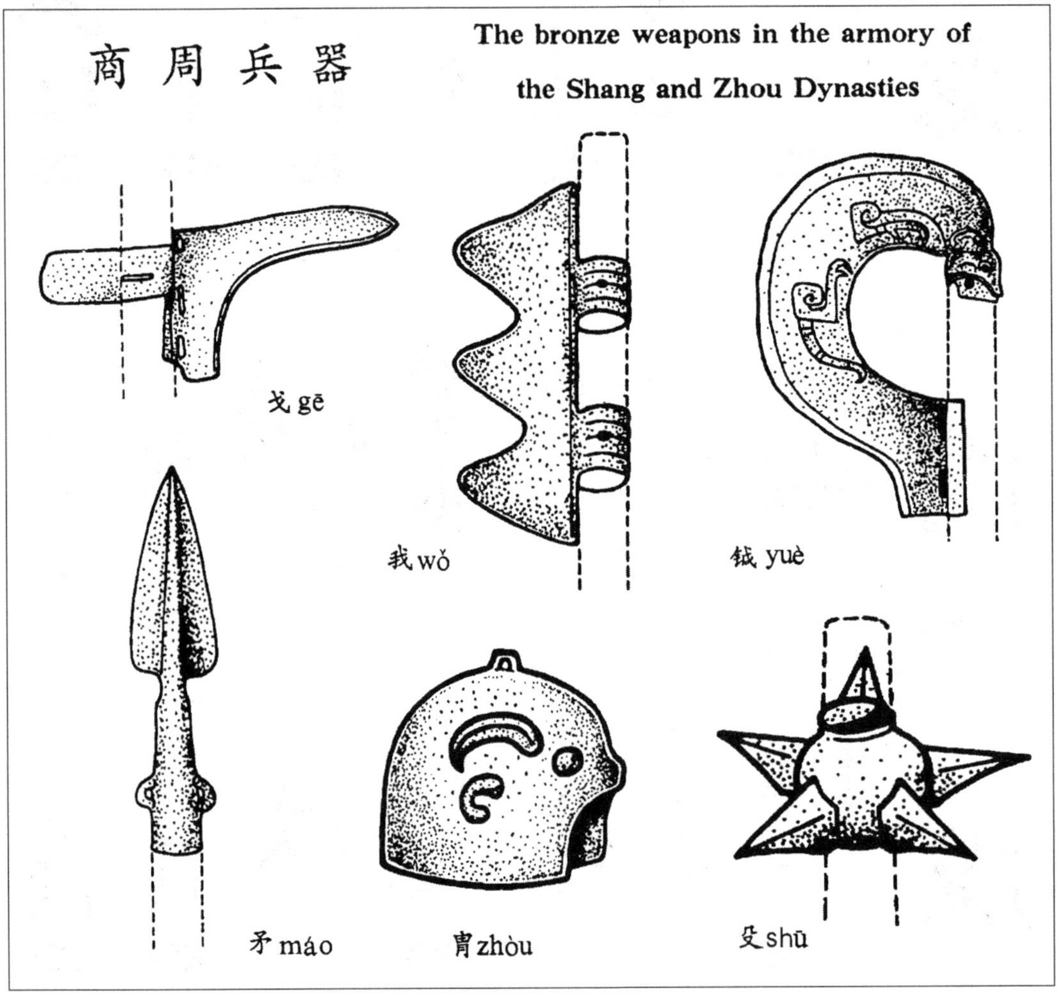

商周兵器　　The bronze weapons in the armory of the Shang and Zhou Dynasties

戈 gē

我 wǒ

鉞 yuè

矛 máo

胄 zhòu

殳 shū

▶ 상주 시기의 병기

| 갑골 | 금문 | 고문 | 전문 | 참고 |

#wǒ-나 　칼날 부분이 톱니 모양인 고대 무기를 상형한 것으로 후에 1인칭 대명사로 가차되었다.

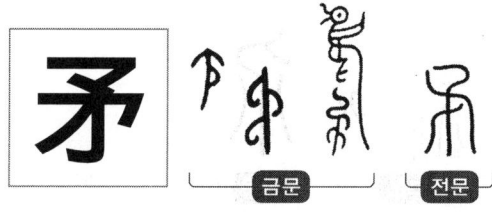

#máo - 창   술이 달린 청동 창을 상형한 것으로 싸울 때 긴 손잡이로 찌르는 무기였다.

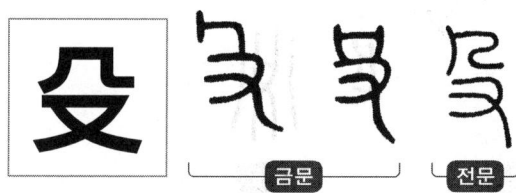

#shū - 철퇴   손으로 철퇴를 잡고 있는 모양을 상형한 것이다.

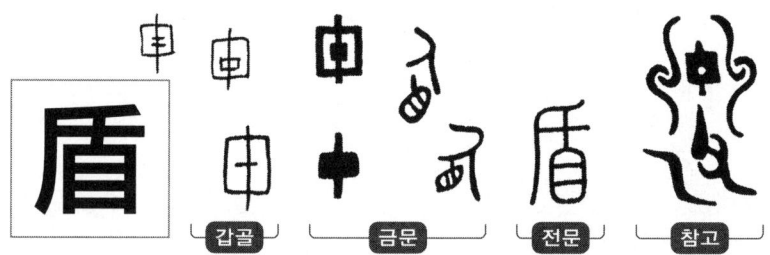

#dùn - 방패   손으로 방패를 잡고 있는 형상으로, 글자 중의 십자 모양은 방패의 손잡이를 나타낸다. 상주 시대 대부분의 방패는 동물의 가죽에 옻칠을 한 탄탄한 가죽으로 만들어졌다.

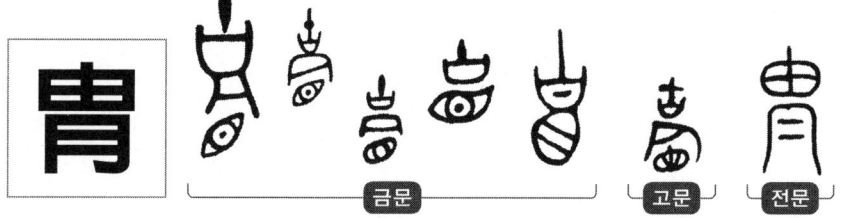

#zhòu - 투구, 자손   사람이 머리에 장식이 되어 있는 투구를 쓰고 눈이 밖으로 노출된 모양을 그린 글자이다.

전쟁의 출현 225

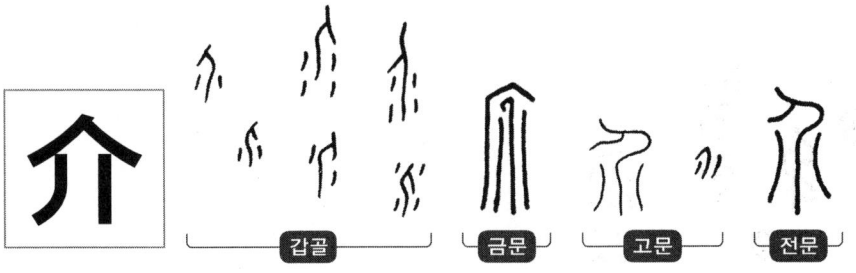

介
jiè – 갑옷, 사이에, 심각하게 하다

사람이 조각 모양으로 이루어진 갑옷을 입고 있는 형상을 나타낸다.

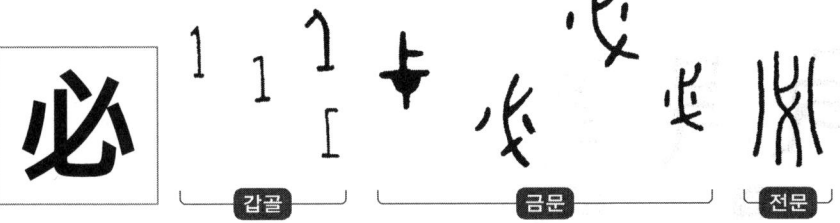

必
bì – 반드시 해야 한다

창이나 방패 등 무기의 손잡이 형상을 본뜬 글자이다. 금문에서 추가된 두 점은 무기 손잡이 부분의 장식을 나타내거나 발음을 나타내기 위하여 추가된 것이다.

활 Archery

바위에 그린 그림으로 궁수의 모습을 상형했다.

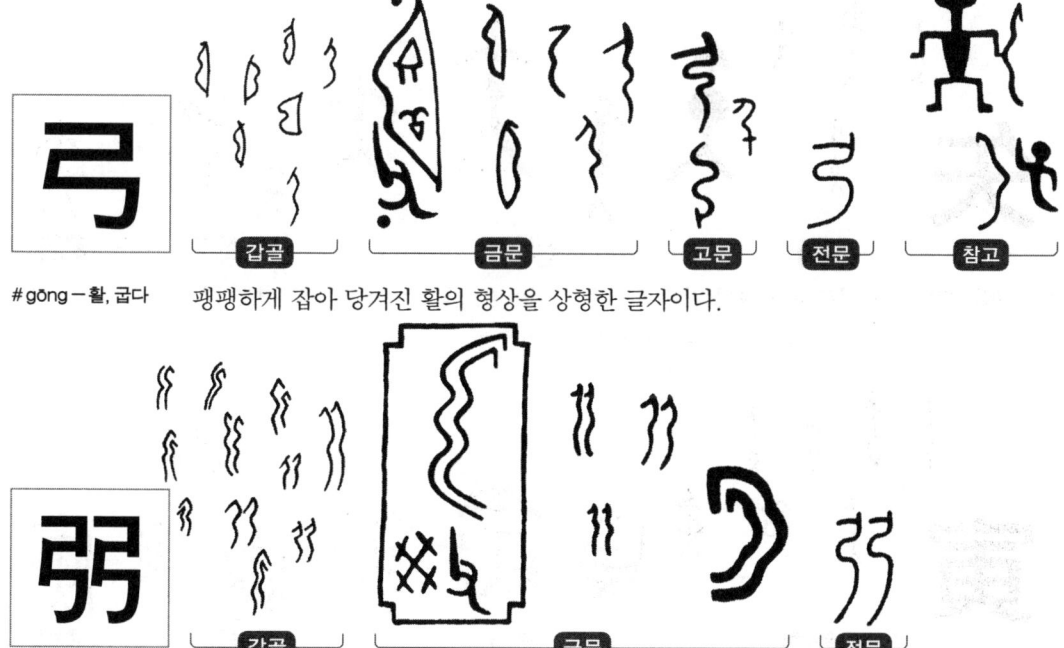

\# gōng — 활, 굽다

팽팽하게 잡아 당겨진 활의 형상을 상형한 글자이다.

\# qiáng — 강하다, 두 배, 복합적이다

고대 중국 장인은 활 등에 동물의 힘줄을 붙이거나 여러 층으로 칠하는 방법으로 강한 탄성을 지닌 활을 만들었다.

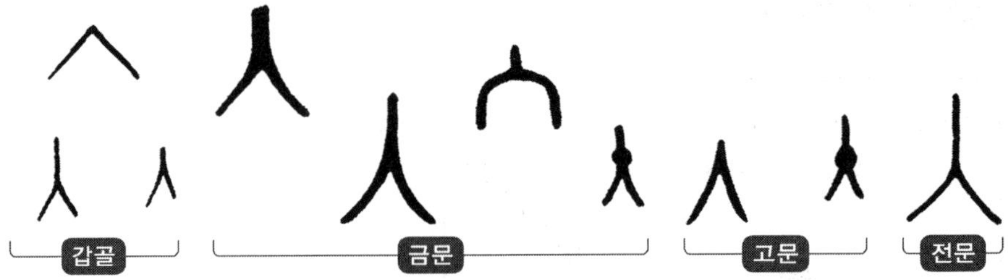

#rù – 들어오다, 받아들이다

화살촉을 상형한 글자이다.

골제 화살촉으로 반파 유적지에서 출토되었다.

#shī – 화살, 서약하다

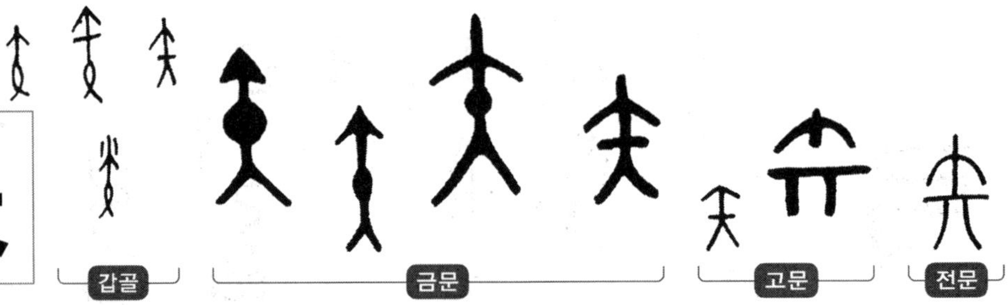

화살촉과 오늬가 있는 화살을 나타낸다. 화살 손잡이 위의 짧은 획은 矢를 大와 交의 고대 형태와 구별하는데 사용되었다.

#yín – 12간지의 세 번째

寅과 矢는 어원이 같은 글자로, 초기에는 자형이 동일했으나 이후 분화되었다.

#yí – 부드럽다, 파괴하다, 근절하다

고대에 새를 사냥할 때 화살을 쉽게 회수하기 위하여 줄을 매달아 놓은 것을 나타낸다.

주나라때 제작된 청동 단지에 새겨진 문양으로 활을 쏘고 있는 형상을 나타냈다.

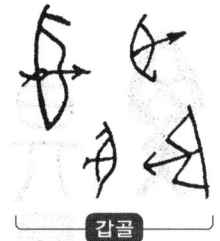
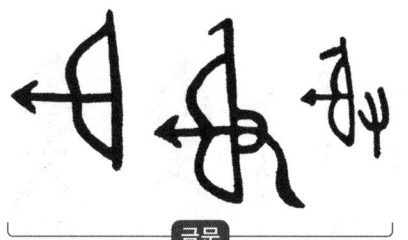

shè – 쏘다, 겨냥하다

화살을 활시위에 걸어 놓고 시위를 당기는 형상이다. 후에 활과 화살은 身으로 대체되었다.

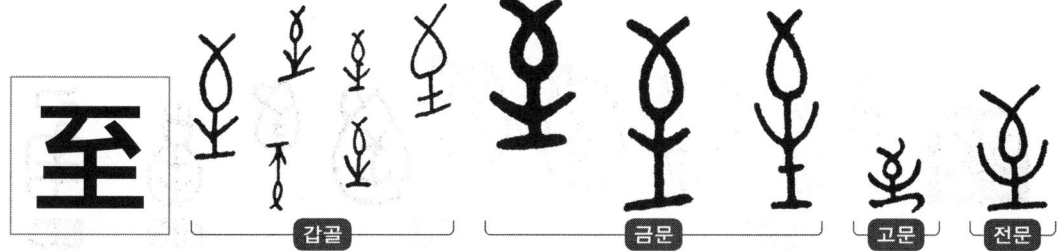

#zhì – 도착하다, ~한 정도로

화살이 과녁에 맞거나 멀리 가서 땅에 떨어진 형상을 본뜬 글자이다.

전쟁의 출현 229

#hóu – 사격 목표물, 후작, 성씨

화살이 목표물에 적중한 형상을 본뜬 글자이다.

#bèi – 준비하다

틀에 배치된 화살을 나타내며 가차자이다.

#bì – 수여하다

끝이 뭉툭하고 큰 화살촉으로 된 화살의 형상을 본뜬 글자이다.

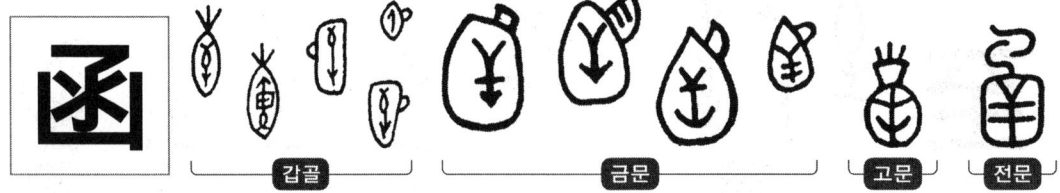

#hán – 케이스, 편지

화살집의 형상을 본뜬 글자이다.

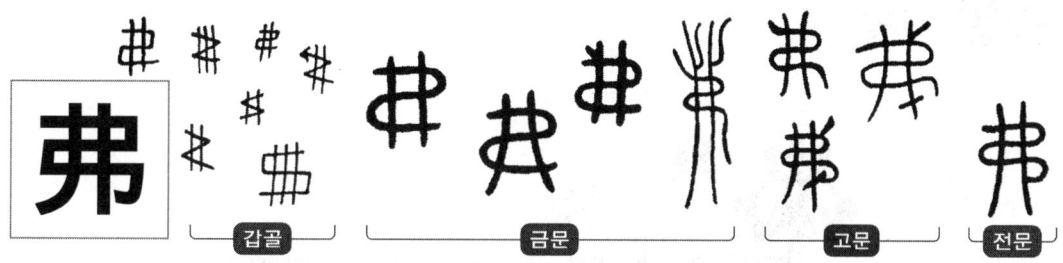

#fú – 아니다   휘거나 틀어지지 않게 하려고 여러 개의 화살대를 줄로 묶어 둔 것을 나타낸다.

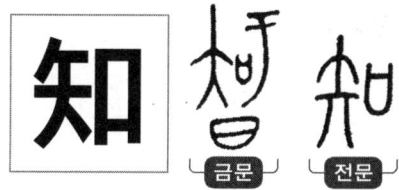

#zhī – 알다, 지식   矢와 口가 결합한 회의자로, 화살을 쏠 때의 소리를 나타낸다.

#jí – 질병, 혐오하다, 빠르다   화살에 맞은 사람의 형상을 본뜬 글자로, 질병에 걸린 사람이란 의미로도 사용되었다.

깃발 Flag

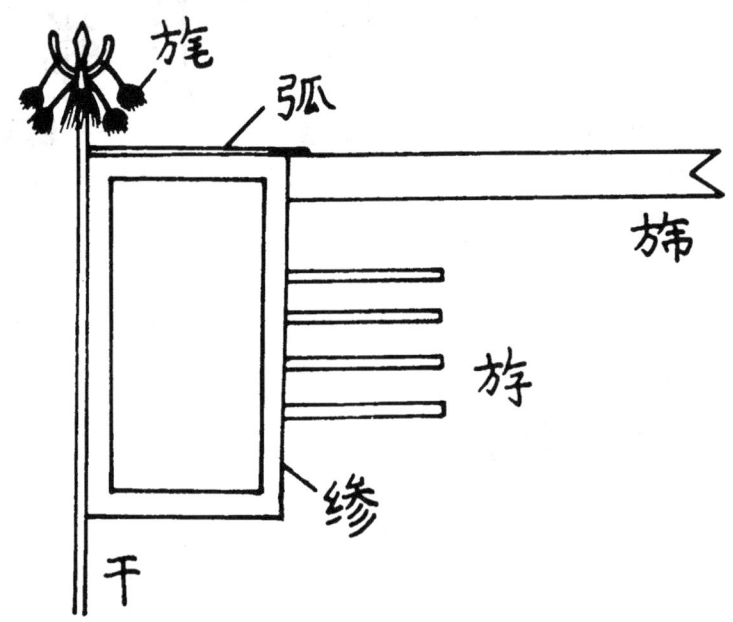

상주 시기 깃발의 설명도이다.

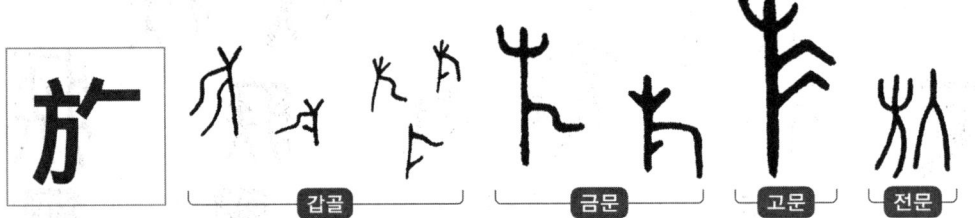

yǎn – 기를 접다 (고대어)

고대 깃발의 형상을 본뜬 글자이다.

yóu – 깃발에 달려 있는 얇은 술

남자가 깃발을 잡고 있는 형상을 본뜬 글자이다.

旅

lǚ – 여행, (군대의) 여단, 병력

여러 명의 사람이 깃발 아래에 모여 있음을 나타낸다.

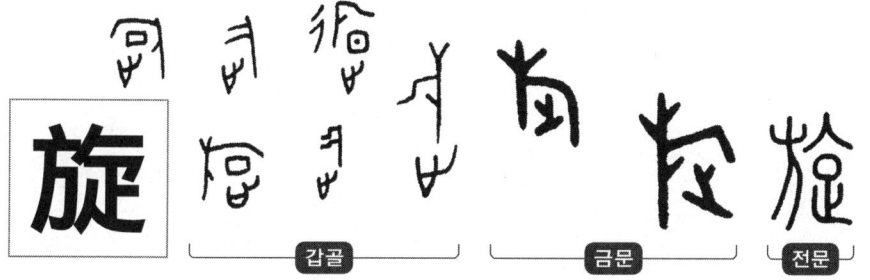

旋

xuán – 돌아오다, 동그라미

휘날리는 깃발을 들고 돌아오는 전사를 나타낸다.

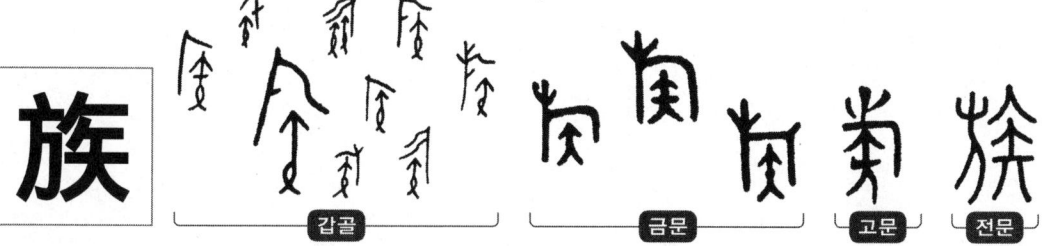

族

zú – 가문, 인종, 공통된 특징을 가진 계층

깃발과 화살의 결합으로 씨족이 깃발 아래에 결집되어 있음을 나타낸다.

전쟁의 출현

2. 국가와 전쟁
Nation and Warfare

#fù – 아버지

돌도끼를 들고 있는 손의 형상을 본뜬 글자이다.

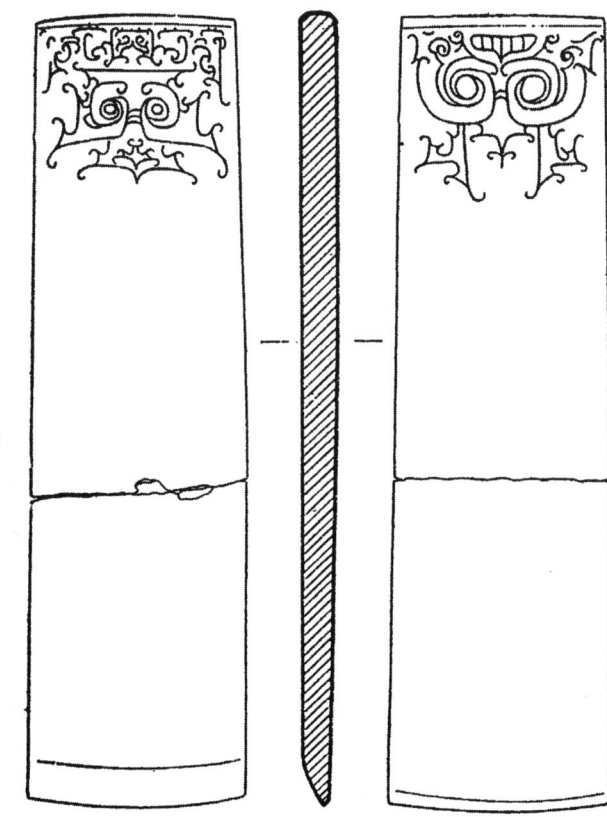

옥으로 만든 도끼 및 도끼에 음각으로 새겨진 문양이다. 산동 일조 양성진(山東 日照 兩城鎭)에서 출토되었으며 용산(龍山)문화에 속한다. 길이는 18cm, 위쪽 너비는 4.5cm, 위쪽 두께는 0.85cm, 아래 너비는 4.9cm, 아래 두께는 0.6cm이다.

图二 石 锛 (1/2)

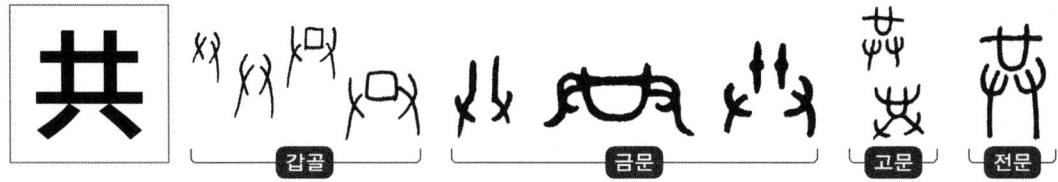

#gòng – 함께, 공통의, 전체, 공유하다

두 손으로 제물 같은 귀한 물건을 받들어 바치는 것을 나타낸다.

도기에 새겨진 共이다. 지금으로부터 약 2천 년 전에 제작된 것으로 용산문화에 속한다.

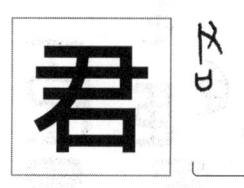  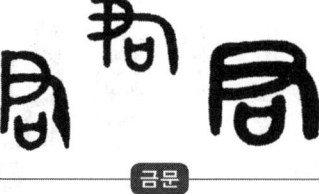 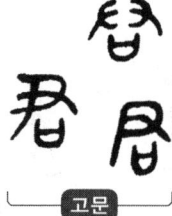 

#jūn – 왕

손에 지휘봉을 잡고 명령을 내리는 것을 나타낸다.

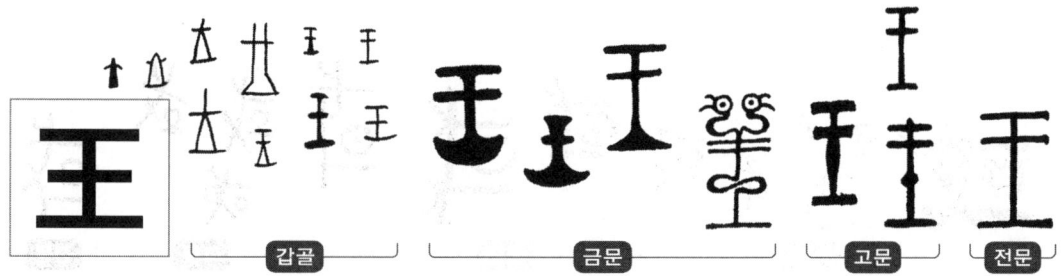

#wáng – 왕, 성씨

청동 도끼의 모양을 본뜬 글자이다.

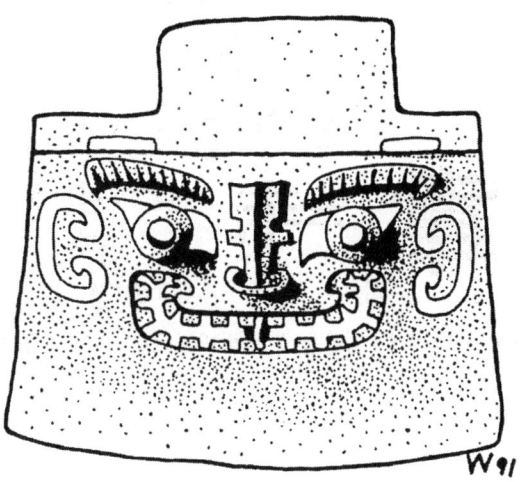

상나라 때 청동기로 만든 큰 도끼(大鉞)로 나귀의 머리를 본떴다.

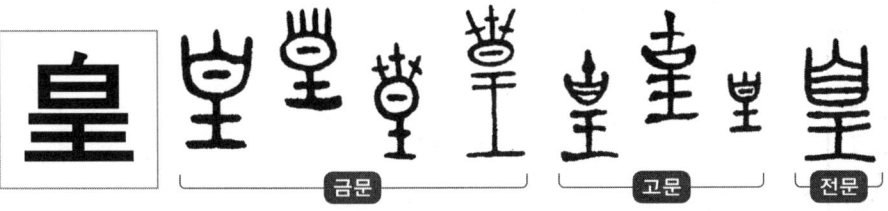

\# huáng – 황제, 주권   글자의 윗부분은 왕관을 본뜬 것이고 아랫부분인 王은 의미를 나타내는 형부이다.

\# chén – (봉건 시대의) 신하, 인정하다, 충성하다   허리를 굽혀 절하는 사람의 눈을 나타낸다.

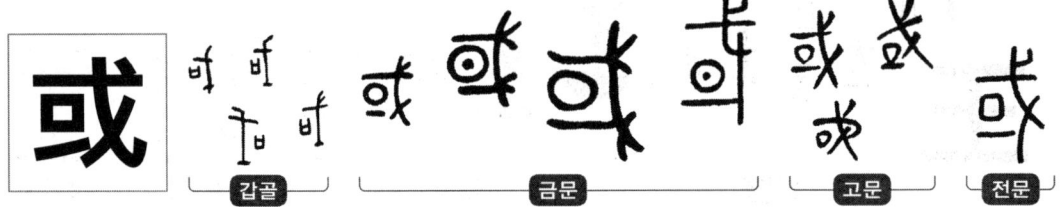

\# huò – 또는, 아마도, 누군가   或자 중에 口는 성읍의 형상이고, 戈를 더하여 성을 지킨다는 뜻을 나타낸다. 갑골문에서 或과 國은 같은 문자였다.

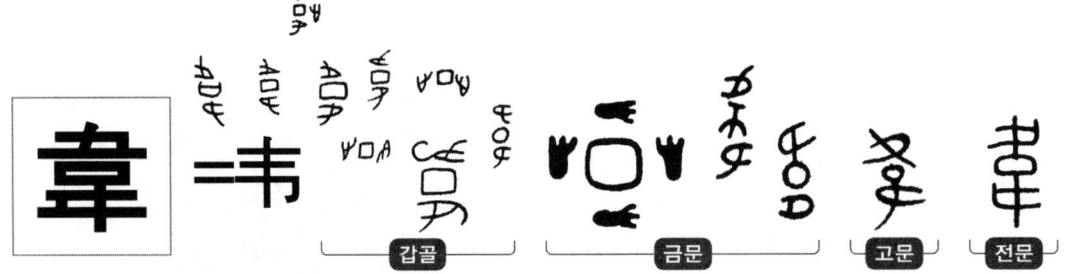

\# wéi – 가죽, 성씨   성읍 주위의 발자국을 본떠 성읍 주위를 순찰하고 호위한다는 뜻을 나타낸다.

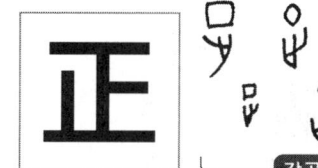 

zhèng − 올바른, 적절한, 바로 잡다, 정확히

正은 止를 형부로 삼고 있으며, 상단의 가로획은 본래 성읍을 나타내던 네모 형태가 변화된 것이다. 正은 征의 본자로 성읍을 정벌함을 나타낸다.

fá − 기진맥진한, 피곤하다, 부족하다

正을 거울에 비추었을 때 거울에 비치는 상에서 유래하였다. 즉 乏자는 正자의 좌우가 바뀐 모습이다.

 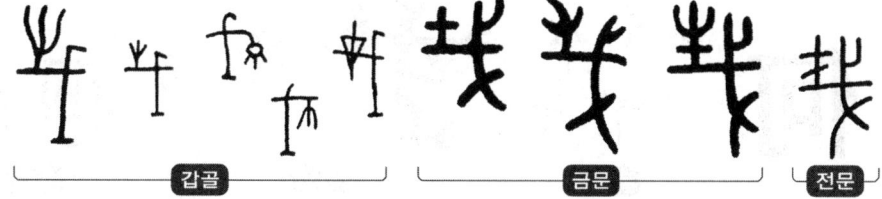

zāi − 재난, 상처(고대의)

머리카락이 남아있는 머리 가죽을 창에 묶어 적에게 도전하는데 쓰였다. 아메리칸 인디언에게도 적의 두피를 벗겨 전리품으로 삼는 풍습이 있었다고 한다.

 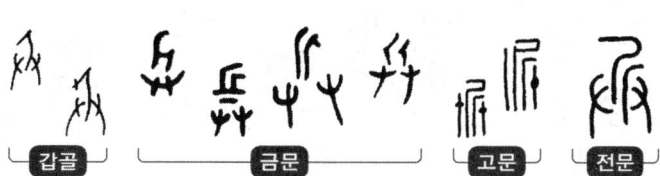

bīng − 군대, 군인

두 손으로 도끼를 잡고 있는 형상이다.

전쟁의 출현 239

 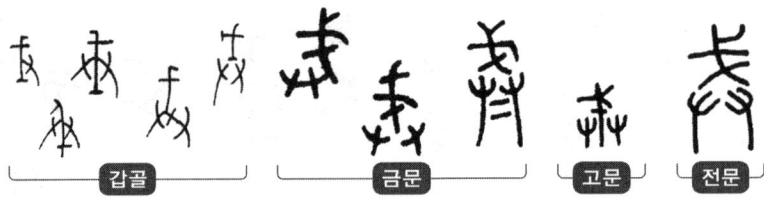

jiě — 저항하다, 훈계하다, 경고하다, 포기하다

두 손으로 창을 잡고 경계하고 있는 형상이다.

 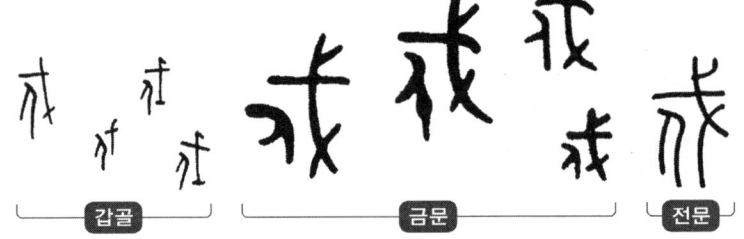

#shù — 요새, 국경을 보호하다

사람이 창 아래에 서 있는 형상으로, 수비 하는 것을 나타낸다.

  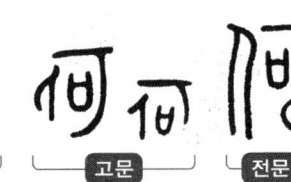

#hé — 무엇, 어떻게, 왜(문어), 성씨

사람이 창을 짊어진 형상이다.

   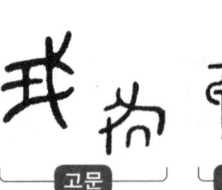

#róng — 군사, 성씨

병사들이 손에 창과 방패를 쥐고 있는 모습을 본뜬 글자이다.

▶ 한나라와 오랑캐 군사들이 다리 위에서 싸우는 것을 묘사한 것으로, 산동성(山東省)에서 발견된 돌무덤 입구에 새겨진 것을 탁본한 것이다.

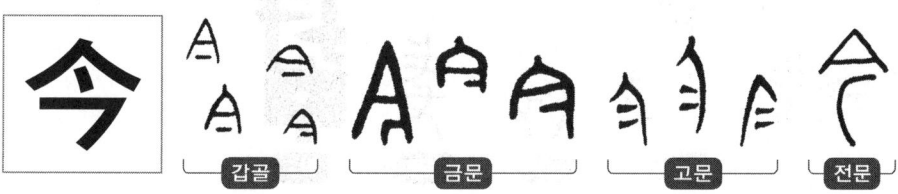

#jīn – 오늘

고대의 종 모양을 본뜬 글자로, 글자 아랫부분의 짧은 획은 종의 추를 나타낸다.

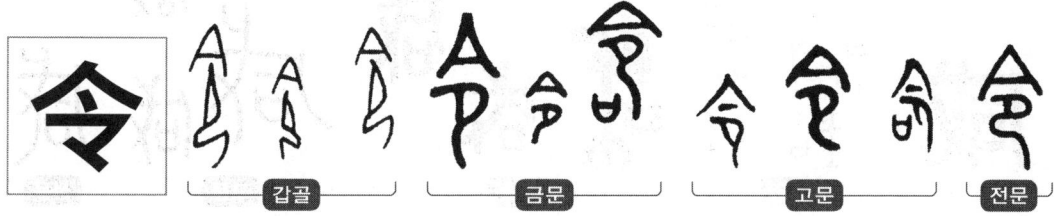

lìng – 명령하다, 법률

사람이 종 아래에 무릎을 꿇고 명령을 따르는 형상이다.

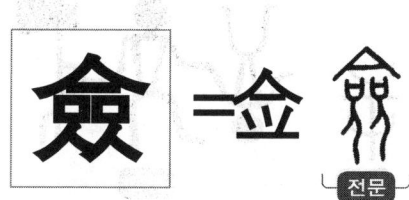

#qiān – 만장일치의

많은 사람이 종소리를 듣고 모인다는 뜻을 나타낸다.

전쟁의 출현 241

#wǔ-군사, 성씨　武는 戈와 止가 결합한 회의자로 무력을 나타낸다.

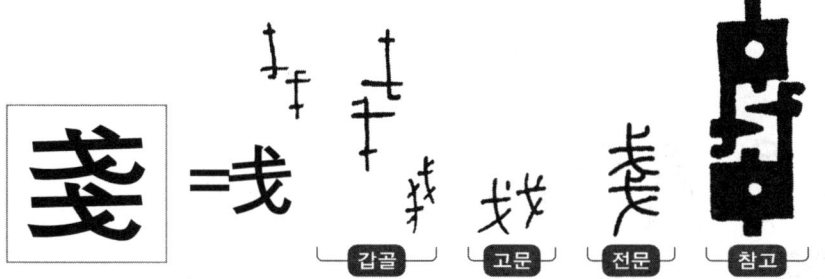

#jiān-작은　두 개의 창이 서로 마주하는 형상으로 殘의 초기문자이다.

#xián-모두, 성씨　戌과 口가 결합한 회의자이다.

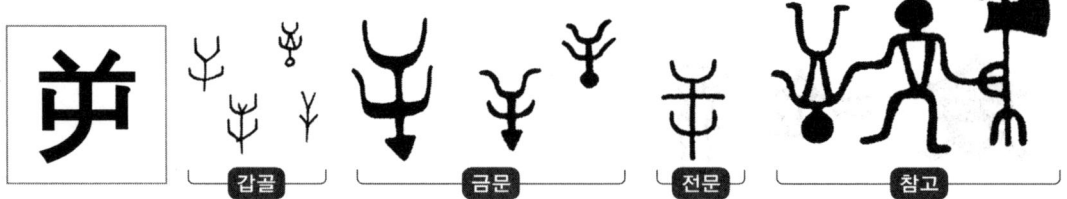

#nì-逆의 고대어, 반대되다, 저항하다, 반대의　거꾸로 서있는 사람의 형상을 본뜬 글자이다.

伐

| 갑골 | 금문 | 고문 | 전문 |

#fá—죽이다, 토벌군
을 보내다

창으로 적을 공격하여 찔러 죽이는 형상이다.

3. 포획과 포로
To the Victor Go the Spoils

孚

\# fú – 자신감을 불어 넣다, 믿다

손으로 아이를 포로로 잡는 형상이다.

取

\# qǔ – 가지다, 얻다, 쟁취하다

손으로 귀를 잡고 있는 형상으로, 고대 중국에서는 전쟁 시 적의 왼쪽 귀를 잘라 취하고 그 수를 헤아려 공로를 나타냈다.

印

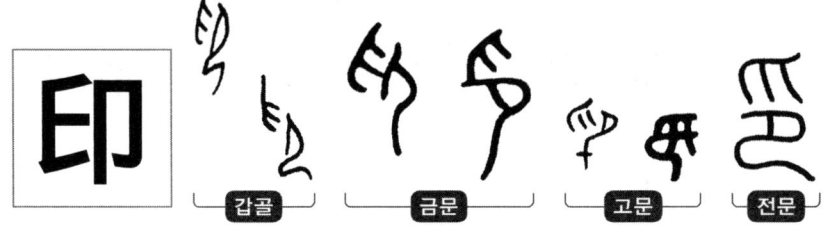

\# yìn – 인쇄하다, 도장, 마크

손으로 전쟁 포로를 제압하는 것을 나타낸다.

及

\# jí – 도달하다, 제때에

손으로 사람을 잡는 형상을 본뜬 글자이다.

#jiā – 양쪽에서 누르다, 클립으로 고정하다, 끼다

한 사람이 양쪽 겨드랑이에 작은 사람 두 명을 끼고 있는 형상을 본뜬 글자이다.

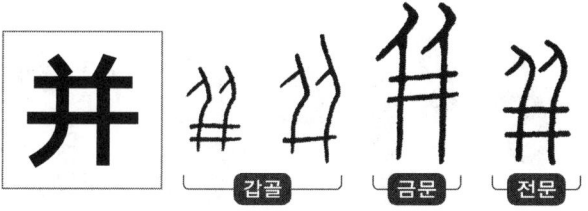

bìng – 나란히, 그리고, 결합하다

포로 두 명의 다리를 함께 묶은 것을 나타낸다.

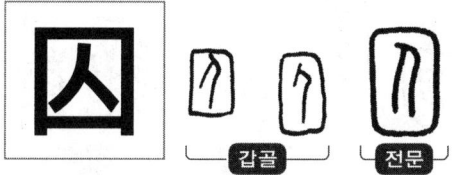

#qiú – 감금하다, 죄수

감옥에 갇힌 죄수의 형상을 본뜬 글자이다.

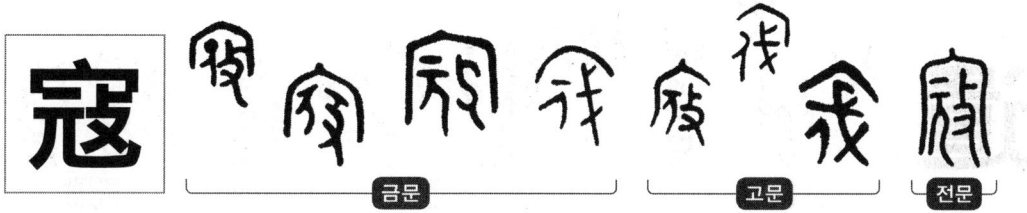

#kòu – 침입자, 침략하다

손에 몽둥이를 들고 방에 들어가 사람을 공격하는 형상을 본뜬 글자이다.

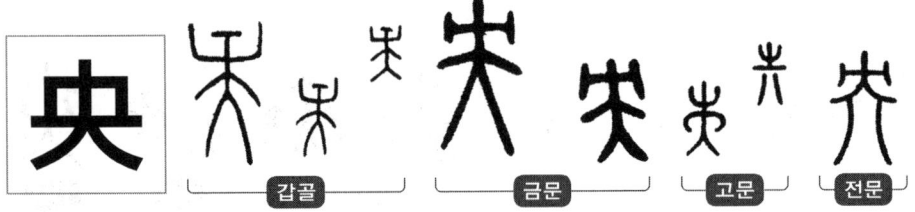

yāng – 간청하다, 중심, 끝

목에 형틀을 씌운 사람의 형상이다.

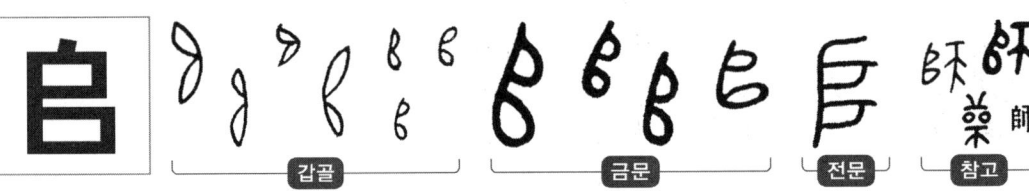

duī – 师의 고어, 군대, 분할

한 쌍의 고환을 묘사한 것으로 일반적으로 엉덩이를 그린 것으로도 해석된다. 중국 고문서에서 사용된 부호에 따르면 이 문자는 기관, 요새, 군역과 같은 특정 군사적 업무를 나타낸다.

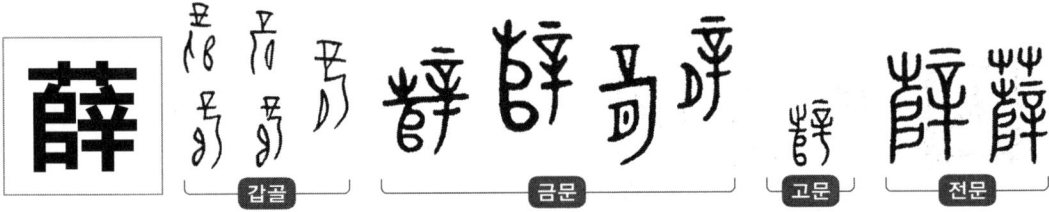

xuē – 성씨

칼로 포로의 고환을 자른다는 뜻이다.

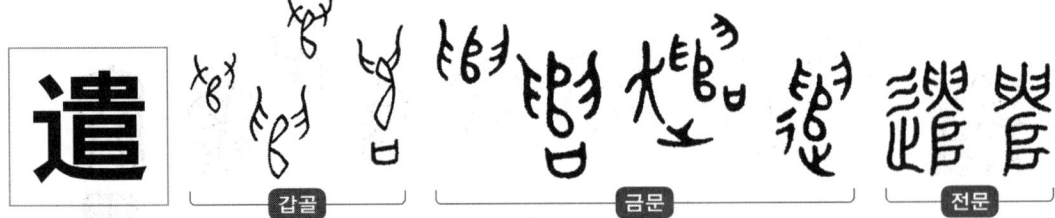

qiǎn – 보내다, 없애다, 축출하다

두 손으로 고환을 잡아 바치는 것을 나타낸다.

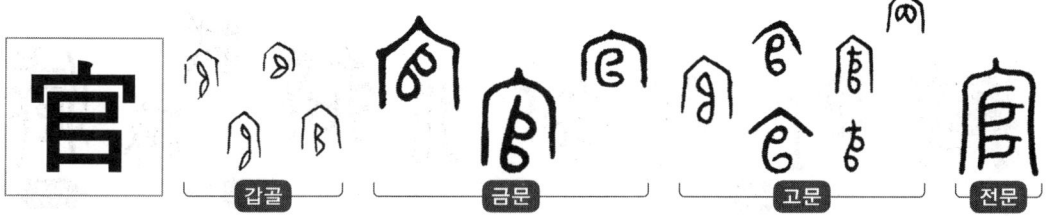

guān – 임원, 공식의, 기관

￼과 自을 결합한 글자로, 행군 중에 잠시 쉬어가는 관사를 나타낸다.

xiàn – 군(행정단위)

적의 머리가 나무에 걸려있다. 여기에서 눈은 머리를 나타낸다. 적의 머리를 나무에 걸어놓고 공개적으로 대중이 보게끔 하여 본보기로 삼는 것을 나타낸다.

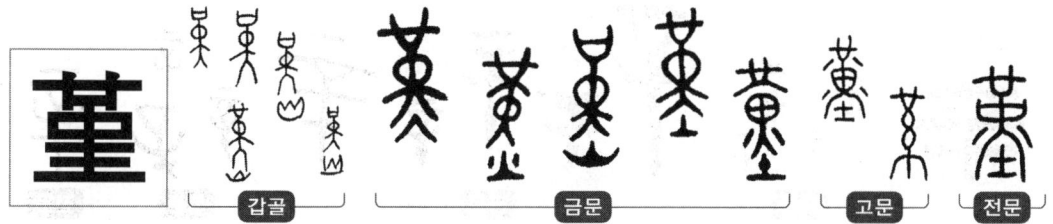

jīn – 오로지

전쟁 포로를 희생물로 삼아 불로 태워 제물로 바치는 것을 나타낸다.

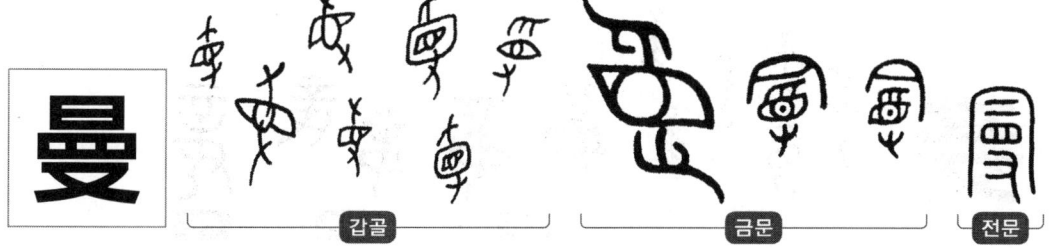

màn – 장기적인, 우아하다

두 손으로 눈을 벌리는 형상을 본뜬 글자로, 고대 형벌의 일종이다.

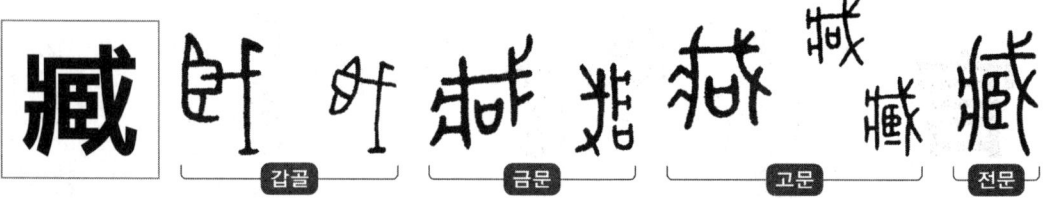

#zāng — 좋다, 바르다　창으로 눈을 찌르는 것을 나타내며, 이는 고대 형벌의 일종이다. 후에 臣이 추가되어 포로를 잡는다는 의미로 쓰였다.

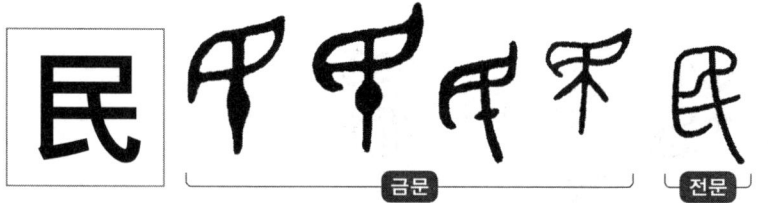

mín — 사람, 민속, 민간인　바늘로 눈을 찔러 눈을 멀게 하는 고대 형벌의 일종이다.

xīn — 고통, 힘든, 날카로운　아마도 칼의 한 종류로 보이는 고대 고문 도구의 형상이다.

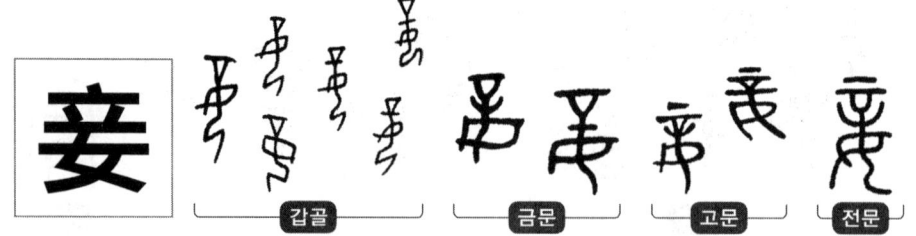

qiè — 첩　형벌을 받고 있는 여성 포로 혹은 노예를 나타낸다.

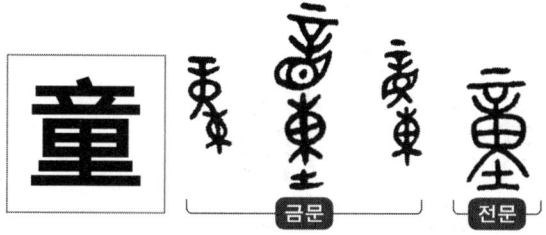

#tóng — 아이, 처녀, 성씨

辛이라는 형구로 눈을 찌르는 것을 나타낸다.

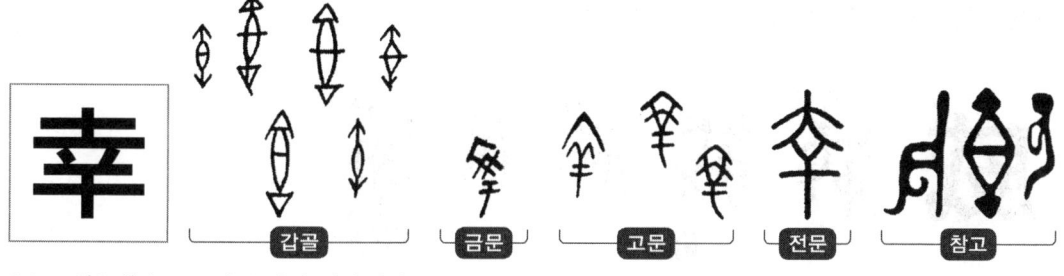

#xìng — 행운, 성씨

고대 수갑의 형상이다.

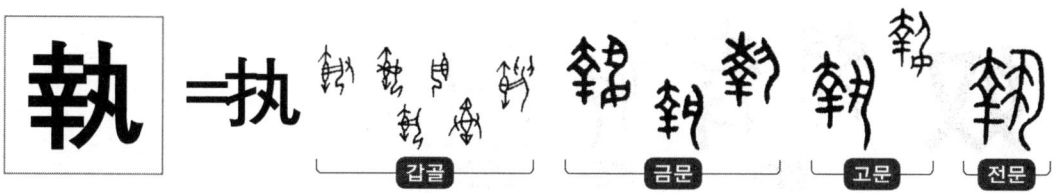

#zhí — 손에 잡다, 수행하다

수갑을 차고 있는 사람의 형상을 본뜬 글자이다.

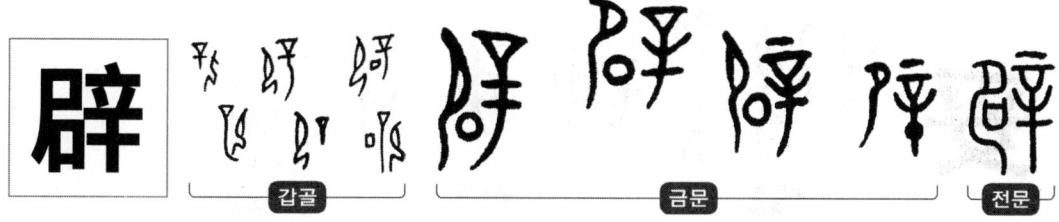

#pì — 처벌, 법, 자본

날카로운 칼로 고문 당하는 죄수를 나타낸다.

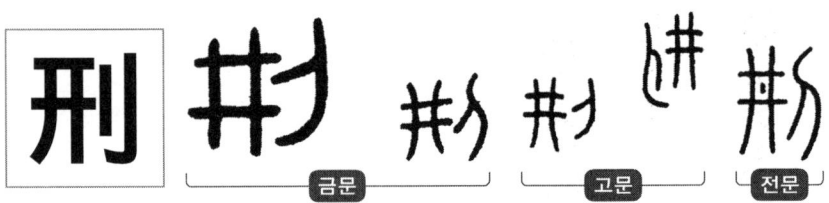

\#xíng – 벌

刑에서 刂는 본래 井이었으며, 칼에 베인 상처를 나타낸다.

아래의 한자들은 고대 약탈혼 풍습을 반영하고 있다.

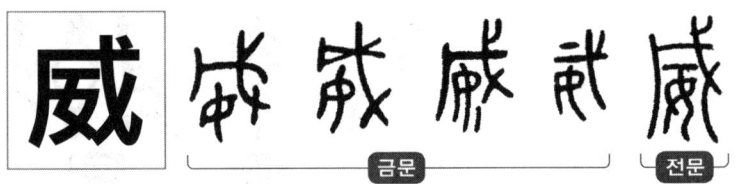

\# wēi – 위력, 위협하다

도끼 아래에 무릎을 꿇고 있는 여성을 나타낸다.

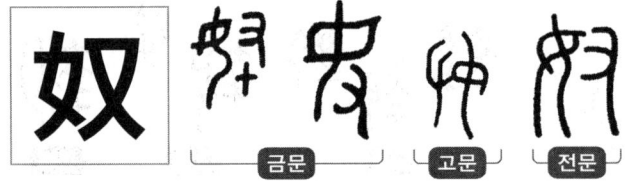

\#nú – 노예

손으로 여자를 잡고 있는 형상을 나타낸다.

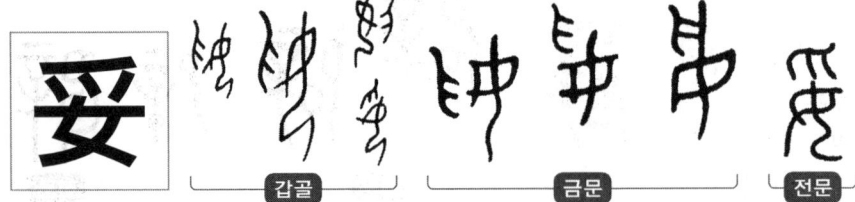

\# tuǒ – 타당하다, 적절하다

손으로 여자를 짓누르는 형상을 나타낸다.

#mǐn - 민첩한   긴 머리카락의 여자를 약탈하는 형상을 본뜬 글자이다. 攴을 형부로, 每를 성부로 삼아 결합한 형성자로 '민첩하다'는 뜻으로도 해석한다.

#qī - 아내   여성의 긴 머리카락을 손으로 움켜잡는 형상이다.

#lóu - 성씨   두 손으로 포로가 된 여자를 잡고 있는 형상이다.

Chapter 7

신화에서 문화로

역주

고대 중국인의 심미 수준은 어떠했을까? 그들은 다양한 악기를 만들고 곡을 연주하였으며 도자기를 만들고 그 위에 각종 사유체계를 반영하는 그림을 그려 넣었다. 제정일치(祭政一致) 시대에 위정자는 보통 사람과 다른 옷을 입고 분장을 함으로 보통 사람에게 경외심을 불러일으켰고, 정인(貞人)이라 불리던 점쟁이는 국가의 중대사나 왕의 일상에 대해서 점을 쳤고 그 내용을 갑골문으로 기록하였다. 또한, 하늘신과 각종 자연신, 그리고 선왕과 선공에게 다양한 희생물을 써서 제사를 지냈으며, 제사의 규모 역시 상당히 거대하였음을 알 수 있다.

본 장에서는 고대 중국인의 원시 예술과 인체 예술, 그리고 점복과 제사와 관련된 한자를 살펴봄으로써 고대 중국인의 심미의식을 살펴보고자 한다.

1. 원시 예술 Primitive Art

고고학적 발견에 따르면, 초창기 중국인은 오늘날의 원주민처럼 신과의 소통을 간절히 추구했다. 그들은 즐거움을 위하는 것만큼이나 신의 축복을 받기 위해 자신의 이를 뽑고 문신을 하며 가면을 쓰고 춤을 추었다. 또한, 종교의식은 토템 축제를 위해서 혹은 사냥과 추수에 주술적인 효능을 보기 위해 행해졌다. 고대 중국인의 원시 예술은 그들의 춤, 음악, 수공예, 종교의식과 주술에 나타난다. 본 장에 나오는 글자는 중국 신석기 문화와 예술에 담긴 경이로움을 보여준다. 후에 중국 청동기시대에 이러한 종교의식은 희생물을 바치는 복잡한 의식으로 대체되었다.

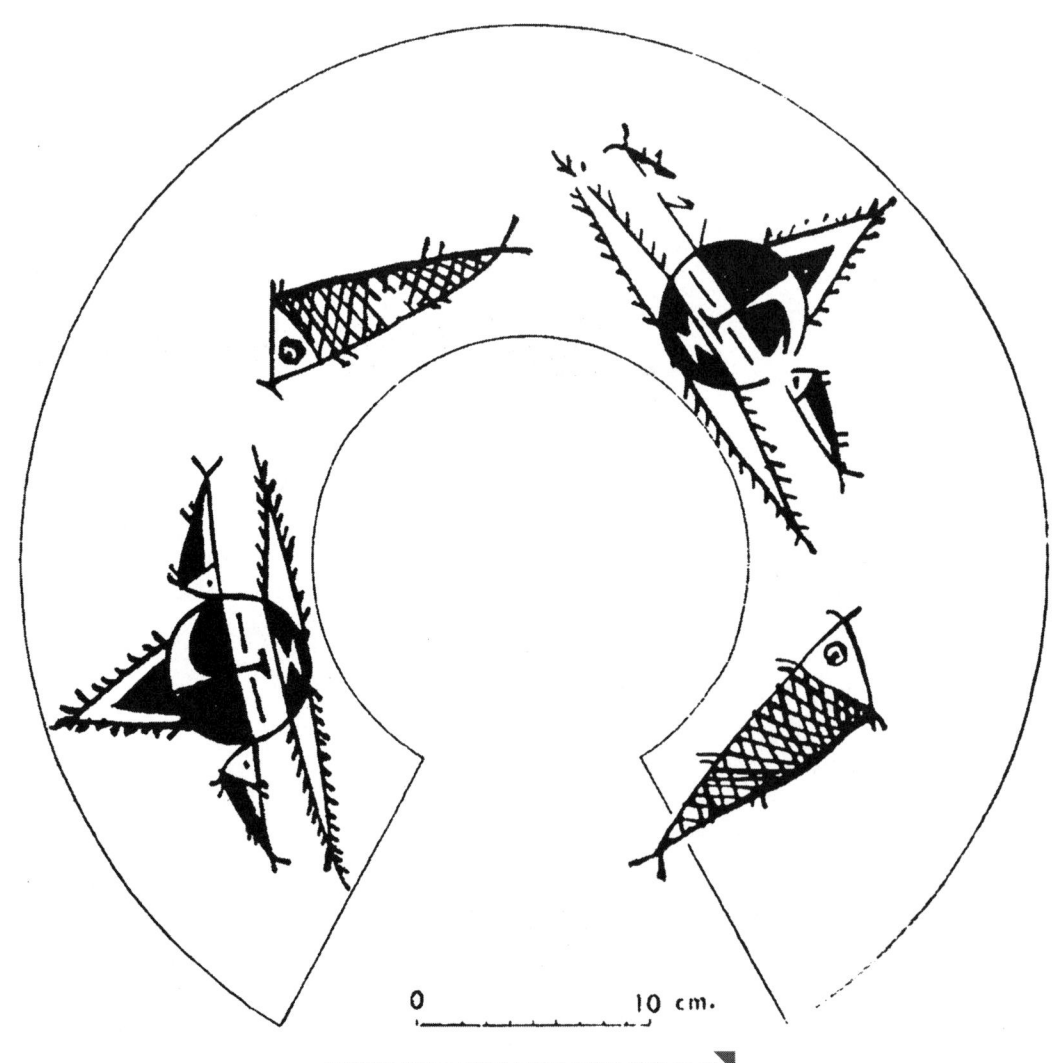

반파에서 발견된 도기에 그려진 그림의 평면도로 얼굴은 사람이나 몸통은 물고기인 그림이다.

신석기 도기 문화 Neolithic Pottery Culture

도기의 사용은 신석기 사회의 특징이다. 다음의 글자들은 중국의 신석기 도기문화를 나타내며, 유명한 앙소 채도 문화와 몇몇 전형적인 중국의 질그릇을 포함하고 있다.

#wū - 샤먼, 마법사

이 글자는 五에서 유래했다. 서안(西安) 근처 반파의 넓은 신석기 유적지에서 나온 채색도기는 1953년과 1959년에 그 주거지 유적이 대략 B.C. 5000년경의 것으로 추정되자 큰 주목을 받았다. 몇몇 제기들은 다양한 문양들이 그려진 채로 발견되었다. 사람 얼굴과 물고기가 혼합된 도안들은 그 문양 중 가장 흥미로운 것이다. 얼굴 도안은 도기 대야의 만곡부 가장자리 안쪽 벽에 나타난다. 이 도안들은 약간 미묘한 차이가 있지만 입 모양이 일치한다. 입의 윤곽은 선사시대 五의 형태이다. 초창기 중국인이 이 얼굴을 설계하고 'wu(마법사)'라고 불렀을 때, '마법사'라는 뜻의 글자 巫는 만들어지지 않았고, 그래서 마법사를 나타내기 위해 숫자 五를 빌려 썼다. 五를 입에 올려놓으면 '나는 마법사다'라고 말하는 것처럼 보인다. 후에 五의 고대 자형이 45도 회전하여 巫라는 글자가 생겨났다.

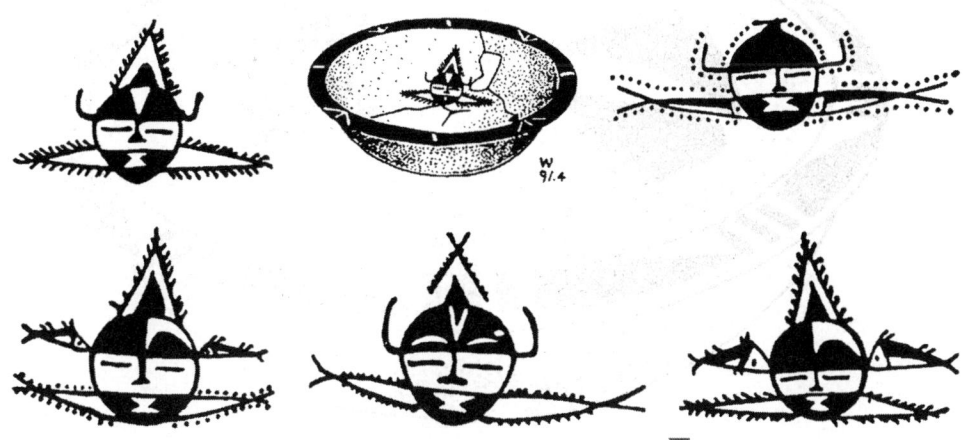

반파에서 출토된 도기로 인면어(얼굴은 사람이고 몸통은 물고기)가 그려져 있다.

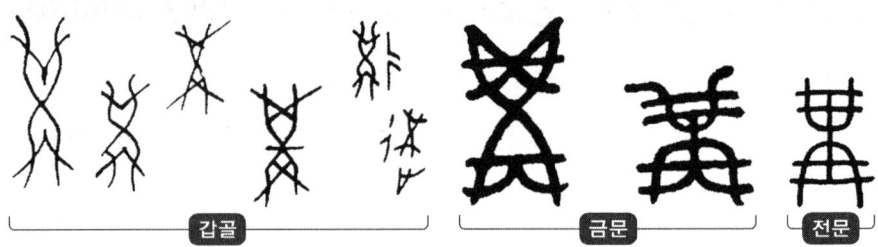

gòu — 構의 고대어, 구성하다

입과 입을 맞댄 물고기 두 마리의 형상을 본떴다. 중국 채도 예술에서 물고기 두 마리의 도안은 여성의 음부를 상징한다. 채도의 인면어 문양 중에는 물고기 두 마리의 형상도 있다. 선사시대에는 아마 알이 많은 물고기를 숭배하는 방식으로 여자의 다산을 기원한 것 같다. 일설에는 두 개의 대나무로 짠 그릇이 맞대어 있음을 본떴다고 한다.

▶ 물고기와 개구리가 그려진 도자기로, 앙소문화에 속한다.

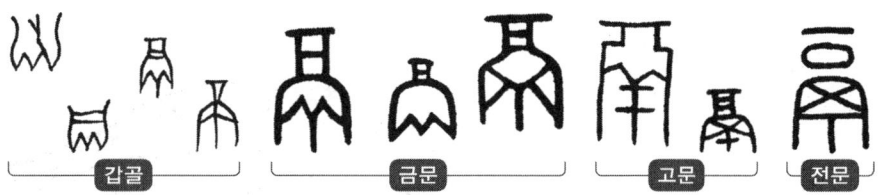

#II-력(가마솥)

鬲은 중국 고유의 신석기시대 도기이다. 鬲을 기초로 하여 중간이 빈 유방 형태의 세 발을 기본 특징으로 하는 도기 계열이 발전하였다. 만약 우리가 鬲을 유럽석기시대의 '비너스 상'과 비교한다면, 鬲이 더욱 추상적이고 과장되어 있으며 표현력을 갖춘 인체 예술품임을 알 수 있다. 이런 도기에는 어쩌면 선사시대 여성 숭배의 비밀이 간직되어 있을지도 모른다.

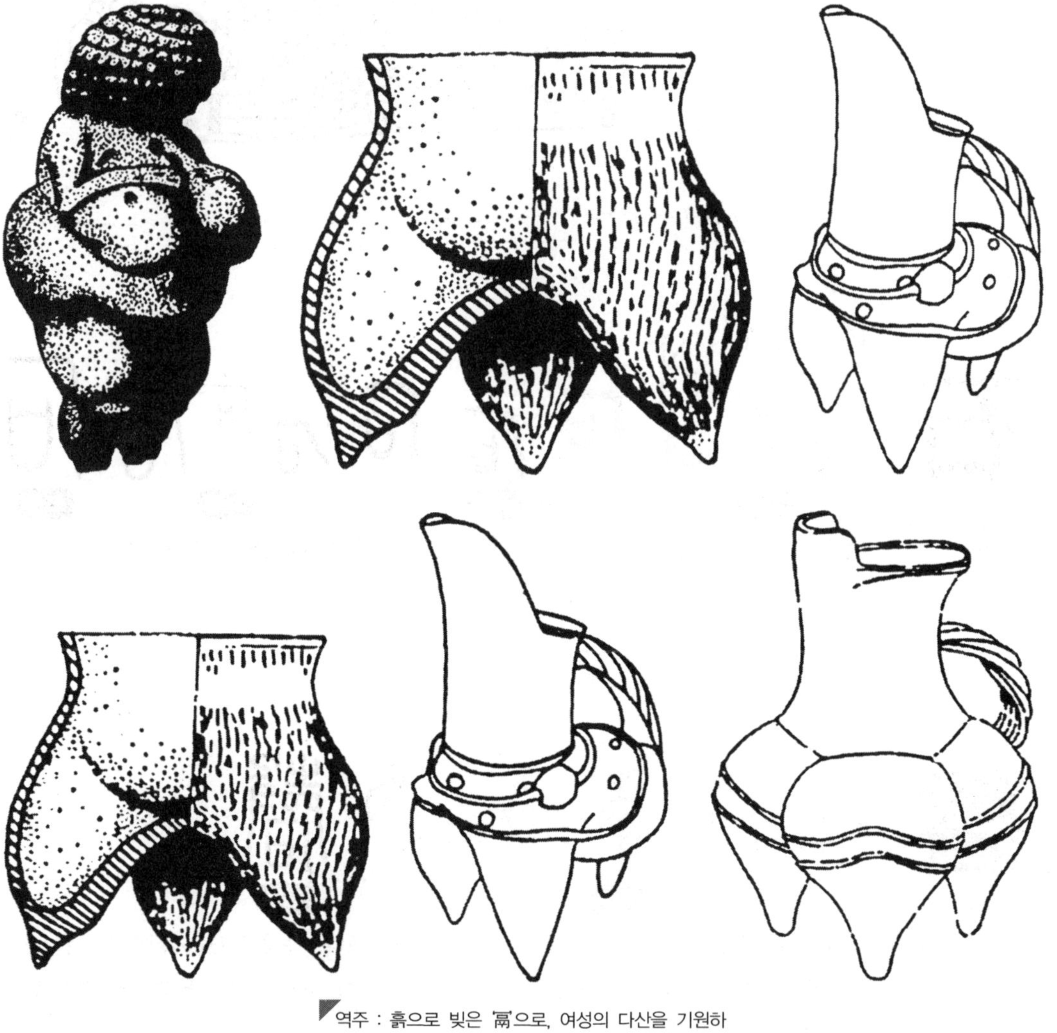

▼ 역주 : 흙으로 빚은 '鬲'으로, 여성의 다산을 기원하는 뜻으로 풍성한 여성, 혹은 풍만한 여성의 하체를 본떠 빚었다.

신화에서 문화로 261

중국인이 부른 노래 What Song the Chinese Sang

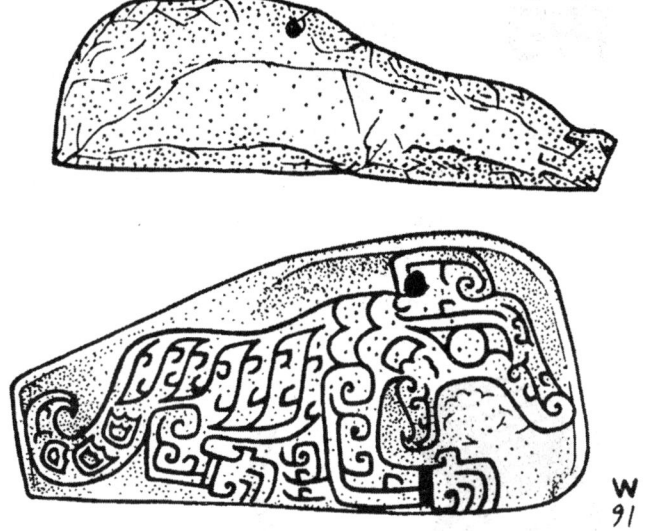

위: 타제로 제작된 악기의 일종인 석경(石磬)이다. 산서 양분(山西 襄汾)에서 출토되었으며 용산문화에 속한다.
아래: 상나라 때 제작된 호랑이 문양이 새겨진 석경(石磬)이다.

#shí-돌   고대 악기인 석경(石磬)의 모양을 본떴다. 口는 석경이 내는 소리를 나타낸다.

#qìng-경, 돌종   손에 채를 쥐고 경쇠 또는 돌종을 치는 것을 나타낸다. 아래의 石은 후에 추가된 것이다. 이 악기는 고대와 신석기시대에 가지각색의 음이 높이를 가진 돌종이었지만, 원래는 하나의 돌로만 이루어졌다.

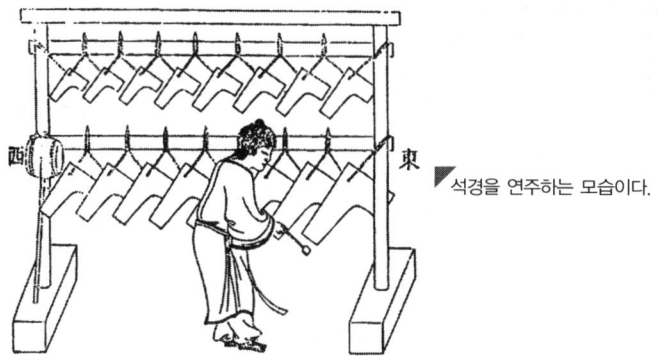
▸ 석경을 연주하는 모습이다.

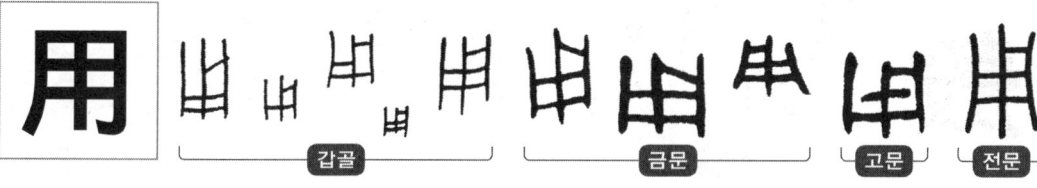

yòng – 사용하다, 쓰다, 필요하다, 경비

선사 시대 대나무 마디를 연결한 대나무 통의 모양을 본뜬 것 같다. 대나무 통은 쳐서 소리를 내는데 사용했다.

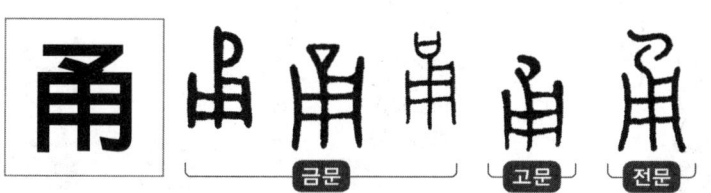

yǒng – 청동 벨

걸 수 있도록 손잡이에 고리를 단 고대 종의 형상이다.

▸ 편종(編鐘)을 연주하는 모습으로 한나라 때 만들어진 돌에 새겨져 있다.

신화에서 문화로 263

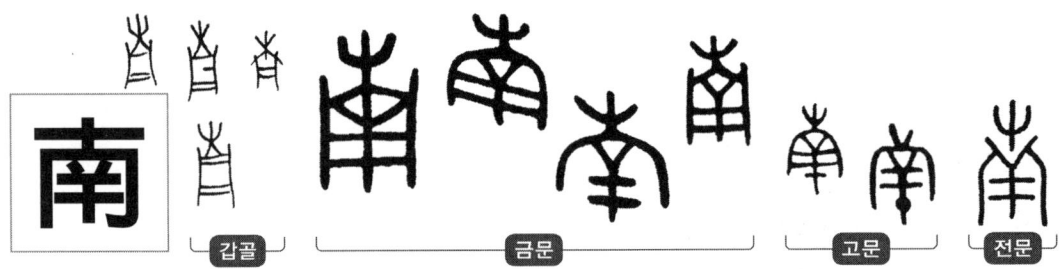

南

#nán – 남쪽

매달려 있는 고대의 타악기를 본떴다. 후에 방위를 나타내는 글자로 가차되었다.

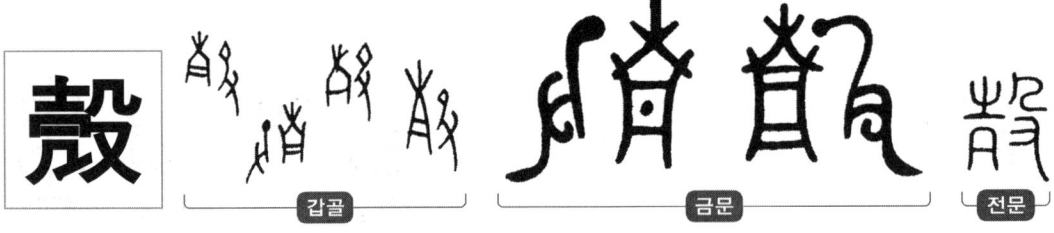

殼

ké – '殼=壳'의 고대어, 껍질

손에 채를 쥐고 타악기를 연주하는 모양을 본떴다.

#zhù – 고대 문자

세워 놓고 치는 북의 형상을 본떴다. 즉 세워두고 양쪽에서 치는 북으로, 북의 아래에는 받침대가 있고 나무기둥이 북통을 통과하며 나무기둥의 윗쪽에는 많은 장식이 있다.

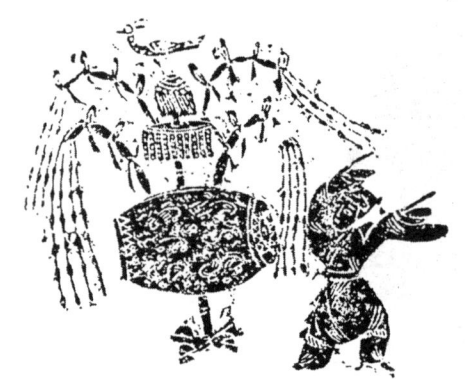

한나라 때의 그림이 그려진 돌(좌측)과 벽돌(우측)로, 북을 치고 있는 모습을 그렸다.

 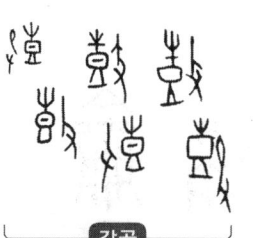  

#gǔ — 북

손에 북채를 쥐고 북을 치는 모양을 본떴다.

 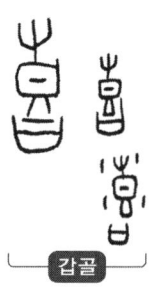 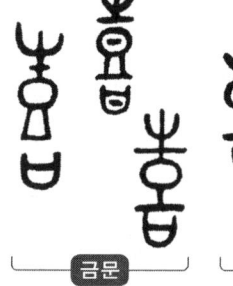 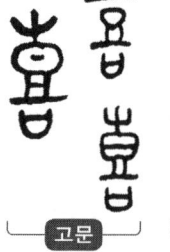 

#xǐ — 행복, 즐거움, 좋아하다, 행복한(결혼과 관련된)

세워 놓고 치는 북과 그 받침대의 형상을 본뜬 글자이다.

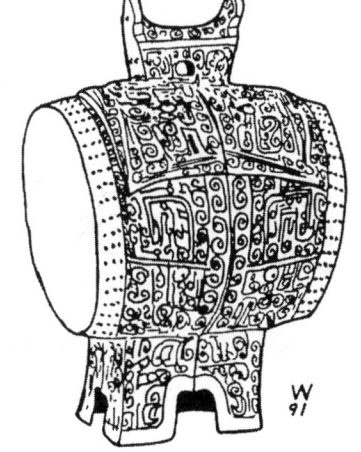

상나라 때 제작된 청동으로 된 북이다.

#péng — 성씨

북소리를 나타낸다.

신화에서 문화로 265

 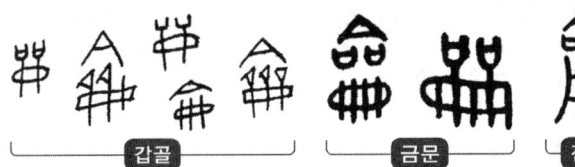

#yuè – 고대의 짧은 피리

길이가 다른 여러 개의 피리를 묶어놓은 배소(排簫) 또는 팬플루트의 모양을 본떴다.

뼈로 만든 피리이다. 신석기시대인 배리강(裴李崗) 문화에 속하며 하남성(河南省)에서 출토되었다. 이 피리는 함께 출토된 16개의 피리 가운데 가장 훼손이 적게 된 것이다.

#yuè – 음악

두 현이 널빤지에 묶인 현악기를 나타낸다. 윗부분의 중앙에 있는 白은 엄지손가락의 상형문자로, 후에 의미적 요소로 추가되었다.

qín – 치터(zither)와 비슷한 방법으로 뜯는 7현으로 된 악기, 악기류의 일반적인 이름

옛 거문고의 모양을 본떴다. 후에 추가된 今은 성부이다.

예술에서 나타나는 인체 The Body in Art

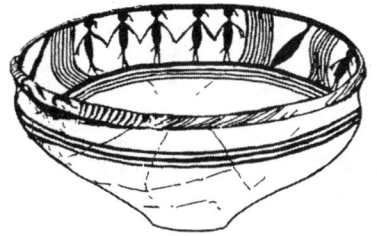

▼ 5천 년 정도 전에 제작된 도기로, 청해성(青海省)에서 출토되었다. 여러 명의 사람이 손을 잡고 춤을 추고 있는 모습이 그려져 있다.

   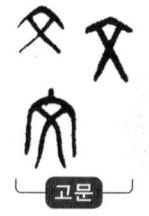 

갑골 / 금문 / 고문 / 전문

wén – 글, 글자, 대본, 언어, 문학의, 작문, 문화, 문민, 온화한

문신을 한 사람의 모양을 본떴다.

갑골 / 금문 / 고문 / 전문

wú – 아무것도 없다, 갖지 않다, 아니다

막대를 들고 춤추는 사람으로, 아마 소꼬리 두 개를 들고 있는 것 같다.

 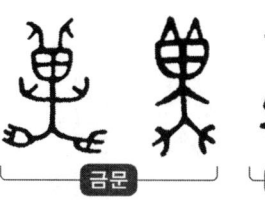 

금문 / 전문

jì – 바라다, 기대하다

가면과 뿔 장식을 쓰고 춤추는 사람의 모양이다.

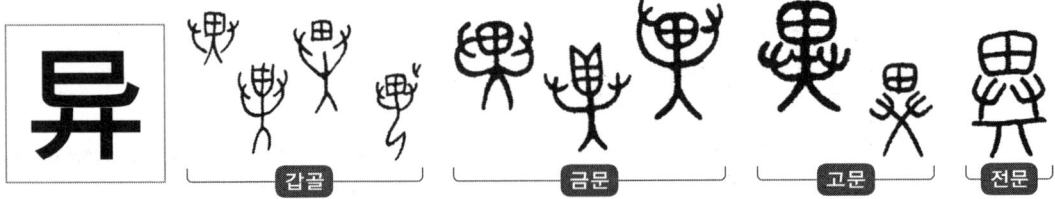

异
yì – 이상한, 다른, 으스스한

가면을 쓰고 춤추는 사람의 모습이다.

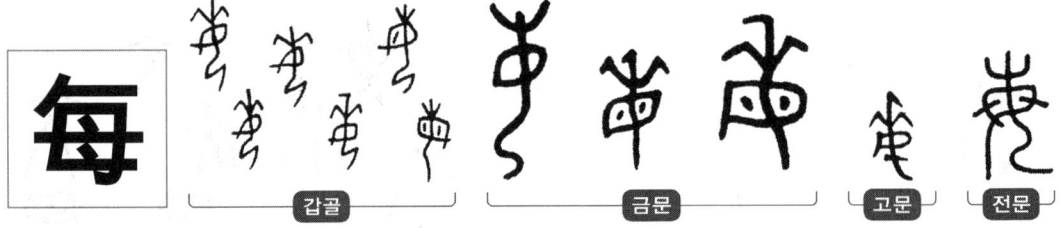

每
měi – 어느~나다, 매

깃털로 된 머리 장식을 한 여성을 나타낸다.

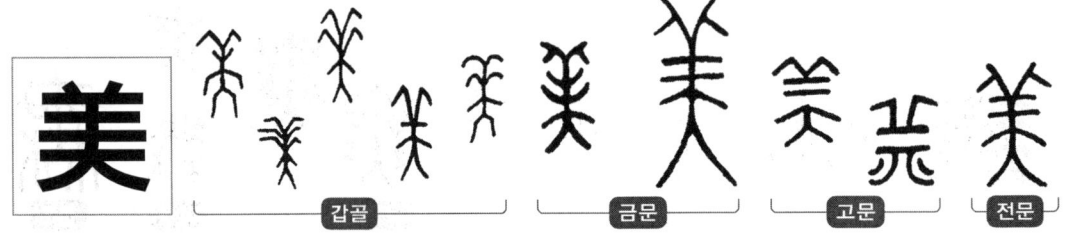

美
měi – 아름다움, 아름답다

깃털 장식을 쓴 남성의 모습이다. 아마도 한 부족의 추장인 것 같다.

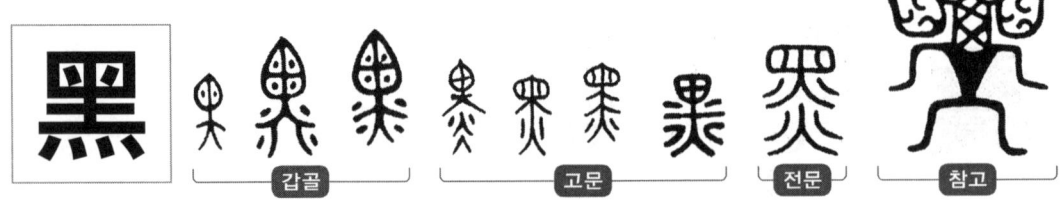

黑
hēi – 검다

얼굴에 가면을 쓰고 춤추는 사람의 모양을 본떴다.

lín — 磷의 고대 글자. 도깨비불, 인광

춤추는 사람의 모습을 본떴다. 이 글자는 또 '도깨비불'을 가리키는데 쓰인다.

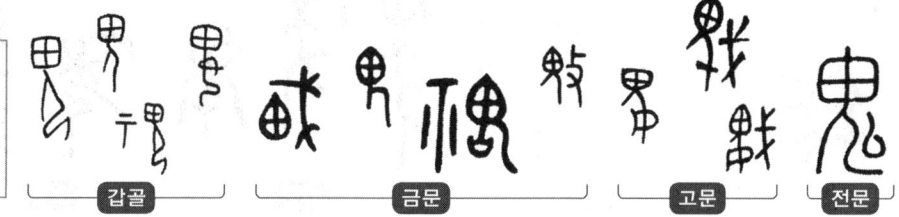
guǐ — 유령, 도깨비

가면과 꼬리 장식을 한 사람의 모습이다.

wèi — 공포, 경외

귀신 가면을 쓰고 막대기를 들고 춤추는 것을 본떴다.

다음 단어들은 아마 추수와 관련된 글자일 것이다. 초창기 중국의 남자, 여자 그리고 아이들은 벼로 머리 장식을 하고 춤췄다. 일반적으로 이러한 글자들은 禾와 결합한다.

#nián – 해, 시대, 작황   벼로 머리 장식을 한 사람을 본떴고, 풍년을 나타낸다.

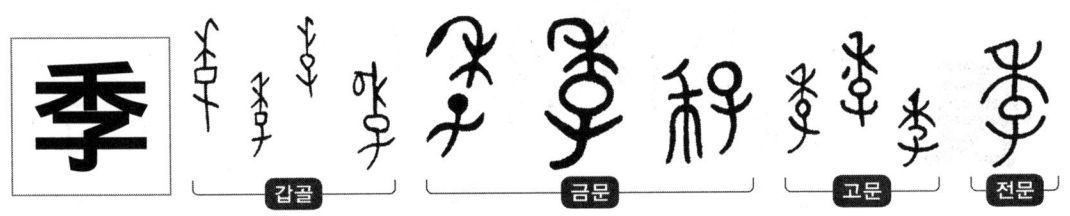

#jì – 계절   벼로 머리 장식을 한 아이를 본떴다.

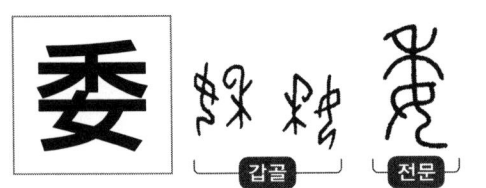

wěi – 끝(문어), 임명하다, 보내다   禾와 女의 결합으로 가차자이다.

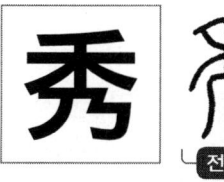

\# xiù — 섬세한, 연약하고 아름다운, 꽃이 피다

벼와 유방을 나타내는 상형자의 결합이다. 이 둘은 주술적인 효과가 있다고 여겨진다.

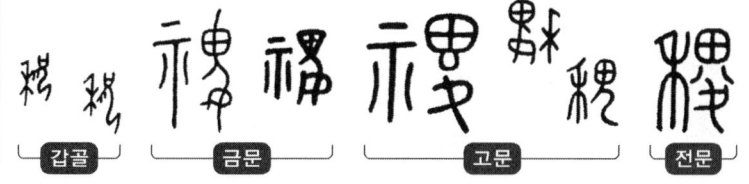

\# jì — 곡식의 신, 기장

사람이 벼 앞에서 기도하는 모양을 본떴다.

2. 점(占)과 제사
Divination and Sacrificial Offerings

점 Divination

미신은 고대 중국에서 일반적이었다. 그래서 초창기 중국인은 빈번하게 점을 쳤다. 그들은 제물을 바치는 시간, 전쟁 및 기우와 질병치료에 이르기까지 모든 것을 점의 결과에 의존했다.

점에 사용된 주재료는 소의 어깨뼈와 거북이의 복갑(배껍데기)이었다. 먼저 점술가는 점을 칠 때, 내용과 목적을 기록하거나 최소한의 표시를 한다. 그리고 이것을 소의 어깨뼈나 거북의 복갑 표면에 새겼다. 그런 후 뼈 또는 거북이 껍데기 뒤쪽이나 안쪽 표면에 구멍이 뚫리거나 새겨졌다. 그다음 움푹 꺼진 구멍에 열을 가했다. 뼈나 껍데기에 열을 가하면 '卜' 모양의 균열이 표면에 퍼져 나가는데 일단 균열이 생기면 주술사나 왕이 그럴 듯하게 읽는다. 점을 친 결과대로 사건이 일어났다면 또 그 내용을 새기기도 하였다.

이런 뼈와 껍데기는 갑골(oracle bones)이라 불렀고, 상대(商代)의 많은 고대유물이 약 100년 전 하남성에서 출토되었으며 1977년과 1979년에는 서주 시대의 많은 갑골이 섬서성(陝西省)에서 나왔다. 뼈와 껍데기 위에 새겨진 글자들은 갑골 비문(銘)으로 알려졌다.

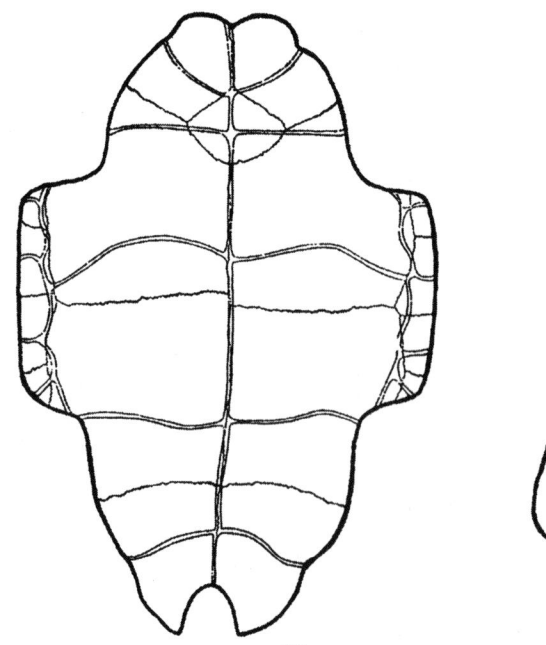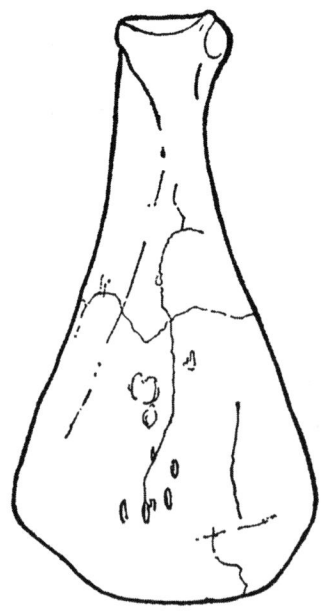

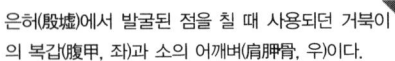
은허(殷墟)에서 발굴된 점을 칠 때 사용되던 거북이의 복갑(腹甲, 좌)과 소의 어깨뼈(肩胛骨, 우)이다.

 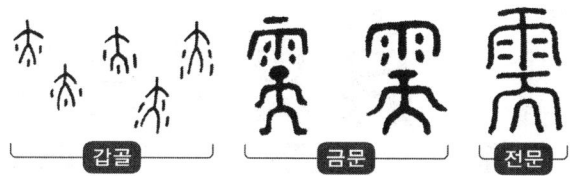

xū – 필요하다, 원하다

목욕하는 사람의 형상이다. 고대 중국인은 점을 치거나 제사를 지내기 전 경건함을 나타내기 위하여 목욕을 했다.

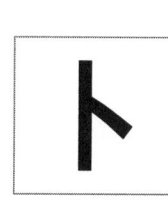 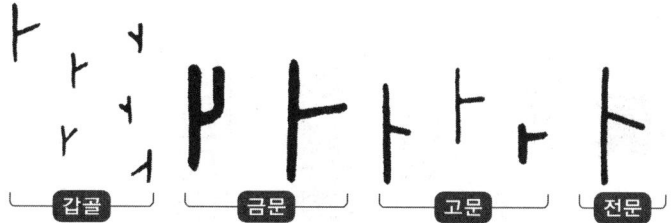

bǔ – 점치다, 예언하다, 예시하다, 점, 성씨

갑골 위에 나타난 卜 모양의 균열을 나타낸다.

guǎ – 뼈에서 살을 발라내다(고대어)

점치는 데에 사용하기 위한 소의 어깨뼈를 나타낸다. 어깨뼈에 작은 卜자가 새겨져 있다.

 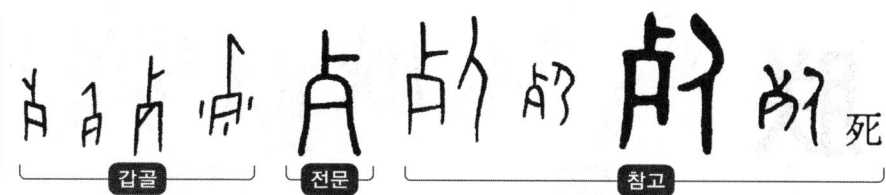

dǎi – 나쁜, 사악한, 나쁜 행위

균열되어 갈라진 뼈의 모양을 본떴다.

신화에서 문화로 275

zhēn – 점, 성실한, 신의가 두터운, (여자의) 순결 또는 처녀성

鼎과 卜이 결합한 회의자로, 鼎은 점을 칠 때 달구고 가열하는 데에 쓰였다.

zhēn – 참된, 진정한, 분명히

貞에서 유래된 글자이다.

 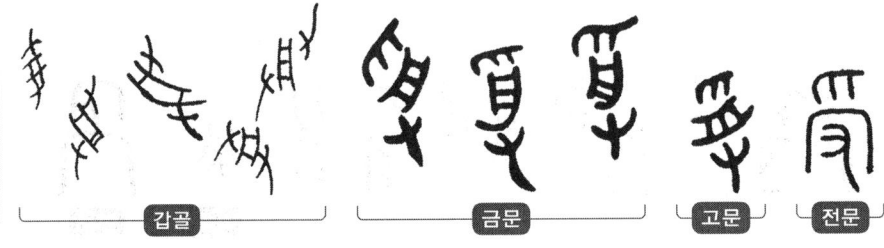

shòu – 받다, 받아들이다

점을 칠 갑골이 놓인 큰 판을 손으로 전달하는 것을 나타낸다. 점을 칠 준비가 된 갑골은 큰 판 위에 옮겨지는데, 그 후에는 점을 치기 전까지 아무도 손을 댈 수 없었다고 한다.

 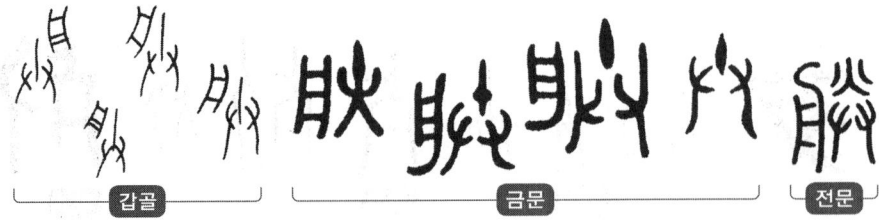

zhèn – 조짐, 예시, 나, 군주

점치는 사람이 점을 치기 위하여 두 손에 달구어진 청동 막대를 쥐고 있는 것을 나타내고, 왼쪽의 月은 점칠 때 갑골을 놓는 큰 판에서 유래하였다. 朕은 갑골을 불에 지져 점의 예시를 만드는 것을 나타낸다.

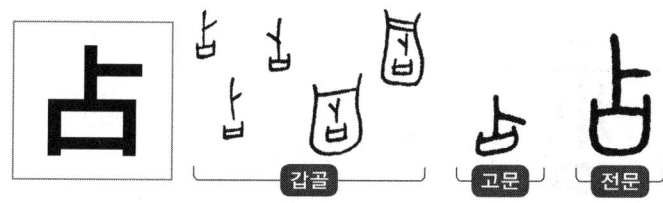

#zhān-점치다   갑골을 불로 지져 卜의 형상이 나타나면 이 점괘를 해석하는 것을 나타낸다.

제물 공양 Sacrificial Offerings

shì - 보여주다, 통지하다

신에게 제사 지내는 제단의 형상을 본뜬 글자이다.

T자 모양의 붉은 비단 깃발에 그려진 그림은 1972년 호남성 장사시 마왕퇴의 한(漢) 무덤 1호에서 발굴되었다. 이 깃발은 軚(Dai)부인이 천국으로 오르는 것을 묘사하였는데 아랫부분은 지옥에 있는 귀신들과 그들을 위한 제물을 그렸고, 가운데 부분은 軚(Dai)부인과 두 명의 수호자가 천국의 문에서 기다리는 모습을 보여준다. 맨 윗부분에 있는 천국은 달, 해, 용 두 마리와 긴 뱀 꼬리를 한 시조 복희(伏羲)로 구성되어있다. 軚(Dai)부인은 한나라 때 고급 관리의 부인이었다. 이러한 깃발은 당시 장례의식에 사용된 조기(弔旗)이다.

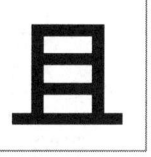 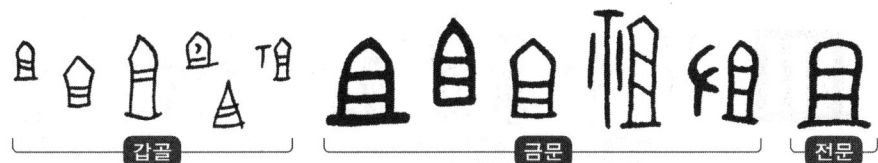

qiě – 당분간, ~은 말할 것도 없이, A와 B 둘 다

남근 모양을 한 제단의 형상을 본떴다.

 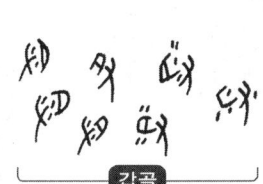   

jì – 희생물을 바치다. 사용하다(칼, 권력, 무기 등)

손으로 제단 위에 고기를 올려두는 모습을 나타낸다.

zōng – 종묘, 조상, 씨족

종묘 안의 제단 형상을 나타낸 글자이다.

 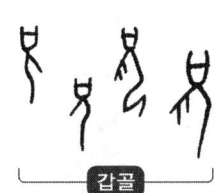 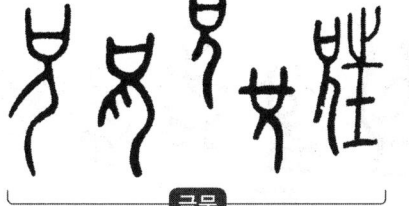 

xiōng – 형

얼굴을 하늘로 향하고 주문을 외는 사람 형상으로 입의 방향이 얼굴 위로 향해 있음을 나타낸다.

#mǐn – 그릇, 용구   손잡이와 높은 다리가 있는 그릇의 모양을 본떴다.

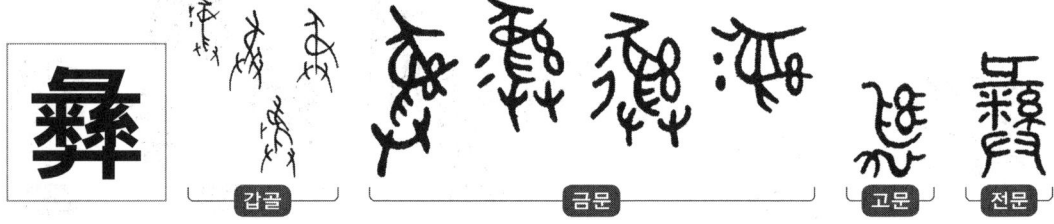

#yí – 희생의   제단에 바칠 피를 받기 위해 두 손으로 도살된 닭을 잡고 있는 형상이다.

#xuè – 피, 혈통   제기 위에 점을 추가하였는데, 이 점은 제물을 바치는 종교의식에서 사용되는 피를 나타낸다.

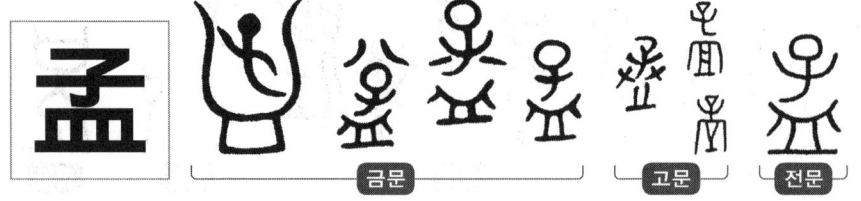

#mèng – 맏이의, 계절의 첫 달, 성씨   八과 子, 皿의 조합이다. 고대 중국인은 첫째 아이를 신에게 바치기도 하였는데, 이와 같은 일은 일상적이고 잔인한 관습으로, 고대 중국에서 종종 나타난다.

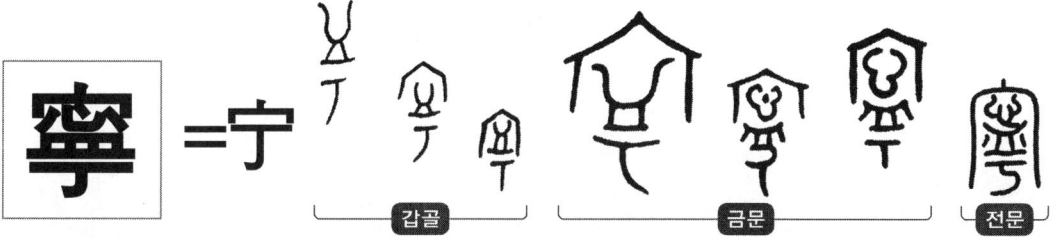

níng – 평온한, 차라리

제사에 사용될 제물을 저장하는 그릇을 실내에 놓아둔 형상을 본떴다. 후에 심장을 나타내는 心이 추가되었는데, 이는 저장된 제사용 제물이 심장이었을 가능성을 보여준다.

jìn – 가장 높은 정도 또는 최대한으로 하다, 모두, 끝까지 하다, 완전히 다 쓰다

손에 솔을 들고 그릇을 씻는 모양을 나타낸다.

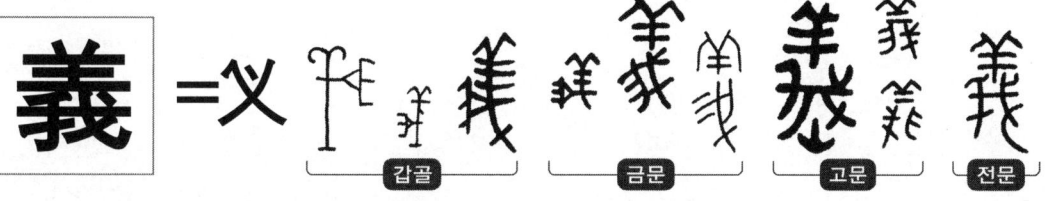

yì – 정의, 인간관계, 양자의

羊과 我가 결합한 회의자로, 톱니 달린 도끼(我)로 양을 죽여 제사 지내는 것을 나타낸다.

3. 문명의 요람
The Cradle of Civilization

키푸(옛 잉카제국의 결승문자)-매듭문자
Quipu-keeping Records by Weaving Knots

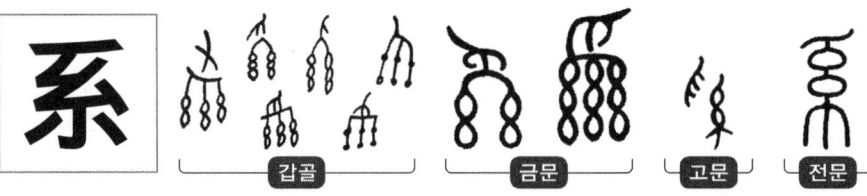

#xì – 되다, 계통, 연속, 연관되다. 문자가 발명되기 이전 시기에 매듭을 묶어 기록하는 것을 나타낸다.

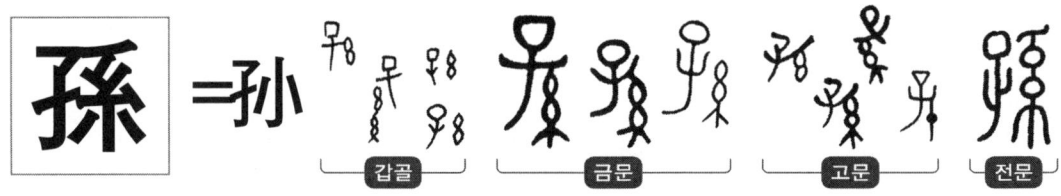

#sūn – 손자, 성씨 자손이 실타래처럼 계속 이어진다는 의미를 나타낸다.

#hòu – 뒤, 등, 나중에 매듭으로 기록하여 사건 발생의 선후 관계를 가리킨다.

shì – 일생, 세대, 나이, 연대, 세계 글자 안의 세 점이 더해져 가족의 계보를 나타내는 결승 문자의 모양을 본떴다.

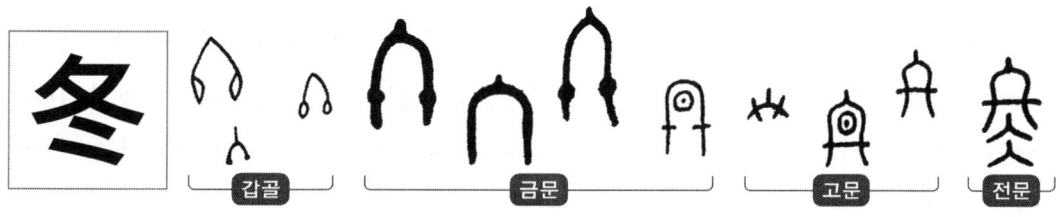

#dōng - 겨울   매듭문자의 끝모양을 본뜬 글자이다.

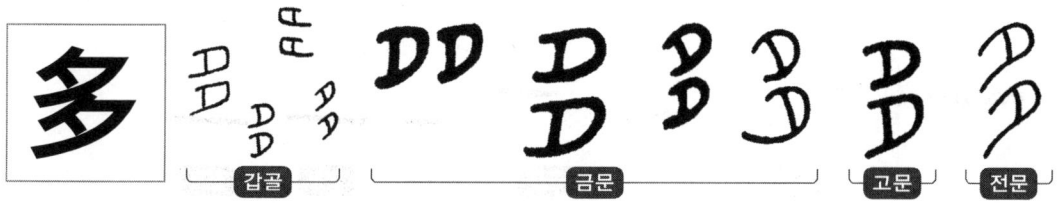

#duō - 많은, 더   두 개의 결승 문자의 모양을 본뜬 글자이다.

숫자와 부호 Numbers and Symbols

문자의 출현은 우선 간단한 숫자 부호로부터 시작되었다. 한자에는 여전히 중국인의 선조가 획을 추가하는 방법으로 수를 나타내는 원시 계수(計數) 방법이 남아 있었으나 획을 추가하여 수를 나타내는 방법은 큰 수를 나타내는 데는 불편하였다. 이 때문에 4보다 큰 숫자는 가차의 방법으로 나타내었다.

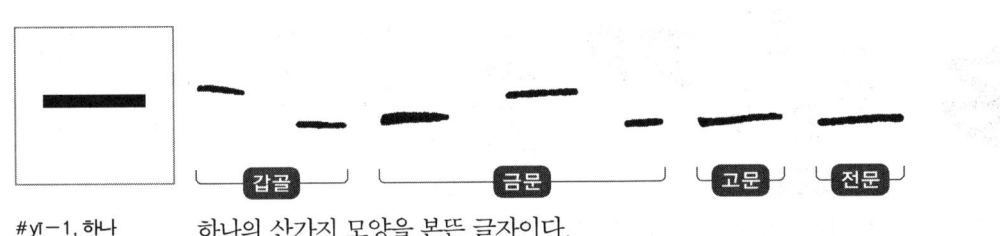

#yī-1, 하나

하나의 산가지 모양을 본뜬 글자이다.

#èr-2

一에 한 획을 더 추가하여 숫자 2를 나타냈다.

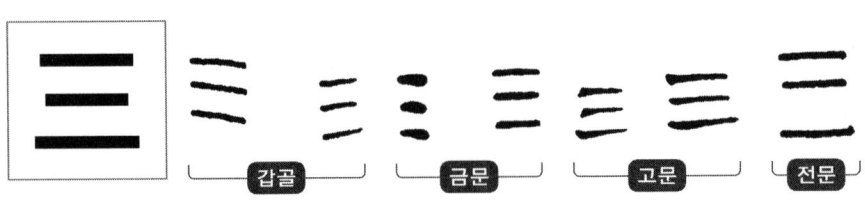

#sān-3, 셋

二에 획을 한 획 더 추가하여 숫자 3이 되었다.

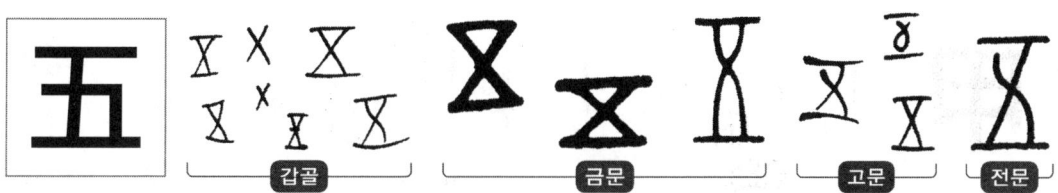

#wǔ-5, 다섯

획을 추가하여 숫자를 만드는 것은 一, 二, 三 또는 하나, 둘, 셋에는 좋은 방법이다. 그러나 4나 5보다 큰 숫자를 나타내기에는 힘들다. 초창기 중국인은 5를 나타내기 위해 ×표를 사용했는데, 이는 중국 신석기 도기에서도 자주 보인다.

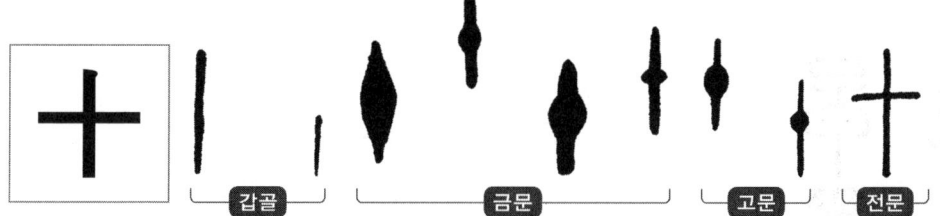

#shí-10, 최고의

초기 한자에서는 세로획 하나로 숫자 10을 나타내었다가 나중에 가로획이 추가되어 숫자 10이 되었다.

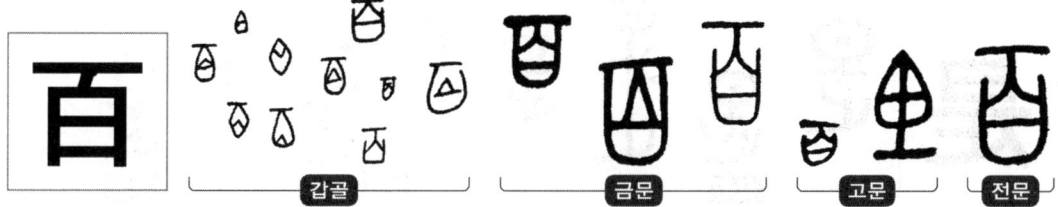

#bǎi-100

百은 白의 윗부분에 짧은 가로획이 하나 더 그어져 만들어진 글자이다.

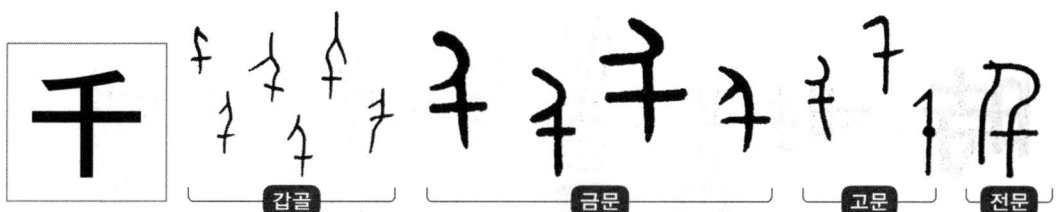

#qiān-1,000

人의 다리 부분에 한 획을 추가하여 숫자 1,000을 나타냈다.

신화에서 문화로 287

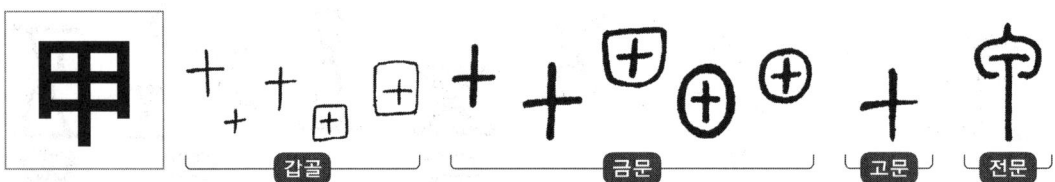

甲
jiǎ – 갑옷, 손톱, 껍데기, 천간의 첫 번째 글자

윗부분에 태양을 측량하는 도구로 十자 모양이 있는 막대나 기둥을 나타내며 가차자이다. 오늘날의 숫자 十과 자형이 유사하다. 상단에 가로로 나무가 교차하는 모양을 본떴는데 이는 태양을 측량하여 시간을 재는 용도로 쓰였음을 나타낸다.

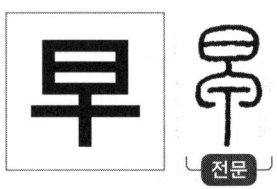

早
zǎo – (이른) 아침, 이른, 앞서, 오래 전

태양이 甲자 위에 놓인 모양이다.

是
shí – 옳은, 그렇다, OK, ~이다.

早와 止가 결합한 회의자로, 止는 글자의 발음을 나타내는 성부이기도 하다.

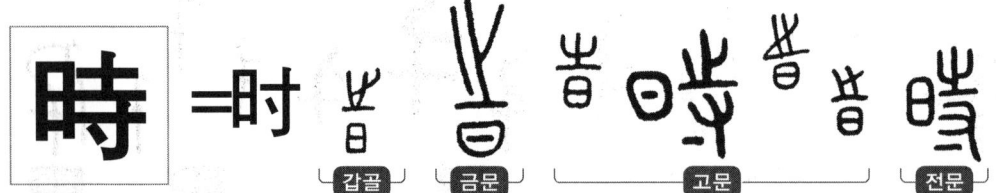

時
shí – 시간(time), 시대, 시간(hour), 현재의

時는 日을 형부로, 之를 성부로 삼은 형성자로, 태양의 운행을 나타낸다.

288 한자 자원 입문

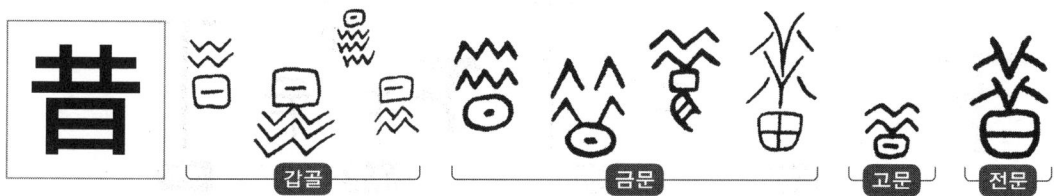

xī – 이전 시대, 과거

시간을 기록하기 위한 선사시대의 시스템에서 나왔다. 그 당시 사람은 아마 지그재그 선을 새겨 날짜를 센 것 같다. 日은 의미적 요소이다. 선사시대 인류는 짧은 선을 새겨 날짜를 셌다. 昔은 아마도 선사시대의 日歷에서 유래한 것 같다. 고문자연구 초기 단계에서는 水와 日이 결합한 회의자로 과거 禹임금이 물을 다스리던 옛 시절을 가리킨다고 여겼다.

zhōng – 중간, 가운데, 중국, ~안, ~사이

펄럭이는 장식을 한 장대로, 이 장대에는 눈금이 그려진 표시판이 있어 비쳐진 해의 그림자로 시간을 잴 수 있었다고 한다.

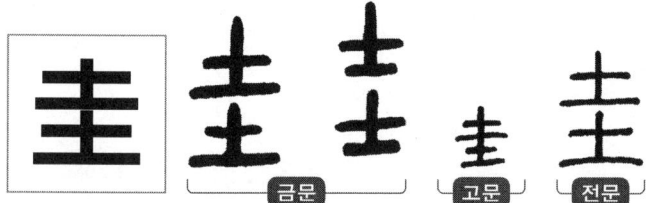

guī – 해시계의 표시판

해시계 위에 그어진 눈금의 한 부분을 본뜬 글자이다.

shàng – 상위의, 위, 더 높은, 위로 오르다

수평선 위에 한 점이나 짧은 획을 그어 '위'라는 의미를 나타냈다.

신화에서 문화로

xià — 아래, 아래의, 더 낮은, 내려가다

수평선 아래에 한 점이나 짧은 획을 그어 '아래'라는 의미를 나타냈다.

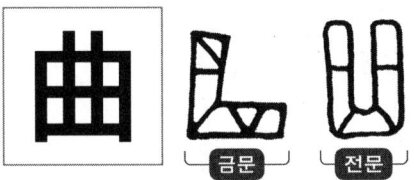

qū — 굽은, 구부러진, 이치에 맞지 않은, 곡선

사물이 구부러진 모양을 본뜬 글자이다.

교육 Education

갑골 / 금문 / 전문

yáo - <역경>에서는 연속적인 선인 ㅡ는 양효, 점선인 ㅡ ㅡ는 음효라 부른다.

서로 교차하는 두 벌의 산가지 모양을 본뜬 글자이다.

	0	1	2	3	4	5	6	7	8	9
vertical	(gap)	丨	丨丨	丨丨丨	丨丨丨丨	丨丨丨丨丨	丅	丅丨	丅丨丨	丅丨丨丨
horizontal	(gap)	ー	=	≡	≣	≣	⊥	⊥	⊥	⊥

▸ Counting-rods (筹) place value

전문

suàn - 세다, 계획하다, 계산하다, 수

양 손으로 산가지를 잡고 계산하는 모양을 본뜬 글자이다.

 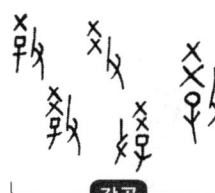 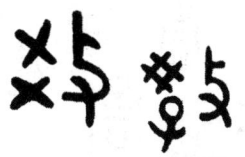  

갑골 / 금문 / 고문 / 전문

jiāo - 가르치다

손에 막대기와 같은 교편을 들고 아이를 가르치는 모양을 나타낸 글자이다.

신화에서 문화로 291

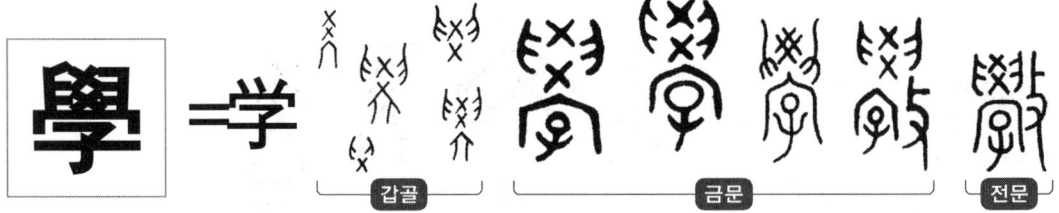

#xué — 배우다

아이가 집 안에서 두 손으로 산가지를 정리하고 있는 모양이다.

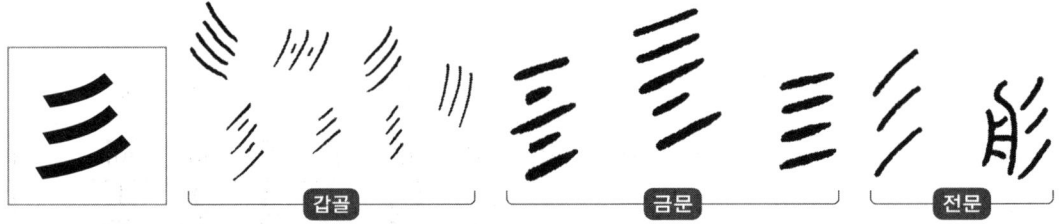

#shān — 고대 문자

필획이나 장식한 무늬를 나타낸다.

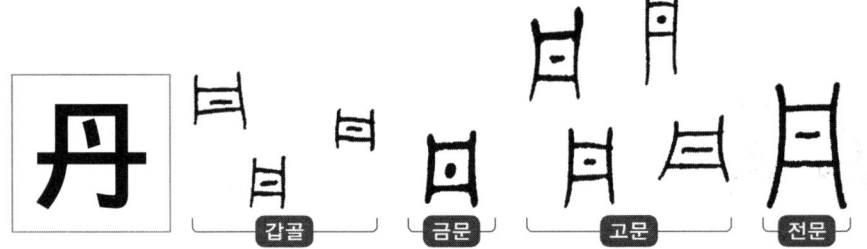

dān — 붉다, 진사, (연금술사들이 죽지 않는다고 생각한) 환약

쟁반이나 판에 담겨 있는 붉은색 염료로 쓰인 주사 조각(점)을 나타낸다.

qīng — 파란색 또는 녹색, 풀, 젊은

풀의 색깔을 나타내며, 生과 井 또는 丹이 결합한 회의자이다.

#yù-그 다음에(문어) 손에 붓을 쥐고 있는 모양을 나타낸다.

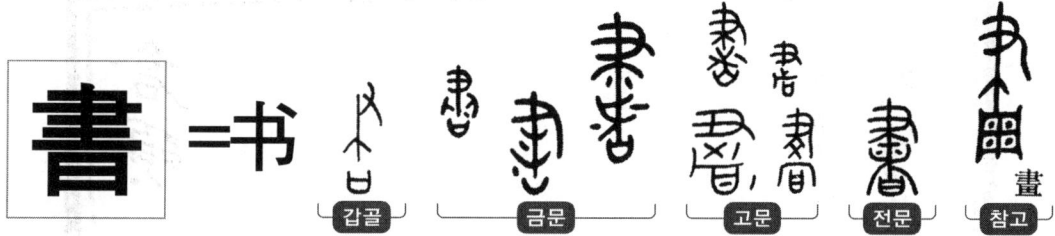

#shū-책, 쓰다 聿과 口가 결합한 회의자로 언어를 기록하는 것을 나타낸다.

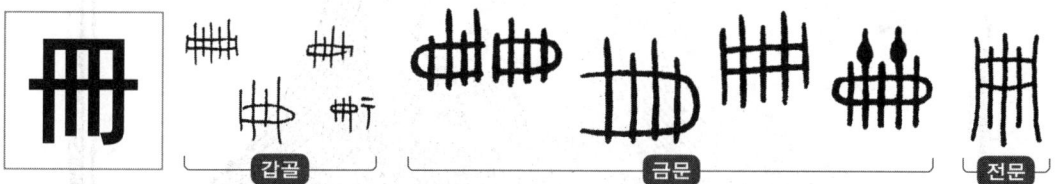

#cè-책, 소책자, 복사(부) 고대 중국의 죽간 형태를 상형한 것이다. 종이가 발명되기 전, 중국인은 죽간에 글을 새기거나 쓰고 나서 끝을 함께 묶어 두루마리 형태로 만들었다. 죽간 또는 목간의 특성 때문에 중국인은 세로로 쓰거나 읽는 습관이 생겼다.

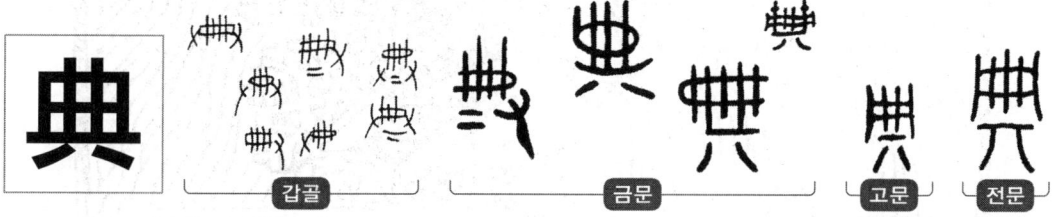

diǎn – 확립되거나 전통적인 시스템·제도 또는 법률, 고전적인, 사전, 문학적인 암시나 참조, 성씨, 전당 잡히다, 담보물

손으로 冊을 받든 모양을 나타낸다. 여기서 책은 일반적인 서적이 아니라 가족의 족보나 제사의 순서를 적어 놓은 귀한 것이었다.

lún — 필연적 이치, 일관성, 깊이 생각하다

방에 책이 있음을 나타낸다.

창힐 창힐은 한자를 처음 발명한 사람이라고 여겨지는 전설상의 인물이다. 그는 인체, 식물, 동물과 새의 발자국, 다른 자연현상을 관찰하다가 한자를 처음 고안했다고 한다. 일반인이 관찰하지 못하는 세밀하고 특수한 모양을 관찰할 수 있었다고 여겨지기 때문에 후대 사람들은 그의 눈이 네 개였을 것이라 여긴다.

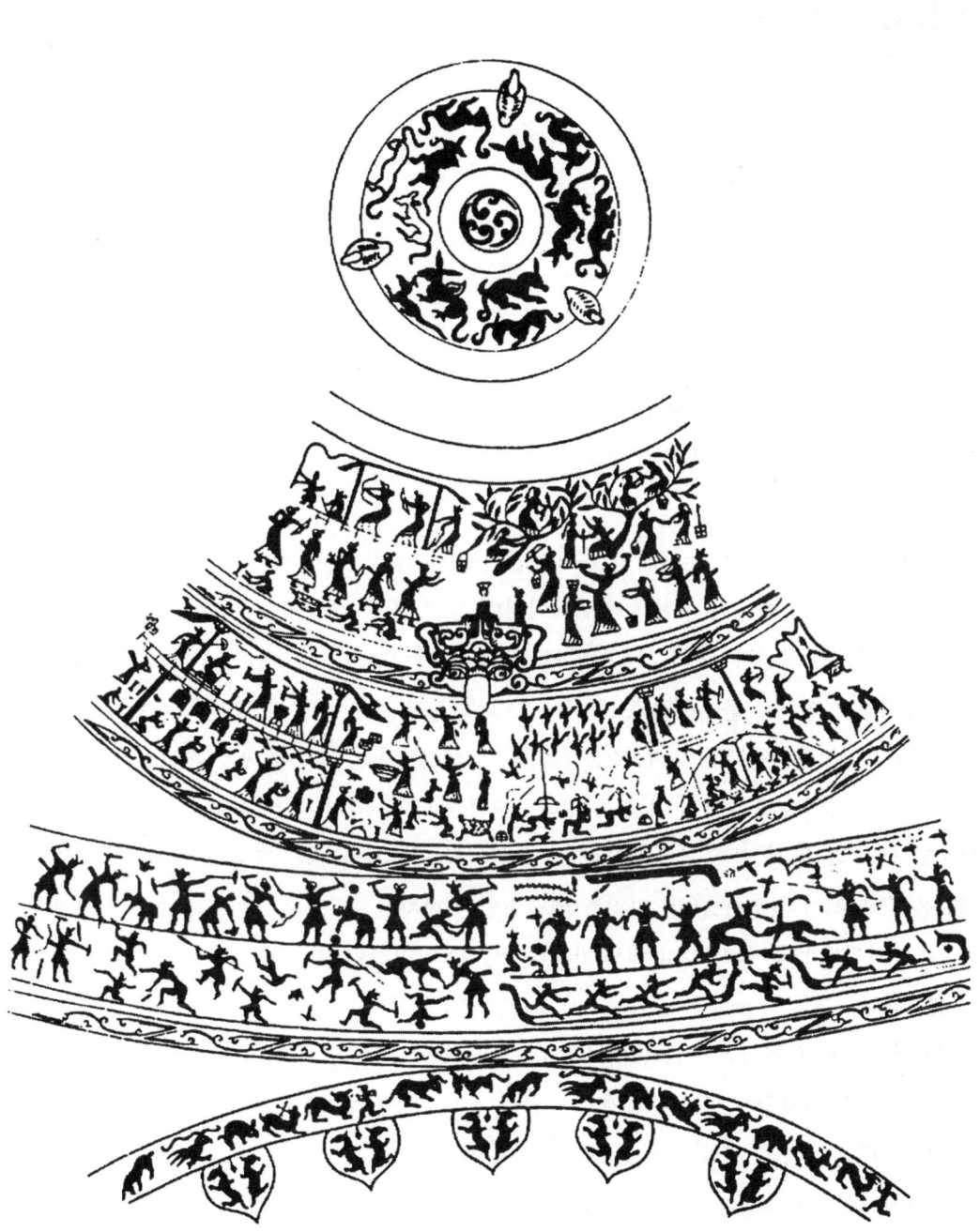
전국시대 청동기에 새겨진 그림이다.

저자 후기

　작가는 최근 몇 년간 미국에서 중국어를 공부하러 온 학생들에게 한자의 기원을 강의하면서, 서서히 고문자와 관련된 자료들을 정리하게 되었고, 그 결과물을 모아 이 책을 쓰게 되었다.
　문자의 기원은 그림으로, 중국의 문자는 도형문자의 기초하에 파생되고 발전된 것이다. 도형문자에서 시작된 한자의 수량은 제한적이지만, 그 영향은 상당히 크다. 그것은 전체 한자의 90%를 차지하는 형성자 '形'의 기초이면서, 또한 '聲'의 기초이기도 하다. 본 책은 주로 도형문자에서 기원한 한자를 풀이하였고, 동시에 그것을 형부 혹은 성부로 삼은 합체자를 열거하였다. 한자의 기원을 풀이함으로써, 병음문자를 모국어로 하는 사람이 더욱 빠르게 흥미를 느끼고 한자와 중국어를 공부할 수 있도록 도와주고자 했다. 동시에 본 책은 한자 기원의 자전으로 사용될 수도 있다. 본 책은 글자의 뜻에 따라 한자를 배열하였는데, 그 중 앞쪽 두 장인 인류와 자연은 전체 책의 기초가 된다. 이러한 배열방법은 한자를 학습하는 데 도움이 된다고 생각되며, 글자 기원에 대한 여러 가지 해석 가운데 비교적 합리적인 해석을 택하는 데도 도움이 된다고 생각된다.
　이 책에 수록한 한자는 중국 선조의 인류와 대자연에 대한 인식을 반영할 뿐만 아니라, 그들이 생산, 생활, 사회조직 등의 분야에서 활동한 것을 반영하고 있다. 이와 동시에, 이러한 한자로부터 우리는 사물에 대한 고대 중국인의 관찰이 체계적이고 세심하였다는 것을 알 수 있다. 이것은 자연과학을 발전시키는 좋은 시초가 되기도 하였다.
　이 책을 완성하는 기간에, 중국으로 중국어를 공부하러 온 친구들은 이 책의 영문 부분을 편집하고 교정하는데 도움을 주었다. 그 중 Tamar P.Shay, Rose Jennifer, Bridie Chi, Dawn Anderson과 Shannon Sweeny 등은 본인에게 아주 큰 도움을 주었다. 천추란(沈秋兰) 선생과 관쭝샹(关宗湘) 선생은 책 전체의 영문 부분을 교정해주었다. 화위자오쉐(华语教学)출판사의

저우쿠이제(周奎杰) 사장은 책의 출판을 위해 지대한 노력을 하였으며, 중국과학원 고고학연구소의 쟝야추(张亚初) 연구원은 이 책을 교정해주었다. 그 밖에 고고학 연구소의 류싱광(刘兴光) 선생과 중화서국의 리옌(李岩) 선생 및 푸커친(傅克勤) 선생, 청쿤(程琨) 선생 역시 본인에게 많은 도움을 주었다. 나는 그들에게 진심 어린 감사를 표한다.

이 책은 어문출판사가 출판한 『어언문자규범편람』을 기준으로 번체자를 수록하였고, 이체자는 수록하지 않았다. 책 안의 고문자는 본인이 손으로 쓴 것이며, 중문 해석은 비교적 짧다. 국내 독자는 영문으로 'PLC'라고 표기한 부분을 주의해야 하는데, 이는 가차자를 나타내며, 만일 그 글자를 편방으로 삼은 다른 합체자가 있다면, 가차된 글자는 본자가 된다. 예를 들면, 求는 가차자이며, 求를 편방으로 삼아 조자된 裘의 본자인 것이다.

고문자 자료를 이용하여 대외한어 교육을 진행하는 것은 일종의 새로운 시도이며, 이 책을 완벽하게 하기 위해서는 많은 후속 작업이 필요할 것이다. 본인은 제한된 시간과 자료를 가지고 이 책을 집필하였다. 즉 이 책은 본인이 최근 3년간 학생들을 가르치면서 작업한 총괄 자료인 것이다. 따라서 독자의 많은 비평과 지도를 기대한다.

역자 후기

　한국어 어휘의 약 70%는 한자어이다. 한자어란 의미를 구성하는 각각의 의미 항들이 한자로 구성된 어휘를 지칭한다. 학교, 학생, 책상, 의자 등 한국어 어휘의 많은 부분이 이처럼 한자로 구성되어 있다. 따라서 한자를 학습하는 목표 중의 하나는 한국 사람이 한국에서 한국어를 제대로 구사하기 위함이기도 하다.

　중·고등학교에서 한자를 제대로 배우지 못한 젊은 세대는 한자에 대해 어려움을 호소하고 있고, 한자는 학습하기 어려운 공포의 대상으로 변해간다. 그러나 앞서 언급했듯이 한국에서 한국 사람이 한국말을 잘 구사하기 위해서는 한자에 대한 학습이 반드시 이루어져야 한다.

　이러한 현실은 한자를 사용하는 중국어 학습자에게도 고스란히 나타난다. 즉 처음 중국어를 배우는 학습자는 -b, -p, -m, -f 등 중국어 발음을 알려주는 한어병음방안을 공부한 뒤, 바로 你好嗎[nǐhǎoma]? 와 같은 간단한 문형을 학습하게 된다. 그 어디에도 한자에 대한 전문적인 교육은 보이지 않는다.

　대학에서 강의를 하다 보면 이러한 현실이 더욱 피부에 와 닿는다. 가끔 한자가 많이 사용된 교재를 가지고 강의를 하면 많은 학생이 한자를 읽지 못하고, 뜻을 이해하지 못해 어려움을 겪는 것을 자주 보게 된다. 특히 중국어를 가르치다 보면 학생들이 한자를 제대로 이해하지 못해 한자를 쓰는 것이 아니라 그리는 것을 본다.

　이 모든 문제는 한자에 대한 전문적인 교육이 제대로 이루어지지 않고 있기 때문이라 생각한다.

　따라서 한자의 자원을 소개한 이 책은 한자를 보다 쉽고 정확하게 이해하고 빠른 시간 내에 암기할 수 있도록 도움을 줄 것으로 기대된다.

　즉 한자는 언어의 발음을 나타내는 기호를 문자로 삼은 것이 아니라, 의미를 나타내는 형상을 취하여 문자로 삼았기 때문에, 한자 자형에는 그 한자의 의미가 담겨 있다. 이러한 현상은 고문자로 거슬러 올라갈수록 보다 명확하게 나타나며, 이러한 원리를 이해하고 한자를 공부한다면, 한자 학습은 더 이상 공포의 대상이 아니라 보다 쉽고 재미있는 작업이 될 수 있다.

    역자는 이 책을 번역하면서 가급적 저자의 의도를 살리고자 노력했으나, 이 책이 출간된 지 꽤 오랜 시간이 흘렀기 때문에, 그간의 한자연구성과에 의하여 새로 밝혀진 조자 원리가 있으면, 저자의 의도를 훼손시키지 않는 범위 내에서 자원 설명 부분을 조금씩 수정하였다. 이점 양지해 주기 바란다.

2013년 5월
역자 윤창준

참고 문헌

Ancient china's technology and Science. Beijing: Foreign Language Press, 1983.

Ann, T.K. 安子介. Cracking the Chinese Puzzles. Stockflows Co., Ltd. Hongkong, 1982

Atsuji, T. 啊辻哲次：『图说汉字的历史』, 东京：大修馆书店, 1989.

    (1) 张光直。 The Archaeology of Ancinet China. New Haven: Yale University Press.

    (2)：『中国青铜时代』, 北京：三联书店, 1982.

    (3)：『中国青铜时代(二集)』, 北京：三联书店, 1990.

    (4)：『考古学专题六讲』, 北京：联书店, 1986.

陈国强主编：『简明文化人类学词典』, 杭州：浙江人民出版社, 1990.

陈全方：『周原与周文化』, 上海：上海人民出版社, 1998.

陈梦家：『殷墟卜辞综述』, 北京：科学出版社, 1956.

Chinese-English Dictionary『汉英词典』, 北京外国语学院英语系『汉英词典』编写组编, 北京：商务印书馆, 1980.

Claiborne, Robert. The Birth of Writing. Nederland, Time-life International, 1974.

达世平, 沈光海：『古汉语常用字字源字典』, 上海：上海书局, 1989.

Daniel, Glyn. A Short History of Archacology. London: THAMES AND HUDSON Ltd., 1981.

『大汶口-新石器时代墓葬发掘报告』, 北京：文物出版社, 1974.

Dykstra, Andrew. The Kanji ABC. William Kaufmann, Inc. 1977.

Fagan, Brian M. (1). Quest for the Past. Addison-Wesley Publishing Company, 1978.

Fazzioli, Edoardo. Chinese Calligraphy-From Pictograph to Ideogram. The History of 214 Essential Chinese/ Japanese Characters.

盖山林 (1)：『阴山岩画』, 北京：文物出版社, 1986.

    (2)：『乌兰察布岩画』, 北京：文物出版社, 1989.

高明 : 『古文字类编』, 北京 : 中华书局, 1980.

高树藩 : 『形音义综合大字典』, 正中书局, 中华民国七十三年增订正版.

Guo, Moruo *see* Kuo, Mo-jo.

何琳仪 : 『战国文字通论』, 北京 : 中华书局, 1989.

何炳棣 : *The Cradle of the East*. The Chinese Universiy of Hong Kong and the University of Chicago Press, 1975.

胡厚宣 (1) : 『甲骨探史录』, 北京 : 三联书店, 1982.

　　　　(2) : 『甲骨文与殷商史』, 上海古籍出版社, 1983.

胡奇光 : 『中国小学史』, 上海 : 上海人民出版社, 1987.

贾兰城, *Early Man in China*. Beijing: Foreign Languges Press, 1980.

康殷 (1) : 『汉字源流浅说(释例篇)』, 北京 : 荣宝斋出版社, 1979.

　　　(2) : 『说文部首』, 北京 : 荣宝斋出版社, 1980.

　　　(3) : 『古文字形发微』, 北京 : 北京出版社, 1990.

Karlgren, Bernhard(高本汉) (1) : *Analytic dictionary of Chinese and Sino-Japanese*. Paris, r. Geuthner, 1923.

　　　(2) : *Word families in Chinese*. Stockholm, 1934.

　　　(3) : *The Chinese Language, an essay on its nature and history*. New York The Ronald Press Co. 1949.

　　　(4) : *Easy lessons in Chinese Writing*. Stockholm, Naturmetodens Sprakinstitut, 1958.

加藤常贤, 山田胜美 : 『字源辞典』, 角川书店, 昭和四十七年初版

Keightley, David N. *Sources of Sh사ang History, the Oracle-Bone Inscription of Bronze Age China*. University of California Press, Berkeley and Los Angeles, 1978, p.281.

Kim, Jacob Chang-ui. *Pictorial Sino-Korean Characters Fun uith Hancha* 汉字学习. Hollym International Corp. Elizabeth New Jersey, USA and Seoul, Korea, 1987.

郭沫若 (1) : 『中国史稿』第一册, 北京 : 人民出版社, 1976.

　　　(2) : 『卜辞通纂』, 北京 : 科学出版社, 1983.

李仁溥 : 『中国古代纺织史稿』, 岳麓出版社, 1983.

李孝定 : 『甲骨文字集释』, 台北, 1965, 16 vol.

李学勤 (1) : *The Wonder of Chinese Bronzes*. Beijing : Foreign Languages Press, 1980.

　　　(2) : 『古文字初阶』, 北京 : 中华书局, 1985.

李玉洁 : 『常用汉字形音义』, 长春 : 吉林教育出版社, 1990.

林语堂 : 『当代汉英词典』*Chinese-English Dictionary of Modern Usage*. The Chinese University of Hong kong, 1972.

林西莉：*CHINA Empire of the Written Symbol*(汉字源流), translated from the Swedish by Joan Tate. harvill, Great Britain, 1991.

罗振玉：『三代吉金文存』, 北京：中华书局, 1983. (影印版, 20 vol.)

毛佩琦等：『岁月河山-图说中国历史』, 上海；上海古籍出版社, 1989.

孟世凯：『甲骨文小词典』, 上海；上海辞书出版社.

Needham, Joseph. *Science and Civilization in China*. Cambridge：Cambridge University Press, 1954-. 李约瑟：『中国科学技术史』, 北京：科学出版社, 上海：上海古籍出版社, 1990-

『青海柳湾』, 北京：文物出版社, 1984.

裘锡圭：『文字学概要』, 北京：商务印书馆, 1988.

Rawson, Jessica. *Ancient China, Art and Archaeology*. London：British Museum, 1980.

Renfrew, Colin. *Archaeology and Language, The Puzzle of Indo-European Origins*. Penguin Books, 1989.

容庚：『金文编』, 北京：中华书局, 1985(影印本).

白川静：『文字逍遥』, 东京：平凡社, 1987.

孙景琛：『中国舞蹈史(先秦部分)』, 文化艺术出版社, 1983.

孙云鹤：『常用汉字详解字典』, 福州：福建人民出版社.

唐兰 (1)：『中国文字学』, 上海：上海古籍出版社, 1979.

　　　(2)：『古文字学导论』, 济南：齐鲁书社, 1981(增订本).

　　　(3)：『殷墟文字记』, 北京：中华书局, 1981.

田昌五主编：『华夏文明』第一集, 北京：北京大学出版社, 1987.

Vaccari, Oreste and Vaccari, Enko Elisa. *Pictorial Chinese-Japanese Characters, A New and Fascinating Method to Learn Ideographs*. Vaccri's Languages Institute, Tokyo, 1968.

王同忆：『英汉词海』, 北京：国防工业出版版, 1987.

〔清〕汪仁寿：『金石大字典』, 天津市古籍书店影印出版, 1982.

王大有：『龙凤文化源流』, 北京：北京工艺美术出版社, 1987.

王宇信 (1)：『建国以来甲骨文研究』, 北京：中国社会科学出版社, 1981.

　　　(2)：『甲骨学通论』, ibid, 1989.

王竹溪：『新部首大字典』, 上海翻译出版公司 电子工业出版社联合出版, 1988.

Webster's Word Histories. Merriam-Webster Inc., Publisers. Springfield, Massachusetts.

温少峰, 袁庭栋：『殷墟卜辞研究·科学技术篇』, 成都：四川省社会科学院出版社, 1983.

Wenke, Robert J. *Patterns in Prehistory*. New York. Oxford : Oxford University Press, 1980.

Williamson, Leslie. *The Invention of Chinese Script*. England : Yi Publishing.

吴曾德 : 『汉代画像石』, 北京 : 文物出版社, 1984.

吴浩坤, 潘悠 : 『中国甲骨文学史』, 上海 : 上海人民出版社, 1985.

吴山 : 『中国新石器时代陶器装饰艺术』, 北京 : 文物出版社, 1984.

吴钊, 刘东升 : 『中国音乐史略』, 人民音乐出版社, 1983.

『西安半坡』, 北京 : 文物出版社, 1963.

『新中国的考古发现和研究』, 考古学专刊甲种第十七号, 中国社会科学院考古研究所编著, 北京 : 文物出版社, 1984.

徐梵澄(F. C. Hus) : *An Analysis of the Chinese Language, An Etymological Approach*. Vol. 1 : words.

〔汉〕许慎 : 『说文解字』, 北京 : 中华书局, 1963(影印).

许伟建 : 『上古汉语通假字字典』, 深圳 : 海天出版社, 1989.

徐中舒主编 (1) : 『汉语古文字字形表』, 成都 : 四川人民出版社, 1981.

　　　　　 (2) : 『甲骨文字典』, 成都 : 四川辞书出版社, 1988.

山田胜美 : 『汉字的语源』, 角川书店, 昭和五十一年初版.

余秋雨 : 『华语情结』, 『文汇月刊』 90/6, p.45(停刊号).

于省吴 : 『甲骨文字释林』, 北京 : 中华书局, 1979.

『语言文字规范手册』语文出版社编, 北京 : 语文出版社, 1991(增订本).

『中国古代图案』, 北京纺织科学研究所编, 北京 : 人民美术出版社, 1979.

『中国军事史』第一卷·兵器, 『中国军事史』编写组编, 北京 : 解放军出版社, 1983.

周法高主编 : 『金文诂林』, 香港, 1974-77(19 vol.).

朱伯雄主编 : 『世界美术史』第一卷·原始美术, 济南 : 山东美术出版社, 1986.

朱狄 : 『原始文化研究』, 北京 : 三联书店, 1988.

Encyclopedia

The new Encyclopedia Britannica. 15th edition, Encyclopedia, Inc. Chicago, 1986.

The Encyclopedia Americana. International Ed. Danbury, Americana Corp,. 1980.

Oxford Illustrated Ecyclopedia. Vol. 1 The Physical World, Vol. 2 The Natural World. Oxford University Press, 1985.

『中国大百科全书』, 中国大百科全书出版社, 北京, 上海, 1986.

Magazine

『考古月刊』

『文物月刊』

『考古与文物』

『语言文字学』, 中国人民大学书报资料中心复印报刊资料, 月刊.

『科技史文集』1-14辑, 上海科技出版社.

『古文字研究』1-17辑, 中华书局编辑部等编, 北京 : 中华书局, 1981-.

색인

A

ān 安 207

B

bā 巴 37, 八 123
bái 白 37
bǎi 百 287
bàn 半 124
bāo 包 46
bǎo 保 48
bào 豹 81
běi 北 22
bèi 備 230, 貝 78
běn 本 68
bǐ 匕 21, 比 21
bì 畢 99, 敝 197,
　　必 226, 畀 230
biàn 釆 96
biǎo 表 196
bīng 冫 156, 兵 239
bǐng 丙 78, 秉 114,
　　稟 117
bìng 井 247
bó 孛 50, 帛 197
bǔ 卜 275
bù 步 43, 不 70,
　　布 197

C

cái 才 70
cǎi 采 114
cān 參 198
cāng 倉 146
cǎo 草 69
cè 冊 293
céng 曾 188
chā 叉 41
cháng 長 50
chàng 鬯 171
cháo 巢 90
chē 車 214
chén 辰 109, 臣 238
chǐ 齒 32, 尺 37
chì 赤 180
chōng 舂 116
chóng 虫 79
chǒu 丑 41
chū 初 47, 出 142
chú 芻 122
chǔ 楚 110
chù 畜 99
chuān 川 63
chuàn 串 201
chuáng 疒 209
chūn 春 71
chuò 辶 213
cǐ 此 21
cì 次 31, 朿 74
cùn 寸 36

D

dà 大 17
dǎi 歹 275
dài 帶 201
dān 單 98, 丹 292
dàn 旦 59
dāo 刀 122
dé 㝵 212
dēng 登 190
diǎn 典 293
diàn 奠 172
dié 枼 70
dīng 丁 163
dǐng 鼎 187
dōng 冬 285
dǒu 斗 186
dòu 鬥 40, 豆 186
dù 度 38
duān 耑 69
duàn 段 155
duī 自 248
duì 兌 31, 隊 102,
　　對 147
dùn 盾 225
duō 多 285

E

è 厄 215

F

fá 乏 239, 伐 243
fān 番 96
fán 樊 41, 凡 156
fǎn 反 38
fēi 非 88, 飛 88
fēn 分 123
fén 焚 178
fēng 風 89, 丰 112,
　　封 112
fèng 鳳 88, 奉 112
fǒu 缶 152
fū 夫 49
fú 畐 173, 孚 246,
　　弗 231
fǔ 甫 111
fù 阜 142, 复 143,
　　父 236

E

è 厄 215

ér 而 32, 兒 48
ěr 耳 31, 爾 135
èr 二 286

G

gān 甘 29
gàn 干 98

gāo 高 145, 羔 181
gē 戈 223
gé 革 126
gè 各 141
gěn 艮 28
gèn 亘 60
gōng 厷 40, 工 148, 公 153, 弓 227
gǒng 廾 148
gòng 共 236
gòu 冓 260
gǔ 鼓 265
guā 瓜 72
guǎ 冎 275
guài 夬 201
guān 官 249
guàn 貫 212
guāng 光 180
guǎng 广 144
guī 龜 79, 圭 289
guǐ 鬼 269
gǔn 鯀 100
guǒ 果 73

H

hài 亥 84
hán 函 230
hàn 厂 65
hé 禾 73, 合 188, 何 240
hēi 黑 268
hóu 侯 230
hòu 后 47, 後 284
hú 壺 188
hǔ 虎 82

hù 户 204
huá 華 71
huà 化 212
huán 萑 89
huàn 豢 120
huáng 黃 201, 皇 238
huī 灰 179
huí 回 63
huì 會 188
huǒ 火 178
huò 霍 90, 或 238

J

jī 基 148, 几 206
jí 吉 20, 及 246, 即 190, 疾 231
jǐ 脊 19, 幾 134
jì 既 191, 冀 267, 季 270, 稷 271, 祭 279
jiā 家 120, 夾 247
jiǎ 叚 155, 甲 288
jiān 兼 114, 監 208, 戔 242
jiàn 見 28
jiāng 姜 104, 疆 110, 將 189
jiàng 降 52
jiāo 交 22, 焦 181, 教 291
jiǎo 角 85
jié 卩 23
jiě 解 125
jiè 介 226, 戒 240
jīn 金 156, 斤 162, 巾 197, 今 241

jǐn 堇 249
jìn 盡 281
jǐng 巠 134, 京 145
jǐng 井 113
jiū 丩 136
jiù 臼 115
jǔ 矩 164
jù 巨 165, 具 189
jué 爵 172
jūn 君 237

K

kāi 開 204
kāng 康 116
kàng 亢 18
kǎo 考 50
ké 殼 264
kě 可 162
kè 刻 125, 克 126
kǒng 孔 48
kǒu 口 29
kòu 寇 247
kùn 困 182

L

lái 來 72
láo 牢 121
lǎo 老 50
léi 雷 62
lěi 耒 109
lí 離 102, 厘 114
lì 立 18, 力 39, 栗 74, 麗 85,

隶 103, 利 113, 鬲 261
liáng 良 143
liǎng 兩 216
liáo 尞 178
lín 粦 269
líng 零 62
lìng 令 241
liú 留 125
liù 六 143
lóng 龍 80
lóu 婁 253
lú 盧 180
lǔ 鹵 191
lù 鹿 82, 录 173
lǚ 旅 233
lǜ 率 167
luàn 亂 135
lún 侖 294

M

má 麻 72
mǎ 馬 82
mǎi 買 212
màn 曼 249
máo 毛 27, 矛 225
mǎo 卯 125
mào 冒 198
méi 眉 32, 枚 164
měi 美 268, 每 268
mén 門 204
méng 蒙 103
měng 黽 80
mèng 夢 208, 孟 280
mǐ 米 73
mì 糸 135

miàn 面 26
miáo 苗 111
mín 民 250
mǐn 敏 253, 皿 280
míng 名 60, 明 60
mò 莫 59, 末 68
mǒu 某 74
mǔ 母 49
mù 目 28, 木 68, 牧 121

N

nǎi 乃 49
nán 南 264
néng 能 81
ní 尼 23
nì 屰 242
nián 年 270
niǎo 鳥 87
niào 尿 209
níng 寧 281
niú 牛 83
nóng 農 111
nòng 弄 200
nú 奴 252
nǚ 女 19
nüè 虐 85

P

pán 爿 206
péng 朋 200, 彭 265
pī 丕 70

pí 皮 126
pì 辟 251
piàn 片 164
píng 平 72
pú 璞 200

Q

qī 七 166, 漆 166, 妻 253
qí 齊 73, 奇 126, 其 205
qǐ 啓 205
qì 气 63
qiān 千 287, 僉 241
qiǎn 遣 248
qiàn 欠 30
qiāng 羌 104
qiáng 弱 227
qiáo 喬 145
qiē 切 166
qiě 且 279
qiè 妾 250
qīn 親 181
qín 禽 101, 秦 116, 琴 266
qīng 卿 191, 青 292
qìng 磬 262
qiū 丘 65
qiú 求 196, 酋 171, 囚 247
qū 曲 290
qǔ 取 246
quán 泉 64, 全 200
quǎn 犬 84
qūn 囷 170

R

rán 然 181
rǎn 冉 206
rè 热 179
rén 人 16
rèn 刃 123
rì 日 58
róng 榮 71, 戎 240
ròu 肉 192
rù 蓐 111, 入 228
ruò 若 198

S

sān 三 286
sǎn 散 116
sāng 桑 133
sào 埽 205
sè 嗇 117
shān 山 64, 彡 292
shàng 尚 144, 上 289
sháo 勺 186
shǎo 少 65
shé 舌 30
shè 射 229
shēn 身 18, 申 62, 罙 141
shěn 審 97
shēng 生 69, 升 186
shī 尸 52
shí 食 190, 石 262, 十 287, 時 288
shǐ 豕 83, 史 100, 矢 228
shì 士 20, 事 101, 氏 113, 示 278,
世 284, 是 288
shǒu 首 27, 手 36
shòu 壽 51, 獸 100, 受 276
shū 殳 225, 書 293
shǔ 鼠 81, 蜀 134
shù 庶 179, 束 182, 朮 191, 戍 240
shuāi 衰 196
shuǐ 水 63
sì 四 29, 寺 38, 巳 46, 兕 86
sǒu 叟 179
sù 宿 207
suàn 算 291
suí 豕 124
sūn 孫 284
suǒ 索 133

T

tā 它 79
tà 眾 28
tài 太 17
tán 覃 171
táo 匋 152
tiān 天 18
tián 田 110
tǐng 壬 16
tóng 同 157, 童 251
tú 圖 117
tǔ 土 110
tù 兔 82
tuàn 彖 103
tún 屯 71
tuǒ 妥 252

W

wǎ 瓦 146
wàn 萬 80
wáng 王 237
wǎng 网 98
wēi 威 252
wéi 爲 122, 韋 238
wěi 委 270
wèi 胃 19, 未 69,
　　尉 209, 畏 269
wén 文 267
wǒ 我 224
wū 烏 87, 巫 259
wú 無 267
wǔ 午 115, 武 242,
　　五 287
wù 兀 16, 戊 223

X

xī 析 163, 夕 60,
　　西 90, 奚 199,
　　昔 289,
xǐ 喜 265
xì 系 284
xià 下 290
xiān 先 52, 鮮 85
xián 咸 242
xiǎn 顯 198
xiàn 臽 103, 縣 249
xiāng 相 162, 香 189
xiǎng 享 146
xiàng 象 83, 向 144
xiǎo 小 65
xiào 孝 51
xīn 心 20, 辛 250

xìn 囟 26
xīng 星 59, 興 157
xíng 行 213, 刑 252
xìng 幸 251
xiōng 兄 279
xiū 羞 104, 休 208
xiù 臭 121, 秀 271
xū 戌 223, 需 275
xuán 玄 99, 旋 233
xuē 薛 248
xué 穴 141, 學 292
xuè 血 280
xūn 熏 206

Y

yā 丫 98
yá 牙 32
yà 亞 58
yán 言 30
yǎn 广 232
yàn 燕 87
yāng 央 248
yáng 羊 83
yāo 夭 27
yáo 爻 291
yǎo 臽 115
yào 要 20
yě 也 80, 冶 157
yè 夜 22, 業 147,
　　頁 27
yī 衣 47, 一 286
yí 台 46, 夷 229,
　　彝 280
yǐ 以 113, 乙 141
yì 亦 21, 藝 112,
　　邑 142, 義 281,

　　异 268
yīn 音 30, 殷 209,
　　因 207
yín 寅 228
yìn 印 246
yíng 盈 208
yōng 邕 142, 庸 147
yǒng 永 22, 甬 263
yòng 用 263
yōu 攸 213
yóu 由 171, 斿 232
yǒu 酉 170, 有 192
yòu 又 36, 右 39
yú 魚 78, 余 145,
　　俞 164
yǔ 雨 62, 予 135,
　　羽 88
yù 舁 38, 育 47,
　　玉 199, 聿 293
yuán 元 16, 爰 40,
　　原 64, 員 187
yuè 月 59, 戉 223,
　　龠 266, 樂 266
yún 雲 61

Z

zāi 𢦏 239
zāng 臧 250
zǎo 早 288
zào 皁 89, 皂 190
zé 則 157
zhà 乍 196
zhān 占 277
zhàng 丈 37
zhǎo 爪 39
zhé 折 163

zhě 者 189
zhēn 真 276, 貞 276
zhèn 朕 276
zhēng 争 40
zhèng 正 239
zhī 之 42, 隻 102,
　　知 231
zhí 直 163, 執 251,
zhǐ 止 42
zhì 彘 81, 豸 105,
　　雉 105, 至 229
zhōng 中 289
zhōu 州 64, 舟 213
zhǒu 帚 205
zhòu 胄 225
zhū 朱 68
zhú 竹 74, 逐 102
zhù 鑄 158, 壴 264
zhuān 專 133
zhuàng 壯 148
zhuī 隹 87
zhuō 卓 101
zhuó 椓 121
zǐ 子 48
zì 自 29
zōng 宗 279
zǒu 走 43
zú 足 42, 族 233
zūn 尊 172
zuǒ 左 39

한자 자원 입문

초판 1쇄 발행일 2013년 6월 28일

지은이 왕훙위안(王宏源)
편역자 윤창준
펴낸이 박영희
편집 배정옥·유태선·김미령·박희경
인쇄·제본 AP프린팅
펴낸곳 도서출판 어문학사
　　　　서울특별시 도봉구 쌍문동 523-21 나너울 카운티 1층
　　　　대표전화: 02-998-0094/편집부1: 02-998-2267, 편집부2: 02-998-2269
　　　　홈페이지: www.amhbook.com
　　　　트위터: @with_amhbook
　　　　블로그: 네이버 http://blog.naver.com/amhbook
　　　　　　　　다음 http://blog.daum.net/amhbook
　　　　e-mail: am@amhbook.com
　　　　등록: 2004년 4월 6일 제7-276호

ISBN 978-89-6184-304-1 13720
정가 20,000원

이 도서의 국립중앙도서관 출판시도서목록(CIP)은 e-CIP홈페이지(http://www.nl.go.kr/ecip)와
국가자료공동목록시스템(http://www.nl.go.kr/kolisnet)에서 이용하실 수 있습니다.
(CIP제어번호: CIP2013008964)

※잘못 만들어진 책은 교환해 드립니다.